Leben in der e-Society

Computerintelligenz
für den Alltag

Springer-Verlag Berlin Heidelberg GmbH

Außerdem erschienen:

A. Picot, S. Doeblin (Hrsg.) **eCompanies – gründen, wachsen, ernten**
ISBN 3-540-67726-7 2001. IX, 160 S.

A. Picot, H.-P. Quadt (Hrsg.) **Verwaltung ans Netz!**
ISBN 3-540-41740-0 2001. IX, 201 S.

Jörg Eberspächer · Udo Hertz

Herausgeber

Leben in der e-Society

Computerintelligenz für den Alltag

Mit 91 Abbildungen

Springer

Professor Dr. Jörg Eberspächer
Technische Universität München
Institut für Kommunikationsnetze
Arcisstraße 21
D-80290 München

Udo Hertz
IBM Deutschland Entwicklung GmbH
Schönaicher Straße 220
D-71032 Böblingen

ISBN 978-3-540-42724-7

Die Deutsche Bibliothek – CIP-Einheitsaufnahme
Leben in der e-Society: Computerintelligenz für den Alltag / Hrsg.: Jörg Eberspächer; Udo Hertz. – Berlin; Heidelberg; New York; Barcelona; Hongkong; London; Mailand; Paris; Tokio: Springer, 2002
   ISBN 978-3-540-42724-7   ISBN 978-3-642-56059-0 (eBook)
   DOI 10.1007/978-3-642-56059-0

Umschlaggestaltung: Erich Kirchner, Heidelberg

SPIN 10854477   42/2202-5 4 3 2 1 0

Vorwort

Der Computer als unser Helfer und Partner in allen Lebenslagen – allwissend, anpassungsfähig, schnell und zuverlässig – diese Vision scheint allmählich Wirklichkeit zu werden. Unter den Schlagworten „ubiquitous computing" und „pervasive computing" entsteht derzeit eine völlig neue Generation von vernetzten technischen Systemen. Die Menge der möglichen Anwendungsbereiche ist kaum absehbar. Sprechende Info-Center, ortskundige Tourist Guides, Tele-Begleitung von Pflegebedürftigen, Tele-Überwachung von Gebäuden, Fernsteuerung von Geräten in Haushalt und Büros, nicht zu vergessen natürlich der Kühlschrank, der Bestellungen aufgibt: Die neuen Technologien der Mikrochips und die zugehörige intelligente Software durchdringen immer mehr Lebensbereiche – eine Perspektive, die teils positive Visionen für eine bessere Zukunft, teils neue Fragen auslöst. Gefördert werden diese Entwicklungen insbesondere durch die Miniaturisierung der Hardware und durch die universellen Vernetzungstechniken von Internet und digitalem Mobilfunk.

Wie wird sich unser Leben verändern? Passen sich die technischen Systeme an den Nutzer an, nehmen ihm Arbeit und Mühen ab, fördern seine Autonomie und werden so zu digitalen „Heinzelmännchen"? Oder sind wir auf dem Weg zum „gläsernen Menschen?"

Bei dem zweitägigen Kongress „Leben in der e-Society – Computerintelligenz für den Alltag" wurden solche Fragestellungen aufgriffen und ein repräsentativer Ausschnitt aus der Fülle an Möglichkeiten, die sich nach heutigem Wissensstand den Menschen in Zukunft bieten werden, präsentiert. Dabei ist auch diskutiert worden, inwieweit diese revolutionären Entwicklungen von den Menschen akzeptiert werden und kontrollierbar bleiben können und welche Chancen die neuen Technologien bieten für Wirtschaft, Arbeitswelt und Gesellschaft. Internationale Experten haben auf dem Kongress über ihre Erfahrungen, Perspektiven und Visionen berichtet und aufgezeigt, wie wir uns auf die Zukunft einstellen können.

Das Programm des Kongresses wurde im Foschungsausschuss des Münchner Kreises erarbeitet. Das vorliegende Buch enthält die Vorträge und sowie die durchgesehene Mitschrift der Podiumsdiskussion.

Allen Referenten und Diskussionsleitern, sowie allen anderen, die zum Gelingen dieses Kongresses und zur Erstellung dieses Buches beigetragen haben, gilt unser herzlicher Dank!

Jörg Eberspächer   Udo Hertz

Inhalt / Contents

1 Begrüßung und Einführung

Prof. Dr. Jörg Eberspächer, Technische Universität München

Meine sehr verehrten Damen und Herren, willkommen beim Kongress „Leben in der e-Society – Computerintelligenz für den Alltag". Ich begrüße Sie im Namen des Münchner Kreises und im Namen des wissenschaftlichen Leiters, Herrn Hertz aus dem Hause IBM, dem ich herzlich danke für die Vorbereitung des Kongresses, die er gemeinsam mit dem Programmausschuss durchgeführt hat.

Meine Damen und Herren, die Begriffe, die mit einem kleinen „e" beginnen, so wie e-Society, sind in den letzten Monaten etwas in Verruf gekommen. Die e-Conomy droht zu lahmen und der e-Commerce führt auch nicht überall zu den erhofften Profiten. Das e-Learning, das mich als Hochschullehrer besonders interessiert, braucht sicher noch mehr, als nur die Schulen ans Netz zu hängen. So könnte man fortfahren... Da werden Sie sich fragen: Wieso reden wir im Münchner Kreis dann zwei Tage über e-Society? Nun, der Münchner Kreis will und muss immer über den Tag hinaus schauen, so sehr uns das natürlich bewegt, was sich z.B. gerade auf den Märkten abspielt. Doch wir wissen alle nur zu gut: das kleine „e" ist nicht aufzuhalten, und es hat auch den Alltag erreicht – den geschäftlichen Alltag schon längst und auch die private Welt bei uns zuhause oder unterwegs. Die Bedeutung der Computerisierung und der Vernetzung für das tägliche Leben, die völlige Durchdringung dieses Lebens mit Computern, mit Vernetzung hat nahezu alle Bereiche der Gesellschaft erfaßt und genau das meint auch der Begriff „pervasive computing", der im Rahmen dieses Kongresses eine Rolle spielt und darüber wollen wir in diesen zwei Tagen intensiv diskutieren.

Ob man die neuen vernetzten IuK-Technologien und Systeme, wie das in unserem Titel behauptet wird, schon als intelligent bezeichnen darf, steht auf einem anderen Blatt – auch das sollten wir diskutieren. Es gibt auch eine Kehrseite dieser Geschichte von den digitalen Heinzelmännchen, denn nicht alles an dieser digitalen Welt ist so problemlos. Manche fühlen sich geradezu bevormundet. Wenn ich z.B. mein Microsoft Word benutze und es sich einmischt, wenn ich in Ruhe einen Text schreiben will – das wird Ihnen auch manchmal so gehen – oder wenn ich von amazon.com so überaus freundlich und persönlich begrüßt werde, wo ich doch eigentlich ungestört im Büchersee surfen will, geht mir das manchmal (nicht immer!) zu weit.

Ein anderer Aspekt: Ich meine, dass es in Zukunft ein Problem sein wird, „not connected" zu sein, denn überall ist die Infrarotschnittstelle oder künftig Bluetooth schon aktiv und wir sind verbunden, ohne dass wir es immer wissen. Manch einer denkt bei dem ubiquitären Computing mit Grausen an die Horrorvisionen von George Orwell. Aber seien wir doch ehrlich. Dass sich hier ein Wandel vollzogen hat, erkennt man daran, welche Volksbelustigung die Orwell'schen Worte „Big Brother" inzwischen verkörpern. Jedenfalls denke ich, die SMS-Generation scheint hier weniger Berührungsängste zu haben als die vorige. Vielleicht hat sie auch das Buch „1984" gar nicht gelesen …

Im übrigen: Die Akzeptanz der digitalen Systeme bei der älteren Generation ist auf diesem Kongress natürlich ebenfalls ein wichtiges Thema. Morgen werden wir dazu etwas hören.

Auf der anderen Seite sind wir schon heute auf die digitalen Helfer angewiesen. Wer von uns hat seinen mobilen Freund und Helfer nicht schon mehr vermisst als seine Sekretärin? Und wer kann heute auf die nützlichen Dienste einer Suchmaschine, so unvollkommen sie sein mag, wirklich verzichten im privaten und beruflichen Leben? Wir werden es in den zwei Tagen hören: Faszinierendes kommt auf uns zu! Wie das Leben in der e-Society dann genau aussehen wird, weiß ich nicht. Ich weiß aber eines sicher: Wir haben zu diesem Kongress einige der klügsten Köpfe auf diesem Gebiet versammeln können, und ich bin den internationalen und nationalen Experten sehr dankbar, dass sie unserer Einladung gefolgt sind und uns helfen, die Rolle des kleinen „e" in unserem Leben in Zukunft noch besser einzuschätzen. Wir werden in den zwei Tagen sehen, dass die elektronische Welt enorme Chancen und übrigens auch viel Spaß bietet.

Der erste Redner ist Herr Ministerialrat Dr. Goerdeler. Er wird Herrn Staatssekretär Mosdorf vertreten, der leider kurzfristig verhindert ist. Herr Dr. Goerdeler leitet das Referat „Multimedia" im Bundesministerium für Wirtschaft und Technologie. Er ist im Münchner Kreis kein Unbekannter. Seit langem arbeiten wir immer wieder zusammen und haben auch schon einige Veranstaltungen gemeinsam durchgeführt. Und so begrüßen wir ihn ganz herzlich und freuen uns auf seinen Beitrag.

2 Politik gestalten in der e-Society

Dr. Andreas Goerdeler
Bundesministerium für Wirtschaft und Technologie, Berlin

Der Zukunftsforscher Matthias Horx postuliert in seinem neuen Buch „Die acht Sphären der Zukunft": „Die Zukunft gehört denen, die sie machen." Maßgeblicher Wegweiser in die Zukunft war in den vergangenen Jahren immer wieder der Münchner Kreis. Stellvertretend möchte ich hier Herrn Professor Witte und Herrn Professor Picot nennen, die der Politik – und gerade auch uns im Wirtschaftsministerium – wichtige Impulse für die Gestaltung des Weges in die Informationsgesellschaft gegeben haben. In der Witte-Kommission wurden die entscheidenden Vorarbeiten für die vollständige Liberalisierung der Telekommunikationsmärkte in Deutschland geleistet. Professor Picot hat uns bei vielen Gelegenheiten, zuletzt bei der Preisverleihung zum Deutschen Internetpreis 2000, mit dem Phänomen und den Charakteristika der Internet-Ökonomie vertraut gemacht. Gleichzeitig berät uns der Münchener Kreis immer wieder durch seine Mitwirkung bei Fachveranstaltungen und -gesprächen und leistet Entscheidungshilfe z.B. bei der konkreten Begutachtung von Technologiewettbewerben. Dafür möchte ich mich an dieser Stelle ausdrücklich bedanken.

Angesichts der rasanten Talfahrt an den Börsen wird sich mancher besorgt fragen, ob wir die Zukunft der e-Society nicht schon hinter uns haben und der Kongress vielleicht Sterben der e-Society heißen müsste. Ich meine eindeutig nein: Was wir gerade erleben, ist nicht das Ende der Internet-Wirtschaft. Es ist lediglich das Ende vom Anfang einer stürmischen Entwicklung des Internet, die vergleichbar mit der Goldgräberstimmung zu Beginn der industriellen Revolution ist. Auch damals wurden nach einer Konsolidierungsphase die Weichen neu gestellt. So wurden nach dieser Konsolidierungsphase Wirtschaftsabläufe nachhaltig auf die Gesetze der industriellen Produktion umgestellt. Und vergessen wir nicht: Anfang des letzten Jahrhunderts gab es in den USA mehr als 200 amerikanische Automobilhersteller. Heute sind es nur noch 2 vollständig amerikanische.

Nach dem ersten Hype der Internet-Wirtschaft, der manchen eilig hingeworfenen e-Businessplan wie eine Seifenblase zerplatzen ließ, beobachten wir nun eine Phase der Reifeprüfung für die New Economy. Und wir sehen die unaufhaltsame Verschmelzung von „klassischer" und „neuer" Wirtschaft zu einer ONE-Economy. In einer Economy, die old und new verbindet. Gerade hier hat Deutschland Stärken. Deutschland hat sich im letzten Jahr trotz fallender Aktienkurse zu einer der führenden Internet-Nationen in Europa entwickelt.

Die Fakten sprechen für sich: Der deutsche Markt für Informations- und Kommunikationstechnologie rangiert weltweit nach den USA und Japan an dritter Stelle und ist zu einem der größten Wirtschaftszweige in Deutschland überhaupt geworden. Die Zahl der Internetnutzer und die Zahl der Mobilfunkteilnehmer hat sich in Deutschland im Jahr 2000 verdoppelt. Nahezu 30 % der Bevölkerung nutzen jetzt das Internet, ca. 50 Mio. telefonieren mobil. Sowohl im Internet als auch im Mobilfunk wächst der Deutsche Markt stärker als die Vergleichsmärkte in den USA, Großbritannien, Frankreich und Italien. Vor allem das letzte Jahr führte zu einem großen Sprung nach vorn.

Anfang letzten Jahres stellte der BITKOM-Verband fest: „Wir haben zwar die besten Netze der Welt, doch es nutzt sie kaum jemand." Dieses Jahr lautet das Fazit des Verbandes: „Wir haben immer noch die besten Netze der Welt, und ziehen auf dem Weg ins mobile Internet an allen Wettbewerbern einschließlich der USA vorbei." Der ITK-Sektor hat nach einer aktuellen Unternehmensumfrage der Wirtschaftswoche als größte Jobmaschine mit über 21.000 neuen Stellen im Jahr 2000 die Automobilindustrie abgelöst. Nach einer Studie des RWI können allein im IuK-Sektor bis zum Jahr 2010 in Deutschland 750.000 neue Arbeitsplätze entstehen, wenn wir die Weichen richtig stellen.

Die Bundesregierung hat von Anfang an die aktive Gestaltung des Weges in die Informationsgesellschaft als eines ihrer zentralen politischen Handlungsfelder betrachtet. Mit dem nationalen „Aktionsprogramm für Innovation und Arbeitplätze in der Informationsgesellschaft des 21. Jahrhunderts", mit dem 10-Punkte-Programm des Bundeskanzlers vom Herbst letzten Jahres, der D 21-Initiative von Wirtschaft und Bundesregierung sowie dem europäischen Aktionsplan „eEurope 2002: Eine Informationsgesellschaft für alle" vom Sommer 2000 haben wir wichtige Akzente für die aktive Gestaltung der e-Society gesetzt.

Ein wesentlicher Punkt in all diesen Programmen ist für uns die Schaffung eines modernen Ordnungsrahmens durch Selbstregulierung und – nur dort, wo es nötig ist – durch Gesetze. Politik gestalten bedeutet für die Bundesregierung vor allem die Schaffung von Rahmenbedingungen, die gesellschaftliches und unternehmerisches Engagement fördern und letztlich neue Arbeitsplätze schaffen. Moderne rechtliche Regelungen sind wesentliche Voraussetzung für Planungs- und Investitionssicherheit auf der Anbieterseite sowie für Vertrauen, Sicherheit und Akzeptanz auf der Nutzerseite.

Am 09. März 2001 hat das Gesetz über Rahmenbedingungen für elektronische Signaturen den Bundesrat passiert, nachdem der Bundestag das Gesetz am

15. Februar 2001 verabschiedet hatte. Nach Bekanntmachung im Bundesgesetzblatt wird das Gesetz voraussichtlich noch im Laufe des April 2001 in Kraft treten. Damit gehören wir zur Spitzengruppe in der EU. Das Gesetz regelt die notwendige Sicherheitsinfrastruktur für elektronische Signaturen. Gleichzeitig wird durch Änderung im Privatrecht die digitale Signatur der eigenhändige Unterschrift gleichgestellt. Parallel zum Signaturgesetz wird die neue Signaturverordnung vorbereitet.

Zeitnah zum Inkrafttreten des Signaturgesetzes wird mit einem Inkrafttreten der Verordnung noch im August 2001 gerechnet. Besonders wichtig für die Wirtschaft ist die Umsetzung der EU-Richtlinie zum Electronic-Commerce, die im Sommer 2000 in Kraft getreten ist. Diese Richtlinie schafft europaweit die wesentlichen wirtschafts- und zivilrechtlichen Rahmenbedingungen für den elektronischen Geschäftsverkehr. Auch hier sind wir im Februar einen großen Schritt vorangekommen, denn am 14.02.2001 hat das Bundeskabinett das Gesetz über rechtliche Rahmenbedingungen für den elektronischen Geschäftsverkehr (EGG) beschlossen. Der Gesetzentwurf ist Kernstück eines neuen Rechtsrahmens für die Internetwirtschaft.

Kernpunkt der Richtlinie ist das Herkunftslandprinzip, also die gegenseitige Anerkennung der für Internetdienste geltenden einzelstaatlichen Regelungen. Damit müssen sich ausländische Anbieter beim Vertrieb über das Internet künftig nicht mehr um jede rechtliche Besonderheit in den einzelnen Mitgliedstaaten kümmern. Dies hätte allerdings die Konsequenz gehabt, dass ausländische Anbieter unbegrenzt Rabatte in Deutschland hätten gewähren dürfen, während das deutschen Unternehmen versagt geblieben wäre. Daher mussten wir schnell reagieren, um Benachteiligungen deutscher Anbieter gegenüber ausländischen Konkurrenten zu beseitigen. Das Bundeskabinett hat deshalb im Dezember 2000 die Aufhebung des Rabattgesetzes und der Zugabeverordnung beschlossen. Dies ist ein wichtiger Schritt nicht nur zur Angleichung der Rechtsverhältnisse in Europa, sondern auch zu mehr unternehmerischer Gestaltungsfreiheit.

Auch der Datenschutz ist ein zunehmend wichtiger Bestandteil des elektronischen Geschäftsverkehrs. Die Bundesregierung hat sich deshalb die Schaffung eines modernen Datenschutzrechts innerhalb dieser Legislaturperiode zum Ziel gesetzt. Inzwischen sind die Arbeiten zur Novellierung des Teledienstedatenschutzgesetzes weitgehend abgeschlossen.

Lassen Sie mich noch auf eine Regelung im Vergaberecht hinweisen:
Das Bundeskabinett hat im Dezember 2000 eine Verordnung über die Vergabe
öffentlicher Aufträge beschlossen. Wichtigste Neuerung ist die Möglichkeit, künftig
Angebote im Bereich des öffentlichen Auftragswesens auch auf elektronischem
Wege abgeben zu können. Die Verordnung ist seit 01. Februar in Kraft. Bereits im
Dezember 2000 haben wir ein entsprechendes Leitprojekt zur elektronischen
Vergabe gemeinsam mit dem BMI, BMVBW und den Beschaffungsämtern des
Bundes gestartet. Mit dem Pilotprojekt E-Vergabe sollen öffentliche Aufträge
gemäß den unterschiedlichen Vergaberichtlinien online ausgeschrieben und
vergeben werden.Der Markt für öffentliche Beschaffungen liegt immerhin bei
rd. 500 Milliarden DM pro Jahr. Das Einsparpotential durch E-Vergabe wird auf
10–15 % geschätzt. Die E-Vergabe ist ein sehr interessantes Feld gerade auch für
mittelständische Unternehmen, die von elektronischen Ausschreibungen besonders
profitieren können.

Das A B C der e-Society lautet **A**ccess, **B**asic skills und **C**ontent – drei
Grundbegriffe der Informationsgesellschaft. Darüber hinaus besitzt die Internet-
Welt natürlich auch andere Facetten. Einschlägige Nachschlagewerke führen
mittlerweile zahlreiche Begriffe zu jedem der 26 Buchstaben unseres Alphabets von
A wie Absturz – mögen Sie davon verschont bleiben – bis Z wie Zertifikat. Und die
lebendige Fülle der E-Society wird ja auch in den Vorträgen der Konferenz sichtbar.
Keine Angst, ich werde jetzt nicht jeden Buchstaben des „Computeralphabets"
gesondert ansprechen, doch gestatten Sie mir auf einige besonders hinzuweisen.
Anfangen möchte ich mal mit dem letzten Buchstaben Z wie Zertifikat, ein Punkt
aus dem 10-Punkte-Programm „Internet für alle", das der Bundeskanzlers im
September 2000 auf der EXPO vorgestellt hat. Im Originaltext des Bundeskanzlers
werden Sie das Wort ‚Zertifikat' gar nicht entdecken. Denn dort steht noch das Wort
‚Internetführerschein' und zwar für Arbeitslose. Wie so oft im Leben haben die
Juristen auch hier Schutzrechte ausgemacht, und so mussten wir den Begriff
Internetführerschein in Internetzertifikat abändern. Am Inhalt hat sich natürlich
nichts verändert. Das Projekt wird seit Herbst vergangenen Jahres in den
Arbeitsämtern erfolgreich umgesetzt. Fast 45.000 Teilnehmer haben seit Oktober
ein solches Internet-Zertifikat erworben.

Ein weiterer Punkt aus dem Kanzlerprogramm ist eGovernment – BundOnline 2005.
Denn Politik gestalten, bedeutet für die Bundesregierung auch eine Vorreiterrolle zu
übernehmen. Wir werden deshalb bis spätestens 2005 alle onlinefähigen
Dienstleistungen auch über das Internet anbieten. Dazu werden gegenwärtig unter
Federführung des BMI in allen Ressorts sämtliche Dienstleistungen hinsichtlich
ihrer Online-Fähigkeit überprüft. Das Programm im Einzelnen brauche ich Ihnen
nicht näher zu erläutern, denn Mitte September letzten Jahres hat Frau
Staatssekretärin Zypries aus dem BMI das ganze Paket BundOnline 2005 im

Rahmen des Kongresses „Verwaltung ans Netz!" hier vor diesem Kreis ausführlich dargelegt.

Auf ein Projekt möchte ich trotzdem hinweisen, denn es ist das bisher größte Fördervorhaben des Bundes zur Einführung elektronischer Dienstleistungen auf Bund- Länder- und Gemeindeebene. Es handelt sich um das Projekt MEDIA@Komm des BMWi. Gern rufe ich in Erinnerung zurück, dass ich selbst seinerzeit gemeinsam mit dem Münchner Kreis die Auftaktveranstaltung zum Start von MEDIA@Komm gestaltet habe. Ansatzpunkt von MEDIA@Komm ist die kommunale Ebene, da hier die Verbindung zwischen öffentlicher Verwaltung, Unternehmen und Bürgerschaft besonders eng ist. Ziel ist ein digital vernetztes Gemeinwesen, in dem die Wirtschaft, Verwaltung und Bürgerschaft durchgängig und auf breiter Front online verbunden sind. Im Mittelpunkt steht der beschleunigte und breitenwirksame Schritt von der Information zur sicheren und echtsverbindlichen Interaktion und Transaktion auf Basis der digitalen Signatur. Der Bogen reicht von der Online-Abwicklung komplexer Lebenslagen über digitale Bauanträge bis hin zur Online-Gestaltung des kulturellen Lebens. Das BMWi fördert für drei Jahre die hierzu erforderlichen Innovationsprojekte in den drei aus einem bundesweiten Städtewettbewerb hervorgegangenen MEDIA@Komm-Modellregionen Bremen, Esslingen und Nürnberg mit 50 Millionen DM, die weitere 75 Millionen DM an Eigenmitteln mobilisieren. Hierzu gekommen ist mittlerweile die Stadt Rathenow in Brandenburg, die für das Teilvorhaben „elektronische Akteneinsicht" seinerzeit gesondert ausgezeichnet wurde

Die Aktivitäten wurden vor etwa einem Jahr gestartet und führten bereits zu bemerkenswerten Erfolgen: In Bremen wurde ein virtueller Behördengang möglich, der mit einer rechtsverbindlichen Unterschrift und Gebührenzahlung per Signatur- und Geldkarte abgeschlossen werden kann – übrigens eine Weltpremiere. In Nürnberg wurde im Oktober die erste Chipkarte mit integrierter Signier- und Bezahlfunktion in die Praxis eingeführt und in Esslingen ein Jugendnetz mit Signatur-Anwendung gestartet. Das Interesse an den Aktivitäten der MEDIA@Komm-Modellregionen ist in den vergangenen Monaten deutlich gestiegen. Damit die Ergebnisse schnell verbreitet und genutzt werden, hat das BMWi ein Konsortium von vier Instituten unter Federführung des Deutschen Instituts für Urbanistik mit einer Begleitforschung beauftragt und die Homepage www.mediakomm.net einrichten lassen. Die Erarbeitung von Standards, wie OSCI (Open Service Computer Interface) ist ebenfalls Aufgabe der Begleitforschung.

Lassen Sie mich noch ein Projekt erwähnen, das erst kürzlich wieder durch die Medien ging und für das sich naturgemäß viele besonders interessieren. Ich meine die Steuererklärung, die seit Anfang Februar kostenlos per Internet abgegeben werden kann. ELSTER lautet hier der Fachbegriff und meint nicht den diebischen Vogel, sondern steht für „**EL**ektronische **ST**euer**ER**klärung". Die Steuerverwaltungen der Länder und des Bundes haben die Software zur Übermittlung von Steuererklärungen gemeinsam entwickelt. Jetzt bieten sie bundesweit unter www.elsterformular.de kostenlos ein komplettes amtliches Erklärungsprogramm an. Übrigens landen die Erklärungen zunächst auf einem zentralen Server, der hier in München steht. Ich weiß, Sie werden einwenden, dass weiterhin parallel die unterschriebene Steuererklärung per gelber Post geschickt werden muss, doch immerhin, so betont die Steuerbehörde, werden die Bescheide dadurch wesentlich früher erteilt. Wer mit einer Erstattung rechnet, wird sich darüber freuen. Zur Zeit versuchen wir, ELSTER und MEDIA@Komm Bremen zusammenzuführen. Ziel ist es, die Steuererklärung medienbruchfrei mit einer digitalen Signatur abzuschließen und dadurch noch sicherer zu machen.

Wir machen derzeit große Fortschritte bei Internet- und Mobilfunknutzung. Dennoch dürfen wir in unseren Anstrengungen nicht nachlassen. Für die Bundesregierung und Europa bedeutet deshalb ‚Politik gestalten' auch, Deutschland – mit den bereits genannten konkreten Aktionsprogrammen – auf den Weg in die Informationsgesellschaft im 21. Jahrhunderts weiter voranzubringen. Wir sind jetzt in die Championsleague aufgestiegen und wollen dort einen der erste Plätze belegen Auf einige wichtige Elemente möchte ich näher eingehen:

Wir unterstützen die Innovationsfähigkeit der Wirtschaft

Deutschland als moderne Industrienation braucht ein hohes Maß an Innovationen, um im internationalen Wettbewerb bestehen zu können. Zwar besitzen wir eine starke Stellung auf den Weltmärkten für technologieintensive Produkte. Dennoch müssen Wirtschaft und Staat dauernd darum bemüht sein, diese Stellung zu sichern und auszubauen. Die Bundesregierung räumt der Forschungs- und Technologiepolitik deshalb einen herausragenden Stellenwert ein. So hat das BMWi beispielsweise im Haushalt 2001 einen Anstieg der Mittel für FuE gegenüber 2000 um rund 80 Mio. DM auf 930 Mio. DM zu verzeichnen.

Speziell für die Internet-Ökonomie geben wir mit unserem Gründerwettbewerb Multimedia ein Signal zur Realisierung von innovativen Geschäftsideen. Bis zu 100 der besten Geschäftsideen werden jedes Jahr ausgezeichnet und für die Top-Business-Pläne gibt es Investmentforen zur Kapitalakquisition. Der Wettbewerb wird durch mittlerweile 14 Sponsoren aus der Wirtschaft unterstützt, die zahlreiche Sonderpreise vergeben. Bereits durch die ersten beiden Runden des Wettbewerbs wurde die Schaffung von 4 000 Arbeitsplätzen ermöglicht. Ermutigend ist, dass die

Zahl der eingereichten Geschäftsideen auch in diesem Jahr trotz der Turbulenzen an den Börsenmärkten nicht gesunken ist.

Wir fördern die verstärkte Anwendung der IuK-Technologien

Die Innovationsfähigkeit der Wirtschaft hängt entscheidend davon ab, ob es ihr gelingt, die Potenziale der modernen Informations- und Kommunikationstechnologien auszuschöpfen. Dabei geht es nicht nur um die Unternehmen der sogenannten New Economy. Vielmehr wird gerade in den klassischen Branchen der Old Economy die Wettbewerbsfähigkeit und die Beschäftigungssituation zunehmend von der Kompetenz im Umgang mit den neuen IuK-Technologien bestimmt. In der One Economy benötigt Old New und New braucht Old. Schließlich wird das Internet durch die weltweite Vernetzung der Computer zu einem globalen Markt mit Milliarden von potenziellen Kunden. Ingesamt gibt es jetzt die ungeheure Zahl von 2 Mrd. Webseiten. Ein riesiger Wissensspeicher. Das erfordert Internetfähigkeiten und Kompetenz.

Das BMWi fördert deshalb unter anderem ein Netzwerk aus 24 regionalen Kompetenzzentren für den elektronischen Geschäftsverkehr. Diese Kompetenzzentren informieren kleine und mittlere Unternehmen über die Veränderungen von Geschäftsprozessen, die durch E-Commerce hervorgerufen werden. Um die kommerzielle Nutzung des Internets in mittelständischen Unternehmen voranzutreiben, hat das BMWi darüber hinaus den „Deutschen Internetpreis" ins Leben gerufen. Der Wettbewerb ist auf fünf Jahre angelegt und wurde erstmals auf der CeBIT 2000 verliehen. Er wird gesponsert von der Deutschen Telekom AG, der Bertelsmann media Systems, der Ision AG, der Net AG und von Plenum. Mit dem Preis werden die besten Internet-Produkte, Internet-Verfahren oder Internet-Dienstleistungen zu jährlich wechselnden Schwerpunktthemen ausgezeichnet.

In diesem Jahr geht es um die Integration von Logistikprozessen in das E-Business von kleinen und mittleren Unternehmen. Ich lade Sie herzlich ein, an der feierlichen Preisverleihung teilzunehmen. Die Preisverleihung wird am 27. März auf der CeBIT u.a. von Herrn Minister Müller gemeinsam mit Telekom – Chef Dr. Sommer persönlich vorgenommen. Auch an den Themen des Kongresses wird im Rahmen von Technologieprojekten, die das BMWi unterstützt intensiv gearbeitet. Die Fragestellungen reichen von Smart Home bis hin zu neuen Technologien für Internetfernsehen sowie zu mobilen Geräten für digitale Signatur. Auch IT-Sicherheit schenken wir große Aufmerksamkeit.

Neue Arbeitsformen wie Telearbeit haben wir frühzeitig aufgegriffen und z.B. durch die Initiative zur „Telearbeit" verbreitet. Von herausragender Bedeutung sowohl für die sich entwickelnden mobilen Internet-Anwendungen als auch für mehr Effizienz und mehr Mobilität der Arbeitswelt ist das Leitprojekt MAP. MAP steht für Multimedia-Arbeitsplatz der Zukunft. Leitziel von MAP ist der mobile und drahtlos vernetzte digitale Assistent im Taschenformat. Mit MAP soll der Rechner vom Werkzeug zu einem handlichen persönlichen Assistenten weiterentwickelt werden, der komplexe Aufgaben selbständig löst. MAP ist ein ganzzeitlicher Innovationsansatz, bei dem auch soziale und rechtliche Auswirkungen in der Arbeitswelt frühzeitig abgeschätzt und berücksichtigt werden. Die Gewerkschaften sind von Anfang an mit im Boot. Das Finanzvolumen beläuft sich auf 48 Millionen DM, die Förderung des BMWi liegt bei 24 Millionen DM.

Wir passen die Aus- und Weiterbildung den Ansprüchen des Internet-Zeitalters an

Globalisierung und Strukturwandel lassen sich nur mit gut ausgebildeten Fachkräften bewältigen. Ebenso wie sich Schulen und Hochschulen auf veränderte Qualifikationsanforderungen einstellen müssen, so ist auch das Berufsbildungssystem kontinuierlich zu modernisieren. So wurden allein in den letzten zwei Jahren 36 bestehende Berufe auf den neuesten Stand gebracht. Im Rahmen des Bündnisses für Arbeit, Ausbildung und Wettbewerbsfähigkeit hat das BMWi mit den Sozialpartnern weitere 20 neue Berufe vorberaten.

Ein besonderer Bedarf an neuen Berufen besteht in der Internet-Wirtschaft. Um hier die Nachfrage der Wirtschaft nach qualifiziertem Personal zu decken, wurden in den letzten Jahren auf Initiative der Bundesregierung bereits 5 neue IT-Berufe geschaffen, zuletzt der Informationselektroniker für das Handwerk. Darüber hinaus hat das BMWi ein Aktionsprogramm „Neue Berufe im IT-, Medien und Internetbereich" gestartet, um der dynamischen Entwicklung im Internetbereich Rechnung zu tragen.

In ganz Europa gibt es einen Mangel an IT-Fachkräften, der sich in den nächsten Jahren nicht spürbar entspannen wird. Dies ist das zentrale Ergebnis einer Studie, die der BITKOM-Verband am 6. März in Berlin vorgestellt hat. BITKOM zufolge fehlen in Europa zurzeit 1,9 Millionen Spezialisten für Informationstechnik, Telekommunikation und E-Business. Für Deutschland beziffert der BITKOM den IT-Fachkräftebedarf quer durch alle Bereiche der Wirtschaft auf 444.000. Selbst wenn einige Unternehmen der New Economy – ich denke hier vor allem an den Neuen Markt – im Zuge der gegenwärtigen Konsolidierung an Personalabbau denken, wird sich die Situation am IT-Fachkräftemarkt nicht bessern. Denn viele

IT-Fachkräfte werden zunehmend auch von der Old Economy umworben. Unterm Strich ist also eher mit einem weiter steigenden Bedarf an IT-Fachkräften zu rechnen. Im Rahmen des Bündnisses für Arbeit haben wir deshalb eine Reihe von Maßnahmen vereinbart, mit denen das Fachkräfteangebot bis zum Jahr 2005 um 250.000 gesteigert werden soll. Das Ziel, die Zahl der betrieblichen Ausbildungsplätze in diesen Berufen bis zum Jahr 2002 auf 40.000 zu erhöhen, ist erfreulicherweise bereits im vergangenen Jahr erreicht worden. Darüber hinaus hat der Bundeskanzler im Rahmen der Initiative D 21 mit der Industrie vereinbart, die Zahl der betrieblichen Ausbildungsplätze bis spätestens zum Jahre 2003 nochmals um 20.000 auf 60.000 zu erhöhen. Außerdem wird die Bundesanstalt für Arbeit ihr Angebot an Weiterbildungsmaßnahmen auf 40.000 steigern. Der kurzfristige Bedarf an IT-Spitzenkräften wird durch die im Sommer 2000 in Kraft getretene Green-Card-Regelung für ausländische IT-Spezialisten aufgefangen. Seit August 2000 sind per Green-Card fast 6.000 Arbeitserlaubnisse für ausländische IT-Fachkräfte erteilt worden. Ende diesen Jahres wird voraussichtlich die erste Tranche von 10.000 Green-Cards vergeben sein.

Leben in der e-Society bedeutet auch, dass wir neue Wege in der Arbeitswelt gehen, die uns durch die neuen Medien eröffnet werden. Die gebildeten, zumeist gut informierten Beschäftigten des 21. Jahrhunderts haben nicht nur materielle Teilhabewünsche. Sie wollen sich auch mit ihrem Job und ihrem Unternehmen identifizieren. Und sie wollen eine qualifizierte betriebsinterne Interessen-vertretung, welche die Ziele ihres Unternehmens nicht gefährden soll. Deshalb müssen wir über neue Formen der Zusammenarbeit im Betrieb nachdenken, die von der Arbeit in flacheren Hierarchien über eine vernetzte betriebliche Mitbestimmung bis zu einem modernen Arbeitnehmerdatenschutz reichen. Ich bin gespannt, ob die neue Gewerkschaft VERDI, die sich in diesen Tagen gründet, ihre großen Chancen nutzt, neue Mitglieder auch in der New Economy zu gewinnen.

Ich weiß aus Gesprächen mit Mitarbeitern von Firmen der New Economy, dass insbesondere auch wegen der negativen Entwicklung bei den Stockoptions durchaus der Wunsch nach geregelteren Arbeitsbedingungen und gewerkschaftlicher Vertretung besteht. Im Rahmen des Spitzengespräches zum Bündnis für Arbeit am 04. März 2001 wurde die Einrichtung einer neuen Arbeitsgruppe „Arbeit durch Innovation" beschlossen, die von Herrn Staatssekretär Mosdorf geleitet wird. Aufgabe der neuen Arbeitsgruppe ist es zum einen, Anforderungen an günstige Rahmenbedingungen für die New Economy zu untersuchen und hierfür Modellbeispiele innovativer Arbeitsbedingungen zu entwikkeln. Gemeinsam mit den Sozialpartnern wollen wir z.B. ein Internet-Informationsangebot über innovative Tarif- und Betriebsvereinbarungen aufbauen.

Eine zweite Aufgabe besteht im Auffinden und Ausbauen neuer innovativer Arbeitsplätze, insbesondere an den Schnittstellen zwischen New und Old Economy. An dieser Stelle geht es z.B. um neue produktionsorientierte Dienstleistungen für integrierte Handelsplattformen, über die der industrielle Güteraustausch zunehmend abläuft. Dabei wollen wir – erstmalig im Bündnis – auch der interessierten Öffentlichkeit Gelegenheit geben, sich unter Nutzung der neuen Medien an unserer Arbeit zu beteiligen. Angesichts sich verkürzender Innovationszyklen, aber auch der demografischen Entwicklung kommt der Aus- und Weiterbildung eine immer wichtigere Rolle zu. Sie alle wissen, dass die Bundesregierung hier nicht alleine agieren kann. Hier sind Bund, Länder und Wirtschaft gemeinsam gefordert. Erste Erfolge zeigen, dass es geht.

So hat die Bundesregierung zusammen mit den Ländern ein Sofortprogramm zur Weiterentwicklung und innovativen Gestaltung des Informatik-Studiums an deutschen Hochschulen verabschiedet. Das Programm ist zum 12. Juli 2000 in Kraft getreten. Ziel des Programms sind neue Konzepte zur Steigerung von Effizienz, Niveau und Betreuung der Informatikausbildung. Gegenstand sind ab Wintersemester 2000/2001 insbesondere Maßnahmen zur

- Schaffung zusätzlicher Ausbildungsplätze und Ausbildungskapazitäten,
- Verkürzung der Studienzeiten,
- Entwicklung und Erprobung neuer Studiengänge mit den Abschlüssen Bachelor und Master sowie von Studienangeboten der Weiterbildung an Hochschulen.

Das Programm hat eine Laufzeit von 5 Jahren. Insgesamt stehen 100 Millionen DM zur Verfügung, die je zur Hälfte von Bund und Ländern getragen werden. Wir wissen aber auch, dass die Primärausbildung nicht mehr ausreicht, um in der Informations- und Wissensgesellschaft berufliche Karriere zu machen. Denn dort erworbenes Wissen veraltet schon in weniger als 5 Jahren. Kontinuierliche Weiterbildung, laufende Investition in Humankapital ist vonnöten.

Eine wirksamere und effiziente Möglichkeit eröffnen hierbei E-Learning-Konzepte. Bislang wird netzbasiertes Lernen z.B. erst in rd. 7 Prozent der mittelständischen Firmen eingesetzt. Das BMWi hat deshalb mit dem Wettbewerb „Netzbasiertes Lernen in Mittelstand und öffentlichen Verwaltungen – LERNET" ein Signal gegeben, die Chancen des Internet für die Weiterbildung gerade in KMU zu nutzen. Wir haben aus 145 bei LERNET eingereichten Projektskizzen die Spitzenreiter mithilfe einer hochkarätigen Jury ausgewählt. Ziel sind 10 Best-Practice-Projekte für E-Learning, die breite Nachahmung finden und diese neue Form der Weiterbildung auch in Deutschland deutlich voranbringen. Es geht um praxisbezogene und interaktive Aufbereitung von Contents. Viele der ausgewählten Konzepte werden übrigens in enger Partnerschaft mit den Kammern und den betroffenen Unternehmensverbänden umgesetzt. Insgesamt stellt das BMWi rd. 30 Millionen DM für die Projekte zur Verfügung, die weitere 30 Millionen DM an Eigenmitteln anstoßen.

Schluss

Die Bundesregierung hat seit Regierungsübernahme viele Maßnahmen ergriffen, um die e-Society zu gestalten. Wichtig für die Zukunft ist die Erkenntnis, dass staatliche Regelungen angesichts der rasanten Entwicklungen rund ums Internet allein nicht mehr ausreichen. Wir brauchen neue Formen der Innovationspartnerschaft zwischen Politik, Wirtschaft und Gesellschaft. Die Initiative D 21 und das Bündnis für Arbeit, Ausbildung und Wettbewerbsfähigkeit sind gute Beispiele dafür. Und nicht zuletzt hat auch der Münchner Kreis in mehr als 25 Jahren erfolgreich Anstöße für einen wohlstandsstiftenden Einsatz der modernen IuK-Technologien in Wirtschaft und Gesellschaft gegeben.

All diese Initiativen tragen nun erste Früchte: Deutschland entwickelt sich zu einer führenden Internet-Nation. Diese Entwicklung soll uns nicht dazu verleiten, unsere Hände in den Schoß zu legen, sondern soll uns eher ermutigen, gemeinsam den Übergang zur e-Society auch in Zukunft entschlossen zu gestalten. Wir müssen unsere Chancen nutzen. Diese liegen vor allem bei den mobilen Internet-Anwendungen, wo Europa und Deutschland eine führende Position einnehmen. Aber auch bei den kulturellen Optionen. Deutschland hat die Möglichkeit aufgrund seiner weitgefächerten Kulturlandschaft, ein prägender Content-Lieferant für das Internet zu werden.

Vor über 2000 Jahren hat Perikles gesagt: „Es geht nicht darum, die Zukunft zu prophezeien, sondern gut auf sie vorzubereiten." Ich bin sicher, dass der Kongress des Münchner Kreises hierzu einen wirkungsvollen Beitrag leistet und wünsche einen guten Verlauf sowie interessante und fruchtbare Gespräche.

3 Digital Life

Glorianna Davenport
MIT Media Lab, Cambridge MA
MediaLabEurope, Dublin

I was asked to speak about a vision for "Digital Life." Digital Life is the name of a research consortium at the Media Laboratory that explores a world of seamless connectivity. In a broader sense, the term reflects something about the quality of our life in the e-society; in particular, it emphasizes how digital networks provide connectedness that enhances long-distance as well as near e-communication. Digital Life enables constructionist learning, and delivers appropriately contextualized, computational augmentations of everyday activities.

Increasingly, the convenience of distributed communication through cell phones, e-mail, the World-Wide Web, camcorders, and wired households informs and affects the character of the e-society that we are discussing here. One theme of digital life has to do with extending the language of connectivity and storytelling. Before jumping into this and other appropriate themes, I would like to say a few things about storytelling and my own journey into digital life via documentary filmmaking. I will follow this introduction with some observations about emerging philosophic recognition of today's e-society. Finally, I will look at how these technical trends combine with social trends to create a more sociable interface for audiovisual storytelling applications.

Documentary film as a reconfigurable medium

The making, transmission, and reception of stories are social activities. In my mid-20's, I transitioned from being a sculptor to being a filmmaker. Looking through the viewfinder of a camera, I was able to look outward into society and ask: "why is this person doing what they are doing?" The intense activity of anticipating what action was about to occur, framing the camera view, and editing the captured imagery also forced me to look inward, to reflect "what does it mean to me when they do something like that?" This way of using motion pictures was relatively novel and allowed the audience as well as the filmmakers to enter a social dialogue about meaning that had some immediacy with their everyday life.

A few years after I started making movies, I had the opportunity to meet and work with Richard Leacock (http://www.richardleacock.com). Leacock ran the MIT Film Section, which was reputedly the best-known documentary film school in the world at that time. Through his own practice, Leacock showed us how to reflect upon what we saw in a new way. My earlier filmmaking goals were transformed by the challenge of using the camera to discover something beyond the ordinary. The activity of observational filmmaking had the benign effect of requiring the filmmaker to reflect.

It is hard to convey the thrill of being in the field, discovering as frame follows frame the oddities that are inevitably embedded in a real life story. As the pursuer of some aspect of the "truth," you – the filmmaker – know more about the subject of your exploration than anyone else in the world. As an editor, your power is even more decisive. As you shape the story into a single-minded strand that your audience can easily follow, you are also communicating a story that has been simplified by sharpening the point of view. As much as I enjoyed making films in the early 1980's, I also despaired over the available tools for making, giving, and receiving the filmed story. To me, they appeared to be broken.

Convinced that we could do better, I focused my attention on the intersection of digital tools and new story forms. My early explorations in the digital arena allowed me to create an improved editing system as well as an early hyper-media framework that would let the audience experience a documentary with the intensity of the original filmmaking experience. In the 1980's, these ideas generated a great deal of controversy, not only among filmmakers but also among academics and others who habitually thought of artistic expression – be it a book, a painting, a musical composition or a film – as a fixed, immutable object of a certain size and with an identifiable author or set of authors.

What was so controversial in our early exploration of this new form of cinema that today we classify as hyper-media or hyper-cinema? From the perspective of traditional filmmakers, the idea of a reconfigurable movie was difficult. The paradigm of movie as a continuous strand of celluloid was forever broken by the "randomly accessible" videodisc. Individual movie shots were mastered onto the videodisk and retrieved as needed, with a seamlessness which approached that of cut-and-pasted film sequences. The notion that a computer could access and sequence individual segments based on the perceived interest of the viewer ran counter to the patriarchal notion of strong authorial control by a single creative force, the filmmakers. The idea that sequences could be retrieved and presented in a different order for different viewers is a short psychological step from the idea that viewers can also be makers. By editing sequences and adding commentary, the audience was about to become a privileged co-constructor in a medium that was no longer presented as a fixed, immutable experience. While this democratization excited some, the handing over of what was perceived to be creative control seemed threatening for others. What would filmmaking become? What would happen when the skills that in some sense were "owned" by the filmmaking and television became popular and populist?

Arthur C. Clark once said, "Any sufficiently mature technology is indistinguishable from magic." Even after 20 years of exploration, the integration of story and computational technology is not yet mature. It is not enough to engage the audience in a constructive experience; the medium must also be learnable and sociable. As we move into an e-society, we take note of three emergent trends in the story experience. First, stories will increasingly defy the traditional framework of the fixed expressive object; they will become dynamic, generative experiences drawing on a rich database of content and built through a conversational dynamic with the audience. Second, stories will become transactional entities, distributed in time and space through a process of sociability. Thirdly, stories will no longer be a cultural monolith or shibboleth; we will play with stories through affordances of the physical world.

Who are we becoming: of networks and tangible interfaces

To me, the most compelling question that emerges as we enter the e-society is: who are we becoming? Historical understanding of our cultural evolution suggests that advances in technology can deeply affect who we are; witness: farm implements, weapons, the printing press, film, radio, and television. Today, as we adapt to the portable computer and the cell phone, as we begin to communicate on a global scale with people we have never met, we seem to be gaining efficiency. Are we also losing dependence on rhetorical agility and the emotional attachment of face-to-face communication? Most of us spend a great deal of time reading and writing e-mail. Today, e-mail and even the WWW are essentially literary media, based on text and, to a very minimal extent, pictures. Are we becoming more literate at the expense of other forms of expression? How will the integration of moving pictures and sounds into these media extend our sensibilities? As computers bring increased access to knowledge, will we witness the transition of human learning from rote skills to a collaborative and emergent process of problem solving and social construction?

Who are we becoming as we establish the capability to collect vast amounts of data from our eco- and bio-systems? While this data will be meaningful to experts or expert systems, will it also be meaningful to us as individuals? With the advent of nanotechnologies, we will be able to store vast amounts of memory into a tiny implant. Will this implant hold redundant data or will this device uniquely store private information about the wearer? How we as individuals understand, make use of, and share this information becomes a measure of how we adapt our lives to the reality of this new resource. What stories will we tell our children and grandchildren to help them make sense of this information-rich world?

A related but critical question for the future is: who should know about us, and what should they know? Will the same data be available to our parents, our children, our government, our doctor? What about our car, our house, our toothbrush, and other computationally enhanced objects of the future? A computer system that pushes us advertising "we will be interested in?" Someone halfway around the globe? How much should they know about us? What do we have to say about who knows what? How does knowing about us change the nature of the interaction – us with them, them with us? Today, we unlock our car with a key. The system is almost transparent, until we lose the key. How will we modify our behavior when our car recognizes us as we walk up to it, as easily as our dog or our child recognizes us today? Do you like the idea that your car will know you and the road you are traveling on? Are you ready to have your car chauffeur you?

The emergent trend in transparent two-way interfaces for information exchange is everywhere evident. The telephone is one of today's most mature communications technologies. The modern cell phone is a far cry from its prototype of a century ago; two tin cans and a connecting wire had no memory. Today, voice is transmitted via a small wireless hand-held device ubiquitous in Europe, South America, in many parts of Asia, and increasingly in the United States. The synchronous nature of the phone network provides users with a point-to-point sociable interaction. However, the very mobility of the device often generates a strange unsociable interaction with the neighborhood. We have all watched someone walking along the street, phone to their ear; the person seems oddly in another world. While the keypad interface is fairly straight forward, woe betide the mobile user who urgently needs to make a call using a number that has not already been recorded in the phone itself. For all the comforts of this device, it has its limitations. In the near future, I believe that the phone as an identifiable device will be replaced by embedded functionality of the phone in your clothing. The phenomenon of mobile conversation become less noticeable, but the phenomenon of person-to-person voice connectivity will not easily disappear. There is something about the sociability of voice that is still part of who we are.

In recent years, Media Lab researchers have introduced a broad range of new interface concepts. The composite image below shows four recent examples of work related to the transparent interface.

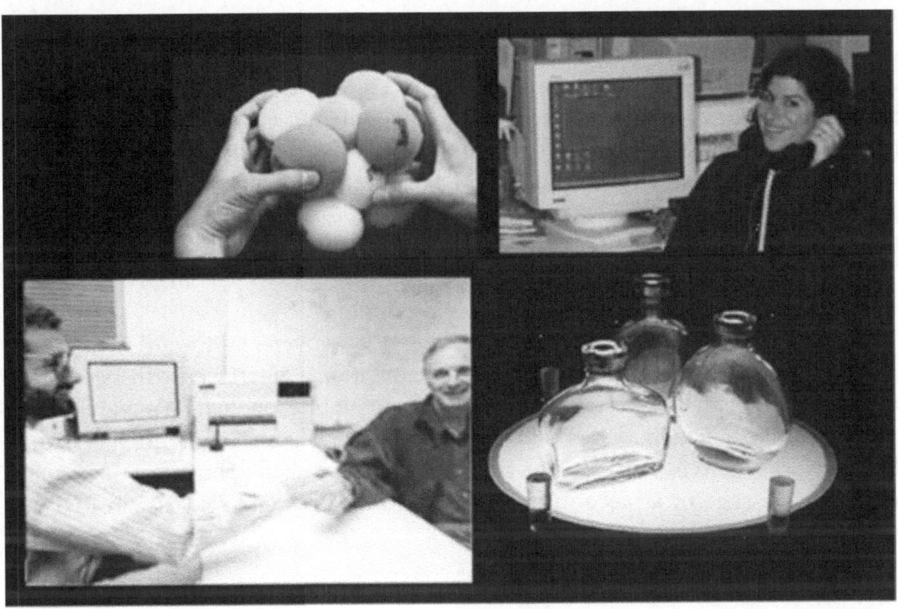

The clump of tennis-sized balls on the top left quadrant of the image represents a tangible instrument. Developed by Tod Machover's Opera of the Future Group, the "The Squeezable Phone", an experimental design by Jocelyn Scheirer in Roz Picard's Affective Computing Group, measures the pressure and dampness of your hand on the phone. The idea is simply that by holding the phone, you convey information about your mental state to the system: you squeeze harder if you are more tense, and your action will transform a patch of color on a computer screen (at the source or, preferably, at the receiving end of the call) from blue through violet to red. In demos, visitors initially expressed dismay at the idea that they would transmit their innermost feelings to the party on the other end of a phone line. In general, this reaction reflected their desire to control their revelation of feelings in a business situation; in most cases, this reaction reversed when the visitor considered communication with a loved one. The collection and transmission of affective information will generate a new class of semi-transparent interfaces in the future.

In the image at the lower left, Neil Gershenfeld demonstrates the transmission of business card information via a handshake. Today, we spend a great deal of time with our PDA's, our phones, and our computer notebooks. The use of these devices constantly distracts us in important face-to-face communication. As the computer interface becomes embedded in our clothes and in our homes, exchange of information becomes more invisible, more natural.

Hiroshi Ishii's lab is filled with tangible interfaces that demonstrate how information can be distributed in the physical world. Under these pinwheels sits a beautiful table designed by Hiroshi Ishii and Jay Lee on which you are able to "play" any of a number of bottles on the surface. In the original demo, each bottle represented a certain instrument of a jazz improvisation work. More recently, Ali Mazalek wrote a short non-linear story for this tangible interface appropriately called Genie in the Bottle." As you lift the tops off of each the bottles, different genies tell you part of their story. If the tops are lifted off of two bottles, the genies talk to each other.

The breadth of these experiments illustrate the movement toward transparent interfaces and suggest that increasingly computational interfaces will be layered onto a diverse array of physical objects which are mobile, and which engage us in a more natural or metaphoric activity. As the interface becomes more mobile and ad hoc networks more powerful, there will no longer be a need to be in one location to receive a message or a piece of story. Rather, messages and stories will find you wherever you are.

Towards a sociable, engaged community?

In order to design for the future, we need to have some understanding not only of who we are becoming but also of who we want to become! A fundamental difference between the internet and the telephone has to do with the type of sociability the network supports. While the telephone network supports a point-to-point synchronous exchange, the internet supports group connectivity – synchronous and asynchronous – in several unique ways.. Mailing lists in e-mail, chat rooms, and increasingly filtering systems for personalized e-commerce activities take advantage of addressing, interacting with, and learning from the combined preferences of groups. This feature of slicing, sorting, and reconnecting groups led us to ask: can distributed technology enhance democracy, learning, story sharing? What types of activity will be promote the sociable community?

Fifteen years ago, the Media Lab used three overlapping circles to describe the nexus of its work – the convergence of print publishing, film and television, and computing. Most of the Lab's research lived in the central area of overlap but it also included the study of learning and of common sense reasoning. By the early 1990's this convergence was well underway in the commercial world and the world of the Lab had expanded to include researchers interested in perception as well as physicists who are creating material inventions that will change sensor and networking technologies. More recently, our community expanded to include researchers interested in understanding both human and animal behavior and how machines can embody this more lifelike behavior. Today we define digital life as having three vectors: connectivity, democratization of programming, and embodied computing. Each of these themes harkens back to the idea of sociability in distributed computing and communications networks.

Sharing, Trading and Co-Construction as a sociable activity

My own domain, Storytelling, confronts the idea of co-construction in ways that can leverage peer-to-peer learning as well as peer-to-peer sharing. Moviemaking fascinates many people, old and young. The two questions that seem most relevant going forward are: how to extend creativity – particularly in editing – to a larger number of people? And, what structures and forms can be designed that a general audience finds most compelling? We build this work around sociability and the three themes introduced above: connectivity, distributed computing, and embodied computing.

This work begins with the need to maximize the intimacy of the story experience for the perceiver and/or the constructor. This intimacy results from a combination of: the form in which the content or story is displayed, the way in which the system learns about and responds to the intentionality of the creator or perceiver, and the sociability of the experience.

Several recent visions for motion pictures of the future have been put forward at the Media Lab. Two general directions emphasize interaction with the audience while maintaining the sense of a unified, creative whole. In one approach, programs are developed in such a way as to make possible a personalization based on knowledge about the receiver's interests or intentions (HyperSoap, Viper). A second approach focuses on the sociability and mechanics of co-construction processes. The former emphasizes the consumer as viewer with access to a rather narrow backchannel; the later emphasizes consumers as constructors or co-constructors, and commands a substantial backchannel on the network for trading, sharing, and critiquing within the context of a community of interest (Shareable Media, Story Beads). In both cases, media elements are tagged through some amount of human intervention such that the system can attribute a metric for weighing the meaning of the segments.

Researchers are also working on video within the live teleconferencing situation. Again, we try to embed teleconferencing within a social context. We are using an application called ICOM to interconnect two research laboratories. Several ICOM stations have been sited in MIT's Media Laboratory and one is in place at the MediaLabEurope in Dublin, Ireland. In each installation, a sofa sits in front of the large screen with its multiple windows. Audio can be turned on and off in any one of the installations from any other. In the real-time connective environment, we continue to explore. How do we create a culture and an environment which supports unscheduled, informal meetings such as those which occur when you walk down a hallway at the Media Lab? How do we really connect disparate worlds? How do we conjoin physical places so that some very unusual level of connectivity and storytelling can happen?

Story Approaches

In the 1960's, new technologies allowed a new form of documentary moviemaking to come into being. The creators of "Direct Cinema" (or cinema verite) posited that the movies they made by recording in situ provided a close impression of what it was like to be there – in that situation, with those people. As we push the limits of teleconferencing and combine it with the ability to share, trade, and comment on images and sound samples, we begin to redefine moviemaking as a medium for connectivity and co-construction, an intermediate object to think with and through. As sensor technology and networks become part of our everyday surround, story elements can be delivered to many public and private venues. Here is an example of a very simple interactive movie experience designed for a casual pubic space. A flock of pigeons mills about until someone walks down the hallway and scares them away. In a recent piece that will premier at the deCordova Museum next month, we have expanded the analogy of carrier pigeons and networks. In this new work, visitors can release the pigeons and gain a new message, a message that has been edited by other visitors to the exhibition.

I want to show you another piece: a classical Indian dancer who is looking out from the wall, waiting for an audience. You walk in, sensors detect your presence, and the dancer starts to make up for you. In the meantime, the installation is communicating across the Web to people in India who are seeing something similar and are able to affect the background imagery. She finishes applying her make-up and begins to perform a dance of welcome for you. If you walk out at the middle of her performance, she gets angry and glares in the direction of the departing person, as rightly she should.

In another installation, called the "Cinemat," the input device is a special carpet which senses the coordinates of footsteps upon it, rather like an enormous graphics tablet where people's feet serve as the pen. This information is used to retrieve shots from a sizable database of movie and sound clips. We took this work to the Rotterdam International Film Festival, where it stood as an unattended kiosk in the lobby of a cinema. I was somewhat unhappy with it because most people did not seem to catch on to the story we thought we were telling. People worked the machinery silently, clearly gaining some pleasure from it, but I didn't know whether they were really constructing a story in their heads.

Later, we took the Cinemat to Espacio '98 in Mexico City. To our surprise, our hosts had constructed a special theater for it, and every hour on the hour we had to put on a show for 100 people. And I said, how can you do interactive pieces in a theater? This is not known. But, I realized that one of the interns provided to assist us was excellent at telling stories and joking with the audience, so I made him the Master of Ceremonies and told him: take two people from the audience. One person will walk on the carpet, choosing images; the other person will verbally improvise a story for the audience based on the changing imagery. It was hilarious to watch people free-associating a story: her boyfriend just left her; she is gone to Paris; she has a dream about a fish; and on and on. And then an image wildly incongruous to the story being told would appear, the storyteller would falter, and the audience would erupt in laughter. The audience thought it was fabulous, of course, because you always like to laugh when something doesn't quite work. But we learned a lot from that about the idea of narration and how in a very distributed environment you could have narrators and actuators. So, we are starting to use this in some of our own work in digital storytelling for new media. One current project uses it in an entertainment system for automobile passengers who wish to while away the time during long journeys which are all too frequently accompanied by the frustration of the traffic jam.

Knowledge Curation

Can we push story further? Can we create a more compelling personalized experience out of bits and pieces that might be collected in a database around a particular subject? This challenge led us to consider how we might construct a Curator's Companion. When walking through a museum, how can a little wearable computer learn from your behavior such that it can orchestrate pieces of relevant information into a story for you? And more importantly, how can we take what you know about the art in the museum and use that as a context base for learning something new or perhaps helping to curate the story yourself?

The museum offers a good venue for our early explorations because currently available sensors will allow us to track a visitor through the spatially distributed story, to recognize whether and how the visitor follows the curator's ordered placement of artifacts, and to make some predictions about the visitor based on this information. The hardest problem will be to learn what the visitor already knows and to extend the curator's exhibition in ways that are engaging and relevant for the particular viewer.

Scenario: a tool for product development

So far, we have discussed stories that have emerged from and require new technologies for their delivery. In contrast, scenario needs no technologogy but can be very instrumental in developing radical new applications for industry today. Scenarios begin with imagined stories, stories about particular people in particular situations. These stories provide a way for designers and developers to critique a new product or product idea. Why do you need this product? How is it going to work in human life? The flip side of this scenario is observational ethnography which allows us to look at how a sample pool of people use technology. Ethnography is starting to become a much bigger deal again as corporations try to understand how digital technologies are being used and how they are affecting daily life around the world. What can we say about the people that use them? Why are certain designs popular other ones not? One of the places I am currently using scenarios is to imagine the future of entertainment in the car.

Conclusion

In conclusion, what can I communicate about e-society from my perspective as a storyteller? First, the connectivity of the network will change what we know as story form. Digital story forms will range from small-scale and intimate (such as stories you would share with a lover, or your children, or your grandchildren) to large-scale immersive extravaganzas (such as Disneyland). Characteristic of these new forms will be an audience which is connected to both the content stream and to each other.

Innovations in computational presentation engines, in sensor and display technologies will allow new forms to emerge. However, these forms need makers and writers as well as technology. Strangely enough, writers are now the biggest bottleneck to the emergence of new form. In my experience, writers generally do not believe in multithreaded or reconfigurable, let alone distributed narratives. Writers are still comfortable with traditional single threaded story forms. If asked to work on something new, they are likely to say: "Well, we know how to write a book. You introduce the main character, have something happen to him, and build to a resolution." They simply do not believe in a more flexible form.

Currently I am collaborating with various broadcasters to develop a writers' method workshop for digital technology. The idea is to take writers and free their minds from traditional restrictions of beginning, middle, and end story, to let them grasp what writing for interactive multimedia requires. The younger the talent, the better. Young people who are comfortable with computers and have played video games often have a very good feel for what is possible in a computational story.

Digital life and its multiple technologies will generate new, fun stories. However, it is very important for the entertainment industry to realize that the game has changed. While stories have always been a way for the culture to learn about and define itself, today the major issues we need to learn about have to do with responsibility and personal choice. This is the extension of much of what we understand about a democratic society and is fundamental to the e-society. We no longer live in a world of the larger-than-life hero who does wonderful things; the world is not about being Superman; it is about making a difference in an ecological network of forces. This true for a 16 year old girl or boy who is facing a very complex world of adolescence. It is also true of somebody who has just had a great business idea and they are going to form the newest, hardest technology company at age 22. Beneath the surface, these are the same problems.

As we move forward into a world that is very risky economically – not just because of the stock market – entertainment will no longer be based on the goal of creating huge, mass-market "hits." Audiences of a thousand, or a hundred, or even three people will emerge and be rewardingly served. I think that this is a huge opportunity for the entertainment industry. It is also a very long road, and there will be many mistakes made along it.

Today, the manufacturers of content aren't interested in small audiences, and they don't want to risk the hundred elements, the hundred tries that it takes to get one big hit. A big hit is about the convergence of great talent, the culture being right, lots of things; only a fool would say, "this writer is great and this person is great and all of a sudden we are going to have a big hit." Often, test screenings and focus-group interviews are used to do a "quick fix" of defective cinematic products, but in this regard success is a fast-moving target. The culture right now is changing; it is becoming more global and interconnected. The technology is changing. The actual physical interface, the content, and the ways that we make, use, share, and re-purpose content are changing.

Having digital information embedded transparently throughout our home, workplace and public space will result in changed consciousness. Design of these interfaces and systems will affect the health, security, and creative well-being of society. Access, participatory design, and embodied presence will be essential interface features that will promote story exchange on a large scale.

By democratization of access we mean, how do we make it easier for more people to get involved in Digital Life? Many people are immersed and function within sociable constructs. Particularly in less affluent, non-literate societies, people will ask: "how does this technology improve my quality of life?" Today, the expanding field of nano-technology appears to hold answers for digital technology that will be an order of magnitude cheaper than the current generation.

For those of you who are communicators in the audience of the sort that broadcast magazines and so on, I offer this vision. The medium is the message. The content is your souvenir. We are trying to make new media that will deliver very exciting, personalized messages. Thank you.

4 Ubiquitous Computing – Vision und technische Grundlagen[1]

Friedemann Mattern
Institut für Informationssysteme
ETH Zürich

1 Der Trend zur Informatisierung und Vernetzung aller Dinge

Das Internet verbindet heute fast alle Computer der Welt, und nun macht es sich daran, auch die übrigen Gegenstände zu vernetzen und damit Information „zu allem immer überall" bereitzustellen – so könnte man salopp und plakativ den Anspruch des „ubiquitous computing" aus technikzentrierter Sicht charakterisieren.

Etwas anders formuliert wird unter dem Begriff „ubiquitous computing" die Allgegenwärtigkeit von kleinsten, miteinander meist drahtlos vernetzten Computern verstanden, welche quasi unsichtbar in beliebige Alltagsgegenstände eingebaut sind. Mit Sensoren ausgestattet, können solcherart eingebettete Prozessoren die Umgebung erfassen und „ihren" Gegenstand mit Informationsverarbeitungs- und Kommunikationsfähigkeiten versehen. Auf diese Weise wird Alltagsgegenständen eine neue, zusätzliche Qualität verliehen – diese könnten zum Beispiel erfahren, wo sie sich befinden, welche anderen Gegenstände in der Nähe sind und was in der Vergangenheit mit ihnen geschah, ferner können sie mit anderen „smarten" Gegenständen kommunizieren und kooperieren sowie prinzipiell auf beliebige Internet-Ressourcen zugreifen. Dinge und Geräte können sich damit situationsangepasst verhalten und wirken auf diese Art „schlau", ohne tatsächlich „intelligent" zu sein.

Bedingt durch die weiter anhaltenden Fortschritte in der Informatik, Mikroelektronik, Kommunikationstechnik und Materialwissenschaft scheint in den nächsten wenigen Jahren zumindest aus technischer Sicht die Vision einer

---

1. Eine überarbeitete Langfassung dieses Kurzbeitrags erscheint in: Internet @ Future – Technik, Anwendungen und Dienste der Zukunft, Jahrbuch Telekommunikation und Gesellschaft 2001, Band 9 (Hrsg.: H. Kubicek, G. Fuchs, D. Klumpp, A. Roßnagel).

umfassenden Informatisierung und Vernetzung fast beliebiger Dinge des Alltags tatsächlich realisierbar. Da durch das ubiquitous computing ganz neue Anwendungen ermöglicht werden, bei denen zum Beispiel kooperierende smarte Gegenstände gemeinsame Funktionalitäten entwickeln können, könnte das Paradigma schließlich auch in ökonomischer Hinsicht erfolgreich sein. Dies hat mit Sicherheit enorme wirtschaftliche und soziale Auswirkungen und betrifft damit auch Aspekte der Akzeptanz und Gestaltung einer Welt, bei der die Realität mit dem informationstechnisch konstruierten Cyberspace enger gekoppelt wird und in mancher Hinsicht sogar verschmilzt.

Wir gehen im Folgenden auf die Vision von Mark Weiser, dem Protagonisten des ubiquitous computing, ein, besprechen die technischen Grundlagen und Entwicklungstendenzen des ubiquitous computing, skizzieren denkbare Anwendungen und diskutieren schließlich kurz die Datenschutzaspekte.

2   Moores Gesetz und Weisers Vision

Der ständige Fortschritt in der Mikroelektronik ist uns inzwischen fast zur Selbstverständlichkeit geworden: Mit erstaunlicher Präzision und Konstanz gilt das bereits Ende der 60er-Jahre von Gordon Moore aufgestellte und nach ihm benannte „Gesetz", welches besagt, dass sich die Leistungsfähigkeit von Prozessoren etwa alle 18 Monate verdoppelt. Ein ähnlich hohes exponentielles Wachstum ist auch für einige andere Technologieparameter wie Speicherdichte oder Kommunikationsbandbreite zu beobachten; umgekehrt betrachtet fällt mit der Zeit bei gleicher Leistungsfähigkeit der Preis für mikroelektronisch realisierte Funktionalität radikal.

Dieser anhaltende Trend führt dazu, dass in nicht allzu ferner Zukunft kleinste Rechner quasi im Überfluss vorhanden sein werden. Damit wird ein Paradigmenwechsel in der Rechneranwendung eingeläutet: Prozessoren, Speicherbausteine und Sensoren können zu diversen preiswerten „information appliances" zusammengebaut werden, die drahtlos mit dem Internet verbunden und für spezielle Aufgaben maßgeschneidert sind [3]. Die mikroelektronischen Komponenten können insbesondere aber auch in viele Alltagsgeräte eingebettet werden und diesen das Attribut „smart" verleihen, indem sie beispielsweise ein an die jeweilige Situation angepasstes Verhalten realisieren. In letzter Konsequenz dringt damit Informationsverarbeitung gekoppelt mit Kommunikationsfähigkeit fast überall ein, auch in Dinge, die zumindest auf den ersten Blick keine elektrischen Geräte darstellen – das „computing" wird somit ubiquitär.

Der in diesem Sinne zu verstehende Begriff „ubiquitous computing" wurde bereits vor über zehn Jahren durch Mark Weiser vom XEROX Forschungszentrum in Palo Alto geprägt [4]. Weiser sieht dabei in der Technik ein reines Mittel zum Zweck, die in den Hintergrund treten soll, um eine Konzentration auf die Sache an sich zu ermöglichen – der PC als informationstechnisches Universalwerkzeug sei in dieser Hinsicht der falsche Ansatz, da er aufgrund seiner Komplexität die Aufmerksamkeit des Anwenders zu sehr in eigener Sache in Anspruch nehme. Generell solle der Computer als Gerät nach Weisers Auffassung sowohl aus den Augen als auch aus den Sinnen verschwinden, dessen informationsverarbeitende Funktionalität aber überall verfügbar sein.

Während Weiser den Begriff „ubiquitous computing" eher in akademisch-idealistischer Weise als eine unaufdringliche, humanzentrierte Technikvision versteht, hat die Industrie dafür den Begriff „pervasive computing" mit einer leicht unterschiedlichen Akzentuierung geprägt [1]: Auch hier geht es um die überall eindringende und allgegenwärtige Informationsverarbeitung, jedoch mit dem primären Ziel, diese eher kurzfristig im Rahmen von Electronic-commerce-Szenarien und Web-basierten Geschäftsprozessen nutzbar zu machen. In dieser pragmatischen Variante beginnt das ubiquitous computing in der Praxis bereits Fuß zu fassen; IBM-Chairman Lou Gerstner beschrieb seine Vision vom „Post-PC-Zeitalter" einmal so: *„A billion people interacting with a million e-businesses through a trillion interconnected intelligent devices...".*

3 Technische Grundlagen

Die treibende Kraft hinter der dynamischen technischen Entwicklung ist die Mikroelektronik, die in ihrer Leistung dem mooreschen Gesetz in den letzten Jahrzehnten treu geblieben ist. Immer wichtiger werden außerdem Ergebnisse der Mikrosystemtechnik und Nanotechnik, sie führen beispielsweise zu kleinsten integrationsfähigen Sensoren für unterschiedlichste Umweltparameter. Eine interessante Entwicklung in dieser Hinsicht stellen auch Funksensoren dar, die ohne explizite Energieversorgung Druck- oder Temperaturänderungen einige Meter weit melden können – die nötige Energie zum Versenden des Messwertes und zur Aufprägung eines Identifikationscodes bezieht ein solcher Sensor aus dem Messvorgang selbst, indem piezoelektrische oder pyroelektrische Materialien verwendet werden.

Ohne eigene Energieversorgung funktionieren auch die so genannten „smart labels" oder „radio tags". Hierbei handelt es sich technisch gesehen um Transponder, die mit einem Hochfrequenzsignal aus einem Abstand von bis zu ca. zwei Meter bestrahlt

werden, dieses Signal decodieren, aus ihm auch die Energie für die eigene
Verarbeitung beziehen und selbst wiederum eine Antwortnachricht als Funksignal
aussenden. Auf diese Weise können „durch die Luft" innerhalb von Millisekunden
einige hundert Byte gelesen und geschrieben werden. Die Transponder sind je nach
Bauform nur wenige Quadratmillimeter groß, kaum dicker als ein Blatt Papier und
kosten als flexible Selbstklebeetiketten derzeit weniger als 1 € pro Stück.

Vollwertige Computer auf einem einzigen wenige Quadratmillimeter großen Chip,
inklusive einiger Kilobyte Speicher (was bereits ein einfaches Betriebssystem
ermöglicht), lassen sich heute zu Stückkosten von einigen wenigen Euro herstellen.
Diese Technik wird für Chipkarten, aber auch für „embedded systems" verwendet.,
bei denen Prozessoren zu Steuerungsaufgaben in beliebige Geräte eingebaut
werden. Bei solchen Prozessoren handelt es sich – im Verbund mit geeigneten
Sensoren, Ein- / Ausgabeschnittstellen und Kommunikationsmöglichkeiten – um die
primären Komponenten, welche Dinge „smart" machen können. Für miteinander
kommunizierende Artefakte werden derzeit Prozessoren entwickelt, die zusätzlich
bereits die Vernetzungsfunktionalität auf dem Chip selbst enthalten.

Große Fortschritte werden auch auf dem Gebiet der drahtlosen Kommunikation
erzielt. Für das ubiquitous computing entscheidend sind Kommunikationstechniken
im Nahbereich, die wenig Energie benötigen. Hierzu gehört die inzwischen
etablierte WLAN-Technik (ca. 100 m Reichweite und ca. 10 Mbit/s Übertragungsrate), vor allem aber Funknetze für den Raumbereich. Für die letzteren ist
momentan der Bluetooth-Standard (ca. 10 m, 1 Mbit/s) aktuell. Kommunikationsmodule für Bluetooth haben gegenwärtig etwa das Volumen einer halben
Streichholzschachtel, durch Integration von Speicher, Hochfrequenz- und Digitalteil
auf einem einzigen Chip soll demnächst eine noch deutlich geringere Baugröße
erzielt werden. Intensiv wird derzeit außerdem an verbesserten Möglichkeiten zur
Positionsbestimmung mobiler Objekte (etwa mittels satellitengestützter Systeme
wie GPS oder Funkpeilverfahren bei Handys) gearbeitet.

Spannend erscheinen auch Entwicklungen im Bereich von „Body Area Networks" –
hier wird der menschliche Körper selbst als Medium zur Übertragung von Signalen
sehr geringer Stromstärken genutzt. Durch pures Anfassen eines Gegenstandes kann
diesem dann eine eindeutige Identifikation (die beispielsweise von der Armanduhr in
den Körper eingespeist wird) übermittelt werden; auf diese Weise könnten
Zugangsberechtigungen, spezifische Konfigurationen von Geräten oder die
Abrechnung von Dienstleistungen erfolgen. Auch mit Kleidern aus Stoffen, die
leitfähige Fasern enthalten, wird im Bereich des „wearable computing"
experimentiert – Fasern, die beim Dehnen ihren elektrischen Widerstand ändern,
ermöglichen jedenfalls interessante Mensch-Maschine-Schnittstellen.

Im Bereich der Materialwissenschaft zeichnen sich Entwicklungen ab, die den Rechnern der Zukunft eine gänzlich andere äußere Form geben können oder sogar dafür sorgen, dass Computer nicht mehr als solche wahrgenommen werden, weil sie vollständig mit der Umgebung verschmelzen. Hier wären unter anderem lichtemittierende Polymere zu nennen, die Displays als hochflexible, dünne und biegsame Plastikfolie ermöglichen. Es wird aber auch an „elektronischer Tinte" und „smart paper" geforscht, welche Papier und Stift zum vollwertigen, hoch mobilen Ein- und Ausgabemedium erheben – von einer effektiven Nutzung, etwa im Sinne eines Computers als zusammenfaltbare interaktive Straßenkarte, dürfte man aber noch einige Jahre entfernt sein. Laserprojektionen aus einer Brille direkt auf die Augenretina stellen eine weitere gegenwärtig untersuchte Möglichkeit zur Substitution klassischer Ausgabemedien von Computern dar.

4 Anwendungen und Wirkungen

Aus technischer Sicht lässt sich schon allein durch Extrapolation des mooreschen Gesetzes in etwa abschätzen, was in den nächsten Jahren zumindest prinzipiell machbar erscheint. Was dann davon unter ökonomischen Gesichtspunkten noch sinnvoll ist, das ist schon weitaus schwieriger zu beantworten. Ähnlich schwierig ist es auch, die Akzeptanz persönlicher Informations- und Kommunikationstechnik vorherzusagen – das Iridium-Satellitentelefonsystem entpuppte sich bekanntermaßen als klarer Misserfolg, das SMS-Kurznachrichtensystem für Handys dagegen wurde in kürzester Zeit ein in dieser Größenordnung völlig unerwarteter Erfolg.

Das Potential von Anwendungen mit smarten Alltagsdingen scheint jedenfalls gewaltig, wenn man annimmt, dass Gegenstände mittels Techniken zur spontanen Vernetzung miteinander kooperieren können und prinzipiell Zugriff auf jegliche in Datenbanken oder im Internet gespeicherte Information haben bzw. jeden passenden Internet-basierten Service nutzen können. Die Grenzen liegen hier weniger in der technischen Natur, sondern sind eher ökonomischer oder sogar rechtlicher Art (was soll sich ein Gegenstand merken und was darf er wem verraten?). Welche der vielen manchmal absurd klingenden Ideen – angefangen vom klischeehaft bemühten Kühlschrank, der die Milch automatisch nachbestellt, über kommunizierende Regenschirme, die vor einem heranziehenden Regenschauer warnen, wenn befreundete Schuhe ohne sie die Haustür ansteuern, bis hin zur „intelligenten" Kleidung, die kritische, vom individuellen Normalfall abweichende Pulsfrequenz und Atemtätigkeit dem Arzt weitermeldet – letztendlich eine Rolle in der Zukunft spielen könnten, ist allerdings weitgehend unklar.

Anfangs dürften von einer ubiquitären Vernetzung und „kollektiven Intelligenz"
sicherlich eher solche höherpreislichen Geräte profitieren, die durch sensorgestützte
Informationsverarbeitung und Kommunikationsfähigkeit einen deutlichen Mehrwert erhalten: Ein automatischer Rasensprenger gewinnt offenbar nicht nur durch
eine Vernetzung mit Feuchtigkeitssensoren im Boden an Effizienz, sondern auch
durch die im Internet kostenlos erhältliche Wetterprognose. Ferner könnten Eltern es
zu schätzen wissen, wenn Schuhe oder Hi-Tech-Jacken der Kinder ihren
Aufenthaltsort verraten. Und falls alle Autos ihre eigene Position und die
benachbarter Fahrzeuge genau kennen, lässt sich vielleicht manche Kollision
vermeiden …

Die ultimative Vision des ubiquitous computing geht allerdings über solche
Anwendungsbereiche hinaus und bemüht Szenarien, die an Science-Fiction
heranreichen. Es geht dann um so alltägliche Dinge wie Schreibstifte, die alles
digitalisieren (und informationstechnisch verarbeiten), was mit ihnen geschrieben
wird, oder Reisetaschen, die sich an besuchte Orte und transportierte Gegenstände
(oder sogar belauschte Gespräche?) zu erinnern vermögen. Abgesehen davon, dass
die Verlängerung des Internet bis in die letzten Dinge hinein schon aus technischer
und organisatorischer Sicht eine formidable Aufgabe darstellt, ist derzeit aber noch
weitgehend unklar, wie wir mit unseren smarten Dingen geeignet kommunizieren
können und wie insgesamt Nutzen aus der neuen Technik gezogen werden kann.

In seinen Konsequenzen zu Ende gedacht, dürfte eine Welt aus kommunizierenden
smarten Dingen aber jedenfalls zu einer deutlich geänderten Wahrnehmung unserer
Umgebung führen und größere gesellschaftliche und ökonomische Auswirkungen
haben und damit letztlich sogar von politischer Relevanz sein. Die Konsequenzen in
sozialer und kultureller Hinsicht erscheinen derzeit zwar noch weitgehend unklar,
mit Sicherheit ist allerdings die Privatsphäre im Sinne des Datenschutzes betroffen,
denn immer billigere, effektivere und kleinere Sensoren und Prozessoren
ermöglichen eine immer umfänglichere Erfassung und automatische Wahrnehmung
der Umwelt und damit auch unseres Handelns in der Welt.

Wenn im Zeitalter des ubiquitous computing das Internet bis in die Alltagsdinge
hinein verlängert wird, dann wird alleine dadurch schon klar, dass hinsichtlich des
Datenschutzes gewaltige Herausforderungen auf uns zukommen werden: Wo vorher
nur ein relativ begrenzter Aspekt einer Person durch Stöbern in den Datenspuren
erfassbar war, offenbart sich in der ubiquitären Vision ein weitaus detaillierteres Bild
über die Interessen, die Neigungen, aber auch über die Schwächen einer Person –
während sich bisher die mögliche „informationstechnische Überwachung" einer
Person zumindest klar abgrenzbar auf die Nutzung von PC und WWW beschränkte,
wird es in einer Welt voll smarter und kommunikationsfreudiger Alltagsgegenstände

oft gar keine klare Unterscheidung zwischen dem „Online" und dem „Offline" mehr geben!

Klar scheint jedenfalls, dass man ohne effektive Maßnahmen zum Datenschutz mit den Techniken des ubiquitous computing eine Überwachungsinfrastruktur schaffen würde, welche viele bestehende Gesetze und Mechanismen zum Schutz der Privatsphäre ineffektiv machen könnte. Es sind daher grundlegende rechtliche Überlegungen, neue technische Ansätze aber auch intensive gesellschaftliche und organisatorische Anstrengungen auf den Gebieten Sicherheit und Datenschutz nötig, um diese schöne neue Welt voller „smarter" und kommunikationsfreudiger Dinge nicht in einen orwellschen Überwachungsstaat zu verwandeln [2].

Literatur

[1] *Hansmann, U., L. Merk, M. Nicklous, T. Stober*: Pervasive Computing Handbook. Springer-Verlag, 2001.

[2] *Mattern, F., M. Langheinrich*: Allgegenwärtigkeit des Computers – Datenschutz in einer Welt intelligenter Alltagsdinge. In G. Müller (Hrsg.): Mit Sicherheit nicht dabei? Die Machbarkeit von Sicherheit im Internet. Springer-Verlag, 2001.

[3] *Want, R., G. Borriello*: Special Issue on Information Appliances. IEEE Computer Graphics and Applications, May / June 2000.

[4] *Weiser, M.*: The Computer for the 21st Century. Scientific American, Jg. 265 (1991) H. 9, S. 66–75.

5 Technology Megatrends Driving the Future of e-Society

Dr. Alfred Z. Spector,
IBM Research Division, Hawthorne, USA

Thank you, I am very glad to be with you today. And I thank you for the honor of speaking to Münchner Kreis. I will be talking to you this morning from the perspective of someone who is leading most of the software research within IBM.

As you may know, IBM has large research and development operations. But, as you may not know, we have established research labs, over the last few years, in a number of countries around the world. Our most recent labs are in New Delhi and in Beijing, with longer standing non-US labs in Zurich, Haifa, and Tokyo. About one-quarter of our research personnel are now outside of the United States, and that number is probably growing faster outside of the US than it is within. IBM Research's goal is to do great technology research and to ensure that our work has a major and beneficial impact on the IBM Company and our industry.

In this presentation, I will very quickly summarize a few of the technology trends that you heard Professor Mattern speak about in the previous presentation. But, really the purpose of this introduction is to set the premise for my primary point: that is, soon there will be some truly new domains with extremely interesting classes of new applications. And that's what I want to spend most of the time discussing during this presentation:

- I want to talk about what happens when we can continually optimize almost everything. There are very interesting topics around networking and around deep mathematics. There are opportunities to improve the efficiency of business, the economy, and society.

- I am very excited about knowledge management. We have seen the ability to capture information everywhere. But we have very limited ability to use that information today. And it is a very enormous opportunity if we can do it well or it can be a morass of frustration if we do it poorly.

- The web is something that is very dynamic. And, we think that web will become even more dynamic and personalized in the future. I want to discuss this further.

- And finally, I would like to spend a little bit of time talking about the concept of utilities moving to the space of the network. We call these "e-utilities."

As you heard from the previous speaker, the trends associated with Moore's Law are likely to continue for the next five to ten years. But, it is getting harder for our scientists to come up with the invention that is required. However, it has always been hard, and we have always found ways to generate new materials or device structures in addition to better scaling. Therefore, we think we can continue to stay on the Moore's Law curve for quite a long time to come.

But, there is no doubt we will need to combine much innovation to stay on the curve. When, for example, IBM announced its copper chip technology breakthroughs, some said, "oh, you are going to leap frog Moore's Law." This is not correct. The invention of copper technologies was just one type of innovation that we needed to stay on the curve. In the future, I suspect we'll need to do much more with parallel processing if we are to continue to grow the speed of machines exponentially. And that should be quite feasible to do, though there are great engineering challenges.

However, if traditional silicon-based technologies run out of possibilities, there are some alternatives, including nanometer scale device alternatives. I cannot say we know how to use them today. We could not go start a business around them and replace silicon-based technologies. But there are things that we have in our research labs, as do some others, that look promising. So, we are optimistic that we'll stay on this wonderful curve.

Looking back to 1900, it is interesting to see the result of this exponential growth in information processing capabilities. On a computation /cost basis, there has been almost a 10^{15} improvement in about 100 years. That is a phenomenal revolution and that is generating all of this excitement.

As we look at very high performance computers a lot is going on there. Let me tell you a little bit about a machine that we are building called "Blue Gene." Blue Gene is designed to do many computationally intensive problems; in particular, to shed additional information on the three-dimensional structure of proteins under different conditions. We think the machine will have a million processors. The million processors are first aggregated onto chips, so there are many processors per chip. Then the chips are aggregated onto boards, the boards onto racks and finally, there'll be multiple racks. And that is how we get to a million.

Blue Gene will be a very fast computer, characterized by enormous processing power and some memory that is rapidly addressable by each processor. Computations on Blue Gene need to be distributed to all the chips in order to get something done. We know how to do this, we believe, for the protein folding application and some others. But, we don't know how to do this for many other interesting problems. It's hard to break up many problems into a million separate parts. So this is a great research topic and one that we are thinking about: how do you use machines like Blue Gene? There's a rush to this, as we expect to complete Blue Gene in the next four to five years.

Despite all of this, we have some way to go, however, to simulate the power of the human brain. We don't even really fully know what the brain does. But we do think we are building fairly sophisticated machines now, and we think that there are enormous opportunities to increase the scope of these machines beyond email, text messaging over wireless phones, and other rather mundane things. We should be able to do much more fun things, and we are thinking about this in our research labs.

Alongside computation, the capability of storing information is also growing enormously. Magnetic disks have done as well, in fact better, in recent years than the silicon-based technologies. It is phenomenal how much storage exists in the world, and we expect that it will continue to grow. We have our low power and our portable disk, the IBM Microdrive™, which is only one-inch in diameter and one gigabyte! Just think about adding that into a digital camera, and you never run out of film in any reasonable time. We expect continued progress in the miniaturization of storage and the low cost associated with that miniaturization.

These technologies have some nice human-visible benefits as well. IBM has constructed a 9-million pixel display. It is 3820 pixels wide and 2400 pixels vertically. It is a beautiful display. What I notice, when I look at this display, is that I can even see the simulated shine of various types of glossy paper on the displays. Normally, we consider such questions as, "Is the type font readable?" Or, "do we get eye strain?" But, when we get to displays of this resolution, all kinds of aesthetically pleasing effects will become feasible. They will also be very practical in many domains, for example, in medicine.

You have heard about organic devices. We are actually quite excited about these organic devices due to their potential flexibility. This is not just a futuristic thing. They present enormous opportunities, perhaps not in speed, but in terms of low power and usability. They can, indeed, be woven into things. So perhaps, some day, we'll only need to have one sweater on a business trip, and the sweater can change colors based upon what we are doing.

We agree with Professor Mattern on the subject of ubiquitous computing. Dr. Glorianna Davenport's presentation also discussed this topic. It's really quite clear when you consider the enormous growth in the installed base of mobile phones with data capabilities. We expect that the number of such devices will soon surpass the numbers of PCs and continue to grow much more rapidly. I was in Japan just a few weeks ago where there will be a roll-out this year of 3G (third-generation) phones by NTT DoCoMo. I expect there to be tens of millions of such devices over the next few years, which will have really sophisticated multi-hundred kilobit per second wireless connectivity performance. This is an enormous area that we, for the most part, understand how to implement technically.

One of the pervasive devices that we have been developing (every research group has to have great toys, although this one has real practical implications as well) is a watch that runs the Linux operating system. The watch now has an organic color display that is a 640 by 480 (or VGA) resolution. This is quite amazing. And you may wonder why you might want Linux on your watch? I can assure you that when I joined the Research Division six months ago I asked the same question. Why do we need a general-purpose operating system with 16 megabytes of memory on our wrist? But, I am now convinced it is important. I am convinced that one of the most important uses of Linux will be in pervasive computing devices. A powerful operating system like Linux is needed because of issues such as the management of security and the management of complicated protocols of which there will be many, such as Bluetooth and 802.11. There will be a variety of compression protocols that are going on top of these. All the things we expect from a usual computer operating system plus the reliability we expect from a watch. From both a systems perspective and from an engineering perspective, we need a powerful operating system to make all the systems software and applications feasible and easy to implement. So, we need a powerful operating system on our watch.

All of this is fun and exciting. There will continue to be vast increases in the power of technology and declining costs. There is an enormous and growing base of computer usage. This is even more interesting to me. You know, when many of us started in this field, the number of users of computers numbered in the tens or hundreds of thousands. And today, we presume that we are nearing a billion computer users. So, in fact, we are approaching a situation where there will nearly always be connectivity of nearly everything and nearly everyone. The technology trends combined with the universal connectivity generate, to my thinking, some of the biggest opportunities in technology. It is the combination of technology and connectivity that make for the really big change.

I believe that there is an enormous opportunity to solve some fascinating new problems that are of great interest to technologists like myself. And I think they will be very interesting to non-technologists as well. While I can't predict exactly how they will all play out, I know they are going to happen, and there are lots of opportunities to make the world a better place.

Continual Optimization

Let me now turn to one of fascinating new opportunities: what we are calling, "continual optimization." This is predicated on the hypothesis that we can monitor almost everything we want to monitor because everything is almost always connected. I believe that if we could focus on optimizing things using advanced software-based optimization algorithms, we might even fundamentally change how we lead our lives!

Let me give you an example. I live in a large town near New York City where things are congested and there is contention for scarce resources. Why does it make sense that when I go to the Metropolitan Opera in New York, which I do, I have to buy tickets nine months in advance? I assume it is also true in Munich that if you want to go to the opera you make arrangements very early. And another question, why is pricing so static for so many products? This is not true of seats on airlines. We are all used to variable pricing with the airlines. But for most other things, particularly in the consumer domain, pricing is pretty much the same.

There are many more questions I could ask. Why are we not notified when, for example, Verdi's Nabucco is showing, based on the systems knowledge of my preference for new Verdi productions? Why couldn't pricing be done based on the desires and needs of people and the value that the goods and services give them? Why do we statically optimize so much resource assignment? Why are we assigned a particular seat at the opera, rather than the approximate location? If the latter were done, the opera company could allocate seats to accommodate contiguous seating of larger parties and better handle no-shows.

In many businesses, we do very approximate production optimization. It's gotten better, but it's still approximate in many industries. Consider an oil company in California that burns natural gas to produce steam. The steam is injected in an oil well, which helps loosen the heavy crude oil. Pollution is generated as part of that process of burning the natural gas. Electricity is also co-generated as part of the process. The oil has to be moved via pipeline to market. Perhaps, pollution credits may be saleable to others because there is a market in the right to pollute. Presumably, the price of electricity, the cost of natural gas, the price of crude oil, the air quality, and the availability of pipeline capacity to move the oil should all be used in a precise way to determine how much oil should be produced on any given day. This is another example of continual optimization.

Consider even interpersonal scheduling: I came to Munich yesterday afternoon, and it turns out that a colleague of mine, Dana Scott, is also here. He had sent me an email, but unfortunately, I was a little too busy to respond directly. My calendar should have automatically communicated with his calendar, and then made a specific proposal that we get together at 5:30 pm yesterday afternoon. We ultimately did this, but only because of my colleague's perseverance.

As another calendar example, I have three children under the age of two. My wife has a schedule; we have babysitter schedule; I have a work schedule; and it will only get more complex in terms of scheduling as the children have schedules of their own making. In fact, we have a research project on how to automate schedule management. So, let me ask you, when your friends come to Munich, do you know they are coming and do you see them? Or have we become so busy that we don't even pay attention to this any more?

As another example, consider the classic example of the benefits of wireless computing: say, you are searching for a restaurant while driving in a new area, and you are trying to communicate with someone in the passenger seat to try to decide where to stop and, of course, by the time you talk to each other you passed the restaurant! Couldn't we have a system that matches our preferences, our location, restaurant reviews, and information on table utilization to recommend restaurants to us?

So many things are possible, as business models change and as we consider how to best optimize things. Say, you are going from a suburban area into a city to have dinner and a see show. Today, it's complicated in terms of reserving things in advance, getting a restaurant reservation, planning travel routes, as well as reacting to traffic and shortages of parking. And it is not so efficient for the suppliers as well.

In the e-economy, we are all excited that we have the ability to make a reservation on the web. But it is really not that different. We can subscribe on the web to season tickets nine months in advance, but that is not a very big change. Traffic information is a little bit more available, but it is often out of date. Inventory management is occasionally better, although I found a travel agent two weeks ago who did not have tickets to an airplane while the airline actually did have seats. So even in the airline industry, inventory is occasionally still segregated by channel.

I think it is possible to consider a dramatically different world. Consider a world where we could actually express our preferences and then receive complete offers. We could receive an offer for going into Munich to attend a concert, have dinner, and get parking as well. Perhaps there would also be special last minute deals available, based upon availability or cancellations. And things could be monitored and re-optimized dynamically. Now there is, of course, the interesting question of how much we, as human beings, want dynamic re-optimization. Sometimes we are asked before we board an airplane if there are *volunteers* who would like to not go on this flight in return for a certain amount of money? Sometimes people like that. Other times, perhaps not. I think that if it is voluntary, it should not be viewed as a problem.

The same types of changes could be implemented on the sales side as well. Providers could manage their inventories better. They could do binding of resources to consumers at the very latest time; e.g., when the person arrives at the restaurant or the theater.

A very interesting question I have wondered about is, with dynamic optimization, how much more efficiently could we use the highway system? How much more efficiency could we get for the existing number of lane kilometers of roads if we could provide better advice, truly accurate advice, to people as to how to travel and how to optimize things around this. This is a very hard, optimization problem, but it is one worth considering.

We don't know how to manage slack. We go to a restaurant, and there is a huge line. We wonder, why didn't they build a bigger restaurant? And the answer may be because there is too much slack during times that are not peak. But it may also be that it is difficult to understand latent demand. If we new the number of interested customers, we might actually be able to allocate many things in society more efficiently.

If you think about these scenarios and like even some of them, you should realize there are many interesting systems problems to be solved. There will be massive amounts of data and transactions that are occurring. This is a complex distributed system, as we neither should nor cannot attempt to produce a single organization that schedules everything. We live in a distributed modular society, and we need a modular distributed architecture to support it. Creating the contractual standards to enable this type of consumer/business and business/business negotiation to occur is hard. Privacy is a serious issue. The dissemination of preferences is valuable, but requires sensitivity to people's concerns.

The availability, scale, modularity, system autonomy, privacy, and many other challenges are one side of this; on the other, there are ease-of-use considerations. We must make systems truly fun and desirable to use. We don't want to make society more mechanistic, but rather to make it more adaptive to our needs. In my view, that is as challenging as all the other problems combined.

If we consider the mathematics side of this, the area of dynamic allocation and operations research, many questions arise. How dynamic do we want systems to be? How optimal? If you like the packaged dinner, show, and parking scenario, how do you allocate money to the individual entities? (When you have the last parking space in Munich, how do you convince the garage owner that the dinner and show still deserve a cut of the action?)

I tell Brenda Dietrich, who runs the math department at IBM Research and is an operations Research expert, that there is more opportunity in operations research than ever because of the nearly always connectivity of nearly everything and ever lower transaction costs. This will affect not only the application of mathematics, but also lead to new business models.

Consider variable pricing. I have heard that Amazon did some variable pricing where they tried to charge higher prices for people who had already visited the site, perhaps because those people were used to buying from Amazon.com and would go back there, and even if the costs were a little more. It didn't go over very well with their customer base, and I'm told the practice has been rescinded.

But variable pricing may make sense in other situations. It's becoming common on toll roads. Recently, after many years of political discussions, the Port Authority of New York and New Jersey instituted variable pricing for trips across the George Washington Bridge in New York. Of course, the goal is to lower utilization at peak hours by shifting some load to off-peak hours. It was technology in the form of an automated payment system that made this change easy to implement.

No doubt, there are lots of issues in pricing, but I believe there will be a great deal of basic research and the beginning of new applications, as we make society, I hope, more livable and efficient.

These topics are certainly applicable to business-to-business (B2B) e-commerce as well. If one considers the external factors on a business, such as competition, legislation, and demand, as well as internal capacities and capabilities, there are many opportunities to utilize advanced optimization techniques. The oil production case I used earlier is a good example. So, I believe there will be a lot more operations research being applied in B2B as well.

Knowledge Management

Another topic I want to talk about is knowledge management. Today, we collect and store massive amounts of data, and the amount is growing rapidly. I have thought about what are we going to do with all of this data? We have the ability to wear little video cameras. Is it the right thing in life to record the first 45 years of our lives and then spend the next 45 years watching the movie? I don't think so. On the other hand, it would seem that some of the videos could be useful. But, how would we manage them, and all the other information that we are collecting?

There are many problems under the umbrella of knowledge management:

- Translation: There are now products available to translate from one natural language to another. IBM has some which, for example, are used with our WebSphere™ family to make website information available in multiple languages. Of course, all of these products are imperfect, but they are improving.

- Categorization: Can we categorize information? For example, many of us try to move our email into the right folders, and we spend, according to statistics, many minutes a day trying to keep up. If computers could categorize and file data (or knowledge), it would be very helpful.

- Search: Things have changed in a decade. Ten years ago, few people other than a few librarians, lawyers, and scientists did computer-based search. Today, hundreds of millions of people do search on the web. It has been a phenomenal success story. On the other hand, it is often phenomenally frustrating even with the very best search engines. The ability to do high precision search (that is, retrieve only relevant articles) and search with good recall (that is, find all relevant articles) is still somewhat primitive.

- Conversational dialogue: Many of us would prefer to talk to a well-trained human being on a telephone line than to try to talk to a computer. Although there are more systems beginning to do a little dialog in support of customer service, there are great challenges to computer-based conversational dialog, particularly *free-form* dialog, where a human can direct the conversation.

- Summarization: This is another interesting topic that combines topics in learning, data mining, and other areas.

These problem domains, and the others in knowledge management, will be applied to many types of data, such as text, data from relational databases, video, audio (including speech), and structured information. Structured information is getting particularly interesting at this time, due to the enormous attention on the XML standard. With XML-tagged data, there are enormous opportunities to more easily and accurately solve many knowledge management problems. For example, XML should enable much better search because XML tags can be used to give a kind of meaning to corresponding data. In addition, the tags should make translation much easier: for example, we can distinguish between a proper noun (that doesn't require translation) and a noun (that does).

In knowledge management, I suspect we will most often desire to use data of many types together, so-called 'multi-modal systems'. Consider interacting with a reservation system from a cell-phone. Would you really want the system reading a whole list of flight options to you? Maybe, but perhaps you'd rather the system respond to your verbal query by displaying the flight schedule on a screen. We call this a multi-modal dialog-based system.

IBM is very excited about knowledge management. And after about ten years of the web, there is also great interest in it across society. We have achieved a lot, but we expect to achieve more. Voice recognition is rather good, with accuracy often significantly greater than 90%. Dialog-based systems are beginning, and I think they will be very valuable. For example, I just recently had the opportunity to grade about 30 submissions to a VXML (Voice XML) contest that IBM sponsored for university students in North America. Students wrote dialog-based systems by putting VXML tags in a file. And in response to those tags, the system would either speak certain words or listen to the user and than automatically branch base upon the spoken word. The quality of the students' submission was for the most part better than any phone-based customer service application that I have used. And these submissions, I presume, were programmed in just a few days. One of the best systems was a medical advisor to aid people in choosing a diet. Another good one was a horoscope generator. Although not the most mainstream application, that program was very usable and rather fun, partially because the computer spoke with many exotic accents.

Within IBM, we are using quite a number of knowledge management (KM) technologies. For example, in help desks for our own employees, we use KM systems to obtain information about customer problems. We are actually considering now whether it will be useful to extend our systems to record the phone calls with customers and then extract technical data from the recorded phone calls so that we can codify it and then make it available to others. We would use voice recognition of telephone calls, then summarize and categorize the results, index them, and make them available for future use.

There are many more KM activities within the company. We have an e-mail routing product. With it, email addressed to a larger entity (for example, info@X.COM) can be delivered to the appropriate specific party. With about 150,000 people in our services business, we believe we have the expert in-house for most problems. Of course, we have to find him or her. So, we are building expertise-location systems. We are doing document translation. While imperfect, we start with a natural language like English, and do some machine translation. Often, we then manually improve the result. Of course, we do a lot with business intelligence, in many cases for our customers.

The real challenges in KM from the computer science perspective, I would say, relate to ease-of-use and reducing inaccuracy while maintaining high recall. Gaining increased accuracy is difficult, and it will require intense focus to improve. The information and knowledge is there. The utility of that information is there. Now, we have to handle it accurately.

I believe we are about to make some major technical advances in this space. First, there has been resurgence of interest in ontological-based projects. We actually are trying to use the meaning of words to better understand what is written or what is said. Ten or 15 years ago people felt perhaps that AI was oversold and too difficult and that AI techniques weren't going work. For example, in the United States, there was a significant reduction in traditional artificial intelligence funding by the leading research funding agencies. I am beginning to see signs that there is a renewed interest in this area and a corresponding focus on whether understanding the meaning of words, not just the grammars in which they are placed, will be valuable.

At IBM Research, we have pioneered the use of statistically based approaches to machine learning for our voice recognition products. We are now applying those to natural language problems as well. I have a colleague whom I liken to Archimedes. If we give him a million sentences in one language and a million translations into another, I think he will find this to be a fulcrum with which he could move the world. I think this will be a very successful approach.

What I truly believe in the most, and what we are funding, are *hybrid* approaches. We are going to bring to bear a number of different technologies to increase our accuracy of natural language processing, an obviously critical part of knowledge management.

The Dynamic Web

Let me turn now to my third of four topics: the dynamic web. The accompanying picture is a typical web page you might see, albeit based on somewhat more euphoric economic times. Today, a page like this might be transcoded where the information is displayed one way on a PC, and perhaps another way on a handheld device, and perhaps even differently on a watch. But, it is basically the same information, or a subset of it, on each.

In the future, we posit that the web will be far more dynamic, and that we will instead have highly personalized pages. Instead of just getting the news as reported by a news service, the news will be augmented automatically to include topics of particular interest to you. For example, perhaps you have a stock market quote service that gives you real-time quotes. So, you can have corresponding real-time quotes automatically included in your web pages, whenever a company you are watching is mentioned. Perhaps, you can subscribe to certain specialized news or comment agencies, and you can click on those to get better and more detailed news. This information and various hyperlinks can be automatically merged into your pages. Perhaps you have a particular broker and whenever you see a company you own mentioned, the broker's buy/sell recommendation is included. All of this could make information on the web significantly more useful than in traditional periodicals.

If all the information on the web were coded with XML tags, which I think will inexorably happen over the next few years, it will be fairly easy for either a browser or an intermediary on the network to transform the information into other format. It will also be possible to combine information automatically, based on a user's interest. This should save significant time.

There are many opportunities here and numerous research challenges as well. There can be new forms of intermediaries that are combining information from multiple sources and then publishing it. We have a research project within IBM called Gryphon that is focusing on how to instantaneously publish information to millions of clients across the network. We could create a service that is looking for information of a certain type and publishing it because it is of interest to a particular group.

Another use of an intermediary would be to apply knowledge management and email so that, if one of you sends me a note, the intermediary has a chance to forward it to the right person in my organization for efficient handling.

In the more dynamic web, we also think that human-computer interaction will also change. We are accustomed to using static video screen technology for the most part. But we soon will use audio, video, and other forms that are customized to a particular application. You saw the enormously creative work at the MIT Media Lab and all sorts of different kinds of devices and different modes of interaction. We believe those will surface in the PC environment as well as in environments supported by various pervasive devices.

Let us look at the economics of a particular problem: Imagine that we have a sub-population that is visually impaired. Very few individual web sites may be able to afford to create the pages that are, perhaps, higher contrast or more audio-oriented for this somewhat small community. On the other hand, we really should be using this technology for all segments of the population. Computers are there to make life better, not to make things inaccessible. So why not to create intermediaries that can go to multiple web sites, take the information that is presumably coded in XML, and then produce versions of the information appropriate to people with different disabilities? We actually have a product at IBM that will read web sites out loud. This came out of our Tokyo Research Lab. We expect to see products like this institutionalized and made more prominent due to this concept of intermediaries on the web.

This ever-more dynamic nature of the web may make it possible to do what IBM terms "dynamical e-business." Consider that the web initially supported static pages, rapidly disseminating relatively slowly changing data. Then, it moved towards e-commerce kinds of applications. When there are intermediaries, XML-coding, knowledge management, operations research capabilities, we see the ability to dynamically form and reform business relationships more rapidly by connecting many things together through virtual enterprises. It is another opportunity to see the web as a more dynamic place. And there will be trading partner agreements that come from this, again codified in XML, which will provide an enormous ability to define relationships on the fly.

In the dynamic web space, there are so many things happening. There are now UDDI specifications for locating services on the web. We have XML for specifying trading partner agreements. Many organizations are looking to standardize particular data XML schema definitions. There is the consideration of automating the interaction of business process, not just by the transmission of individual messages but rather by the multi-stage, multi-way flows that have to occur as part of an acquisition cycle. And there is so much analytical opportunity that we could apply to these problems if everything were coded. We also have lots of optimization capabilities that can be applied once the data is there.

So, we see the growth of dynamism in the web. This more dynamic web is something that will happen as the decade progresses. And we think it is something that is of great interest to customers today, so it is also something that is a very significant part of the IBM business.

e-Utilities

The last topic relates to e-Utilities. The concept is motivated, not surprisingly, by nearly always connectivity and the enormous growth in the number of possible applications of computers. It is also motivated by a certain amount of humility in our industry: we don't believe that applications can by deployed and managed all that easily by individuals, businesses, governments, and other organizations. Despite our efforts to simplify and automate management, very few systems run without some significant management overhead. And with the growth in number and complexity of new applications and the growth of dynamic e-business and the associated intermediaries, there is a need for breakthroughs in efficiency.

Our thought is that if we standardize various forms of applications, we can make them like traditional utilities on a network – for example, like electric power, telephony, or natural gas. Not only can management be centrally performed, but there can also be utility-like pricing models that are based on value received: for example, the number of words translated, messages received, data stored, transactions performed, or customers identified. So, the concept of e-Utilities could trigger potentially dramatic changes in the whole structure of industry.

One way to think about e-Utilities is to put them into historical perspective. In the 80s, we had computer networks connecting clients to the enterprise. In the 90s, or the Internet era, we gained the ability to connect many more clients to much more intelligent networks and thereby to a variety of enterprises and some service providers. What we see happening now is that some of the Internet and application services will be provided by e-Utilities.

Here are some examples: There is no reason that backup storage cannot be managed in utilities that are located in areas that are relatively free of earthquakes and other environmental problems. There could be information dissemination (publish/subscribe) e-Utilities that allow companies with information to distribute and to publish that information and have it relayed automatically to groups of interested parties that can register their interest dynamically. There is already some amount of remote web-site management and outsourcing, and we expect this to continue and to become more utility-like. This will get to be even more important as companies focus more on the cost of web sites, and requirements grow for high bandwidth and lower costs. Our Oceano project at IBM is focused on significantly automating the operation of web sites, so they can be managed with low overhead. There are many additional infrastructure-like examples and also more application-oriented examples.

So we think a focus on economies of scale, an expansion of the scope and function of computer applications, the need for reduced cost, and the availability of standard offerings will lead to growth in the number of e-Utilities. This will be particularly important as we move towards video and other complex applications, because we will of necessity need to find cost efficiencies.

Final Thoughts

At IBM Research, we have teams around the world looking at these and other related topics. We are investing heavily in the future of knowledge management. We are investing heavily in how to make the Internet better, and how to support the concept of e-Utilities.

Business and scientific analytics are also a large part of our work, as these will play a crucial role in continual optimization. The dynamic nature of business-to-business integration, business process integration, and e-commerce also have our attention. And there is much more. We are in an exciting field with endless possibilities.

These are broad topics. We think they actually are meaningful to computer science. We think they are meaningful to the future of e-society. And, we think they are also meaningful to IBM. With this future march of technology, these new classes of applications, we are just at the beginning of this Internet era. We are really just a very small percentage of the way into it, and we don't know how this wonderful journey will end.

6 Anwendungsfelder im Alltag
Privates Gesundheitsmanagement –
Intelligente Gesundheits- und Wellness Services

Peter Kleinschmidt,
Siemens AG Erlangen

Früher, als ich noch forschte, habe ich oft Visionen entwickelt, was alles Großartiges aus den Chips, aus den Computern und aus der Ergonomie, also der Mensch-Maschine-Kooperation in Netzen, hervorgehen wird. Jetzt erlebe ich in der Medizintechnik eines der spannendsten und interessantesten Einsatzgebiete für diese Technik. Wenn ich Sie jetzt frage, ob Sie aus eigener Erfahrung oder aus dem Fernsehen damit schon in Berührung gekommen sind, werden Sie kopfschüttelnd ein ganz anderes, eher klassisches Bild der Medizintechnik haben. Da kommen große Diagnostik-Geräte, wie CT und MR vor und mit der Daten-Vernetzung, die intern in den Kliniken stattfindet kommen Sie als Patient praktisch nicht in Berührung.

Ich möchte in meinem Vortrag auf ein ganz neues und interessantes Feld kommen, in dem Sie als Patient wirklich im Mittelpunkt stehen werden und nicht erst als Patient sondern sogar schon vorher bei der Vermeidung von Krankheiten. Natürlich geht es hier auch um die Kosten. Es geht um neue Modelle, wie man bessere Versorgung billiger machen kann. Entsprechende DRGs, also komplexe Fallpauschalen bis hin zu Kopfpauschalen sind im Gespräch, um zu einer wettbewerbsorientierten Medizinversorgung zu kommen. Haben uns die Chinesen das früher nicht schon einmal viel konsequenter vorgemacht? Da hat der Arzt solange sein Geld bekommen, so lange man gesund war, und wenn man krank war, keins mehr. Ich glaube, dass wir wieder zu diesem Grundprinzip kommen werden, aber natürlich nicht schlagartig revolutionär, sondern eher evolutionär und mit Hilfe der Informationsnetze.

In diesem Vortrag heute möchte ich Ihnen zeigen, dass es die e-Society ist, die den Menschen wieder in den Mittelpunkt des medizinischen Geschehens rückt. Ich möchte über die Schilderung der neuen Techniken im Informationszeitalter hinwegspringen. Die wurden heute schon mehrfach hervorragend dargestellt. Ich möchte Ihnen medizinische Anwendungsbeispiele zeigen, aber auch ganz klar machen, wo die Hürden und Bremsen in unserem und auch in anderen Gesundheitssystemen sind. Die positive Botschaften ist, es gibt erste wirtschaftliche Lösungen. Die möchte ich Ihnen verständlich machen. Dann möchte ich Sie auffordern, die Kraft des Konsumenten wahr zu machen und damit eine Revolution im Gesundheitswesen einzuleiten.

Das Leitbild, abstrakt formuliert, ist sehr einfach: Der Mensch steht im Mittelpunkt und die Gesundheit wird nicht erst dann, wenn er krank ist, angepackt, sondern die Gesundheit wird über die Länge seines Lebens optimiert. Das beginnt bei der Geburt und geht über alle Phasen seines Lebens, ob gesund oder krank, bis zum Lebensabend, bis zu einem erfüllten aus dem Leben scheiden (Bild 10). Die Informations- und Kommunikationstechnik gibt uns dazu die Hilfsmittel an die Hand. Das zugehörige Schlagwort heißt „e-health". Die Informationsketten können jetzt bis zum Patienten hin geknüpft werden.

Wie man das erreicht? Es gibt da ganz einfache Bilder, die von Krankenkassen und der regionalen Politik stark unterstützt werden. Sie basieren auf der Siedler-Metapher: Wo Wege sind, wo Brücken sind, entwickelt sich Economy, d.h. übertragen: Wo alles untereinander und miteinander vernetzt wird, kann effizienter und qualitativ besser Gesundheit angeboten werden. Da freuen sich die Kassen, denn sie wissen, wie die Kranken wandern, wie die Ärzte behandeln, wie die Kosten entstehen, und da freuen sich die Politiker, weil sie sagen, sie haben ein „Musterländle", in dem Gesundheit einen aktiven Posten zur Wertschöpfung bildet und zur Gesundheit der Bürger und Arbeitnehmer beiträgt. Tatsache ist, dass all diese schönen Modelle, die wir uns vor Jahren ausgedacht haben, bislang nirgendwo wirklich gegriffen haben. Ich komme später darauf, wenn es um die Hürden geht.

Wir haben heute öfters gehört, wie nach dem Moore´schen Gesetz die Computing Power, über die wir verfügen können, weiterhin ungebrochen exponentiell ansteigt. In der Medizintechnik spüren Sie eigentlich fast überhaupt nichts davon. Im Bereich der Automatisierungstechnik waren das die 80er Jahre, wo plötzlich die Daten-Netze klar in der Produktionstechnik den totalen Durchgriff gebracht haben. Es ist eben so, dass neue Konzepte oft als Außenseiter anfangen und dann irgendwann als neue Technologie wie ein trojanisches Pferd in bestehende Strukturen hineingetragen werden und schließlich die Steuerung übernehmen. Zum Schluss ist es dann eine Selbstverständlichkeit, dass eine volle Integration von Informationstechnologien stattfindet. Es fragt sich natürlich immer, wann das im jeweiligen Business stattfinden wird. Die Antwort der Propheten heißt meist: Es steht gerade jetzt bevor. Ich habe hier eine Folie, die ein Jahr alt ist. Da war z.B. gerade vor einem Jahr der Punkt erwartet, wo im Public Health Services Bereich der große spürbare Durchbruch der Datentechnik kommen sollte, aber wie wir heute wissen, nicht kam. Trotzdem glaube ich an die Wirkung der globalen Kommunikation. Im Jahr 2005 werden ungefähr so viele Menschen im Internet sein wie heute Telefone haben, und dann kommen natürlich die mobilen Computer, mit denen man „immer drin" ist. Bei den Kids fängt die Ausbreitung heutzutage an, und wir Älteren werden uns dem nicht verschließen können. Das wurde aber heute alles schon viel besser gesagt.

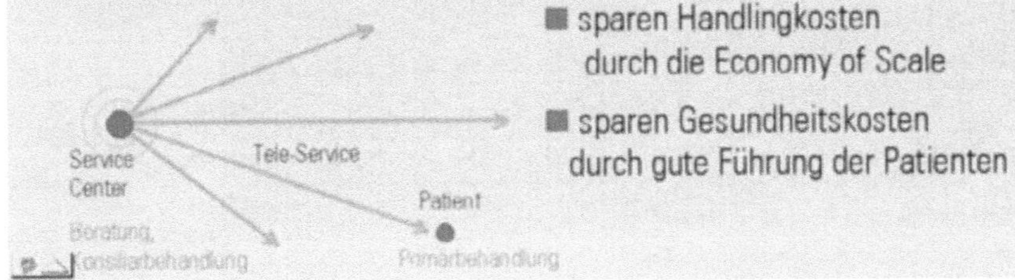

Abb. 1

Was hat das mit der Gesundheit zu tun? Kann es denn wirklich sein, dass es gerade diese vernetzten Geräte es sind, die uns gesünder machen? Die machen uns eigentlich doch nur mehr Arbeit. Sie wissen, wie viel Mühe Sie haben, wenn Sie wirklich einmal eine SMS verschicken wollen.

Natürlich sind es nicht die Geräte. Der Schlüssel zu besserer Gesundheit heißt Teledienste oder Gesundheitstelematik (Abb.1). Es wird jetzt möglich, dass am Krankenbild des Menschen orientierte Fachinstitutionen den niedergelassenen Ärzten helfend unter die Arme greifen. Wenn heute ein Arzt alle Weiterbildung betreiben müsste, die er für seine vielen Patienten braucht, dann bliebe ihm keine Zeit mehr zu helfen und zu heilen. Aus diesem Dilemma muss man raus. Die Lösung heißt: Konzentration und Spezialisierung in der Leistungserbringung und dann die geografische Verteilung der Leistung mittels moderner Kommunikationstechniken dahin, wo die Bedarfsfelder sind.

Abb. 2

Eine Schlüsseltechnologie dazu ist das Telemonitoring (Abb. 2), das auf diesem Cartoon gleich mehreren Lebensbereichen zugeordnet wird, dreifach wird gemonitort. Dennoch bleibt ein Stück Privatsphäre. Noch kann der Patient Information Hiding praktizieren. Später, wenn die hinter dem Bettkasten versteckten Objekte einmal alle miteinander werden elektronisch sprechen können, ist das wohl auch vorbei. Auf der anderen Seite wird eine Schnittstelle zum Bett des Bettlägerigen sicher bald zum Standard gehören, Klar ist, dass die vielen elektronischen Gesundheits-Geräte, die Sie heute kaufen können und bedienen und verwalten müssen, in Zukunft über Standardkommunikationsmittel ähnlich einem Handy angeschlossen sein werden (Abb.3). Solche Technik ist nahezu selbstverständlich. Wesentlich ist aber, was man damit macht. Dafür sind die Application Services zuständig, d.h. intelligente Anwendungen, die dann dem Patienten, dem Arzt und der Versicherung, jedem in seiner Weise, nützen werden.

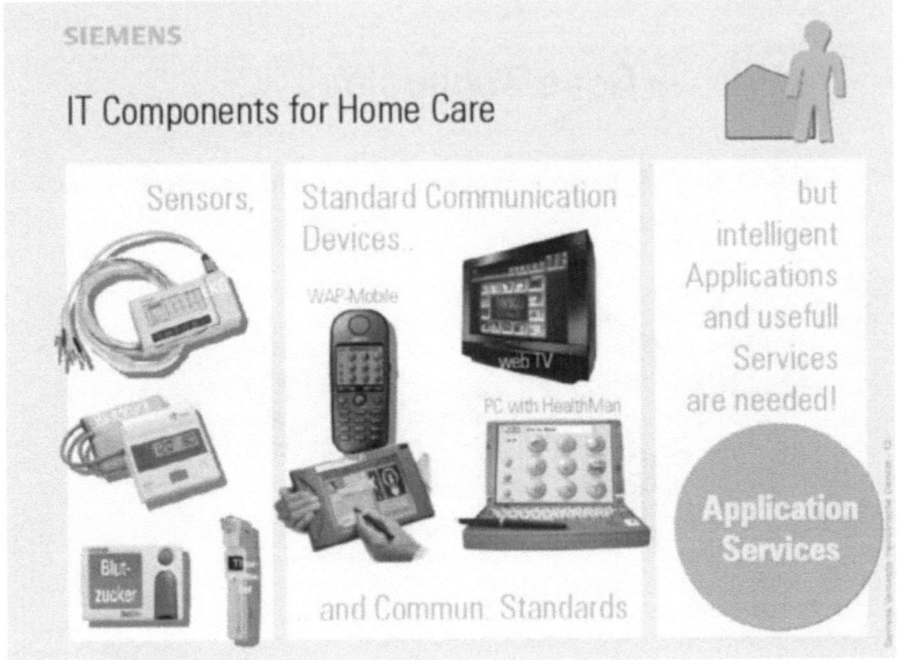

Abb.3

Das zweite große Gebiet auf dem e-health einen Durchbruch erzielen wird ist die Telediagnostik, das Telescreening oder auch die telematische Second Opinion. Hier ist wesentlich, dass Wissen jederzeit und überall vor Ort geholt werden kann. Es gibt immer Jemanden, der bei einer speziellen Anwendung mehr weiß, als man selber.

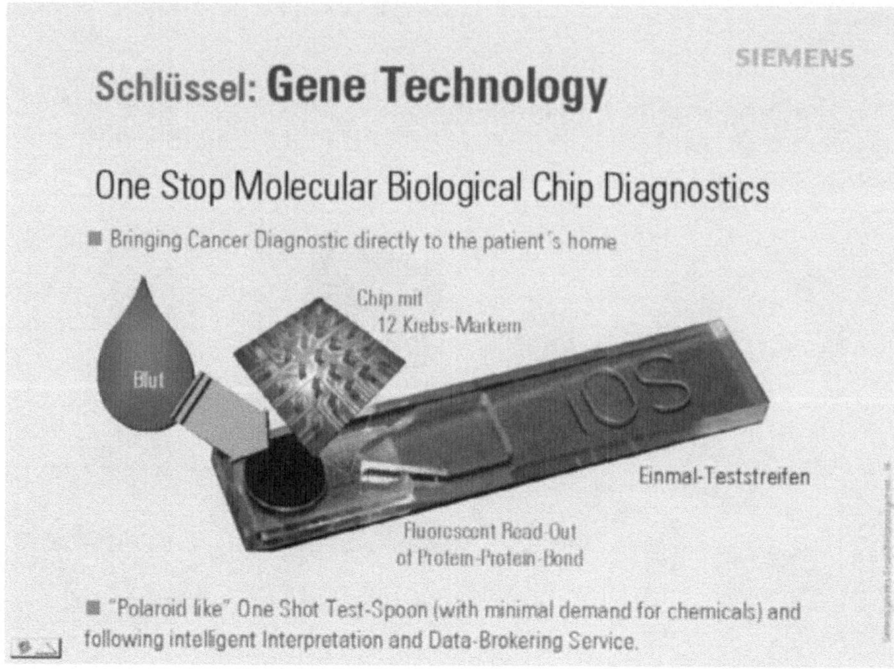

Abb. 4

Die nächste große Schlüsseltechnologie der Medizin ist ganz klar die Gentechnologie (Abb. 4). Es gibt dort schon Vieles. Was Sie hier sehen, ist ein vielleicht zwei Jahre altes Bild eines Teststreifens mit einem Chip, auf dem zwölf Krebsmarker angeordnet sind. Ein Tropfen Blut auf den Chip vor Ort gibt Ihnen in wenigen Minuten eine extrem relevante Antwort: Krebs oder nicht. Die Technik wurde inzwischen weiterentwickelt.

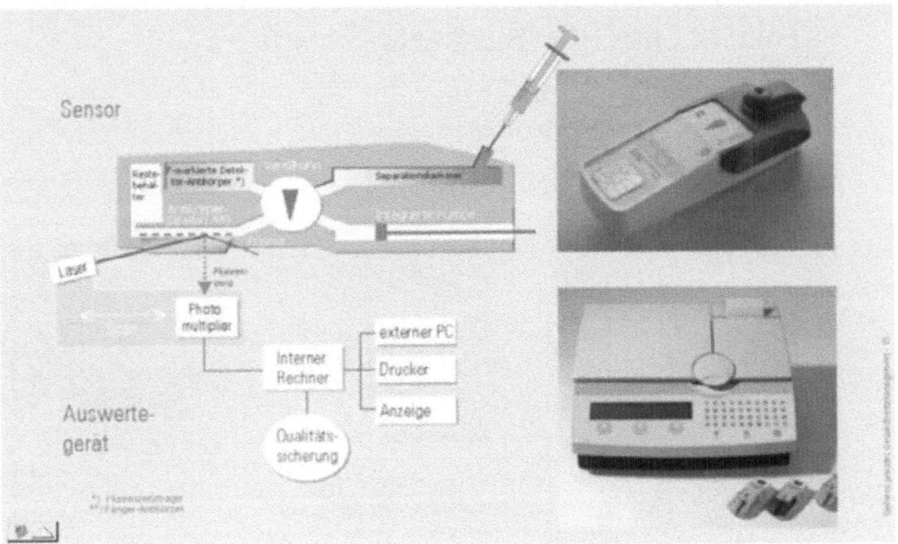

Abb. 5

Auf der letzten Medica konnten Sie bereits echten Modelle wie diese sehen und entsprechende Auswerte-Elektronik dazu (Abb. 5). Sehen Sie, welcher Service sich für Sie auftut. Wenn Sie zum Arzt kommen und einen Test machen lassen wollen, dann ist es eben nicht mehr so, dass Sie nach der Blutentnahme nach Hause geschickt und dann hoffen, dass Ihre Probe ohne jede Verwechselung beklebt, versandt und dass Ihre Ergebnisse zu einer Stunde, die Sie nicht bestimmen können, zurückkommen. Dann werden Sie zu einem neuen Termin bestellt um die Beratung und Behandlung weiterzuführen.

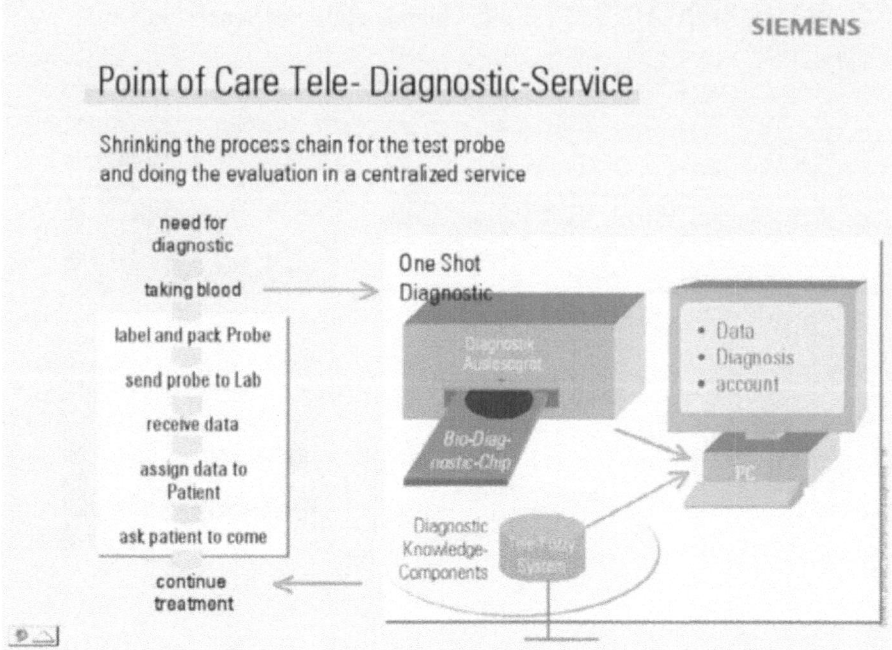

Abb. 6

Mit der neuen Technik der Schnelldiagnostik wird dieser ganze Weg mit einem Mal durchschritten und die Behandlung kann ohne Unterbrechung fortgesetzt werden. Interessante Daten, können für Sie ins Netz wandern und für andere Kollegen sofort verfügbar sein (Abb. 6). Da kann man sich mit etwas Phantasie vorstellen, welche diagnostische Power dahinter stehen wird.

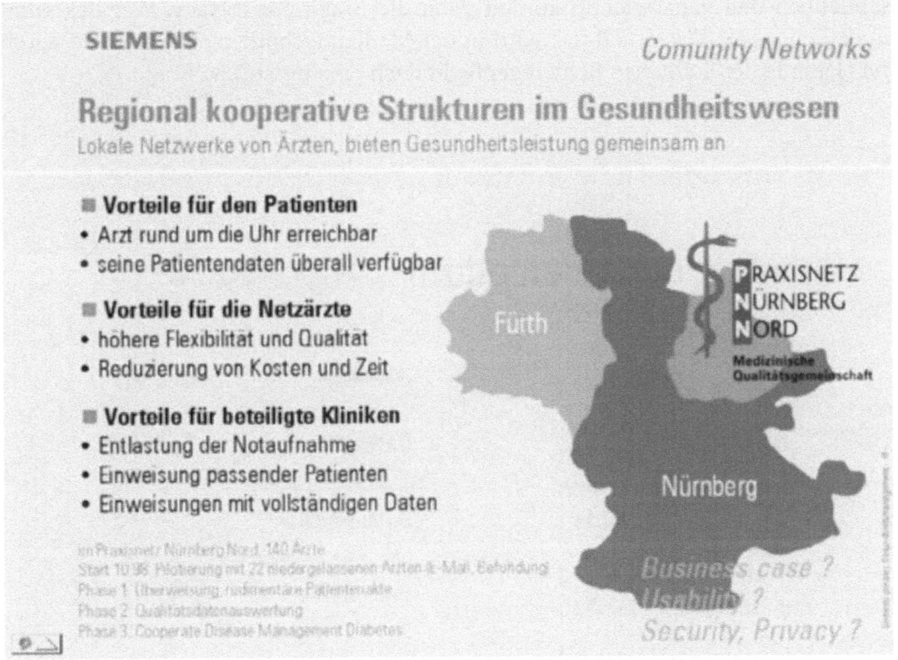

Abb. 7

Nochmals zu der Siedlermetapher. In der regionalen Vernetzung liegt ein uner-
schlossenes Potential: Praxisnetze sind üblich, bereits Stammtische von 10 und mehr
Ärzten oder andere Erfahrungsaustauschgruppen bezeichnen sich als Praxisnetze.
Hier ein Beispiel aus Mittelfranken: Beim Praxisnetz Nürnberg-Nord, (Abb. 7). z.B.
hat eine Reihe von Ärzten erkannt, dass es vorteilhaft ist, sich auch elektronisch zu
verknüpfen. Es für die Patienten gut, rund um die Uhr erreichbar zu sein. Die
Patientendaten sind jederzeit in jedem Computer und die Netzärzte haben selbst die
Vorteile, dass sie ihre Zeiten und ihre Qualität flexibler gestalten. Die Qualität steht
dabei im Vordergrund, und Kosten und Zeit sollen gleichzeitig reduziert werden. Die
beteiligten Kliniken haben auch einen Vorteil, den, dass sie sich die richtigen
Patienten zuweisen lassen können. Tatsache ist, dass alle diese Modelle – viele hat
es davon gegeben – nicht wirklich erfolgreich gewesen sind. Der Vorteil der
Patienten ist unbestritten. Doch die Ärzte haben mehr Arbeit und bekommen dafür
nicht mehr Geld. Es gibt noch keinen rechenbaren Business-Case dafür. Im übrigen
gilt immer wieder, dass die Netzverbindungen viel zu kompliziert zu bedienen sind.
Mein Videorecorder und die Waschmaschine meiner Frau sagen mir, dass es den Ruf
nach dem besseren User-Interface wohl so lange geben wird wie es Technik gibt.

Schließlich und ganz wichtig kommt dann die Frage der Privacy. Wer bekommt eigentlich meine Daten und das wird in der Medizintechnik ganz besonders durch die Garantie der ärztlichen Schweigepflicht auch eine juristische Frage.

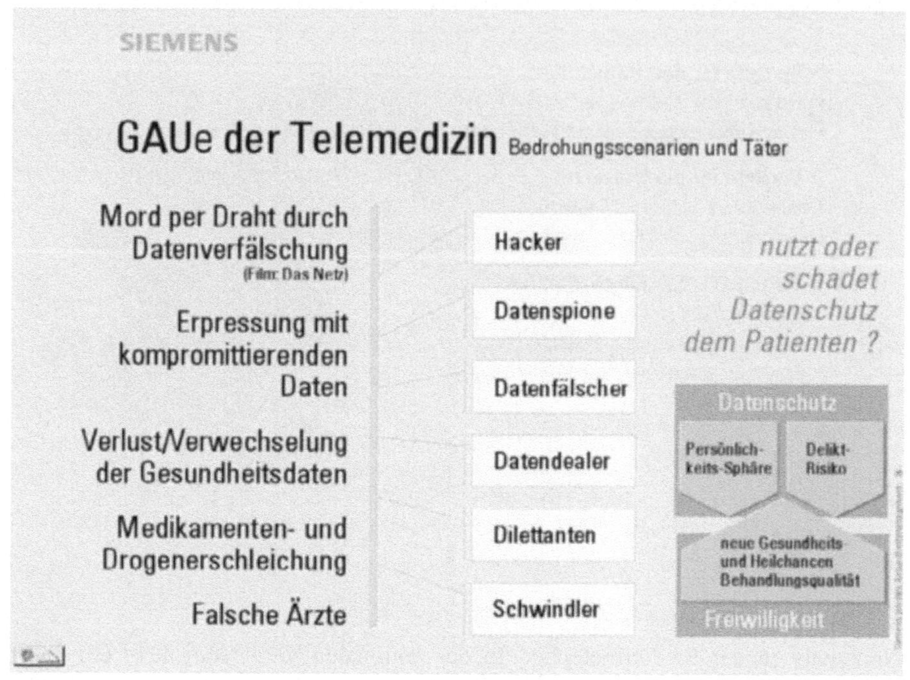

Abb. 8

Wenn Sie es genau nehmen und fernsehgeschult sind, oder Horrorszenarien lieben, werden Sie natürlich den Mord per Draht durch Datenverfälschung aus dem Film „Das Netz" kennen (Abb. 8). Sie können sich vorstellen, wie Sie mit kompromittierenden Daten erpresst werden. Sie müssen damit rechnen, dass Ihre Daten verloren gehen oder, was natürlich noch viel fataler wäre, verwechselt werden. Stellen Sie sich vor, dass Medikamente und Drogen erschlichen werden oder dass Sie zu einem Netzarzt gehen, der gar keiner ist sondern ein Betrüger. Im Netz da gibt es doch die Hacker, die Datenspione, die Datenfälscher, die Datendealer, die Dilettanten und die Schwindler. Das ist die Kehrseite der neuen Freiheit mit neuen Risiken und Gefahren. Wir müssen uns dabei überlegen, ob uns der Datenschutz mehr nutzt oder mehr behindert. Der Datenschutz gibt der Persönlichkeitssphäre einen Schutz, das Deliktrisiko wird gemindert. Gleichzeitig beraubt man sich der Chance, mit seinen Daten jetzt bessere Heilchancen und eine entsprechend bessere Behandlungsqualität erreichen zu können. Früher hatte man das Problem Daten auszutauschen, heute ist das Problem, Daten gezielt zu verbergen das größere. Die Lösung wird auf Freiwilligkeit beruhen.

Sichere Telemedizin im Internet ist möglich

Anspruch		Probleme	Lösungen
Verfügbarkeit des Dokumentes zu jeder Zeit überall	Kurze ungestörte Zugriffszeiten von überall auf der Welt	Netz- und Geräte-Verfügbarkeit, System- oder Daten-Inkompatibilität, Datenverlust	Normung, technischer Fortschritt
Korrektheit der Inhalte und Urheberschaft	*Integrität* Schutz gegen Verfälschung	Verwechslung (falsche Zuordnung von Daten zu Personen), kriminelle Verfälschung	Verschlüsselung bei Übertragung, Verschlüsselung gespeicherter Daten
	Verbindlichkeit Autor identifizierbar, beweiskräftig	Erschleichung von Vorteilen durch gefälschte Personenangaben	Authentifizierung vor Eintragung und digitale Signatur des Dokuments
Diskretion Zugriff auf Inhalte nur für Berechtigte	Sichern ärztlicher Schweigepflicht und Wahrung von Privacy	Unbefugter Zugriff durch Hacker, Gläserner Patient Gläserner Arzt	Authentifizierung des Nutzers (Certificat), Zugangskonzepte mit rollenbasierten Schlüsseln

Neue Opportunitäten im Netz: ■ Ausübung des Mitwirkungsrecht des Patienten, Selbstbestimmung bezüglich Informationspreisgabe ■ Verfügbarkeit der anonymisierten Daten zu medizinischen und gesundheitsökonomischen Auswertezwecken ■ Adressierung von Information und Waren an maschinell auswählbare Patienten

Abb. 9

Was heute diskutiert wird, ist die Topologie der Sicherheit (Abb. 9). Die wichtigsten Begriffe sollten Sie sich merken. Das ist einmal, dass die Objekte, die im Netz sind, verfügbar sind. Das Zweite ist, dass sie korrekt sind. Das Dritte ist, dass sie diskret gehalten werden. Dafür gibt es eine Reihe von Schutzmechanismen, auf die ich hier nicht eingehen möchte. Techniker behaupten: Mit PKI (private key infrastructure) ist alles sicher. Das haben Sie sicher nicht anders erwartet, Viren, Trojanische Pferde und Würmer lassen Zweifel aufkommen. Trotzdem ist unter Kennern die Sicherheit im Internet gegeben. Das Allerschwierigste ist, zu definieren, wer was sehen darf. Das ist bislang überhaupt nicht erfolgt, die Juristen haben Schwierigkeiten, zu definieren, was denn nun eigentlich von unserer Privatsphäre schützenswert ist, wie weit das ärztliche Geheimnis reicht, wem die Daten eigentlich gehören.

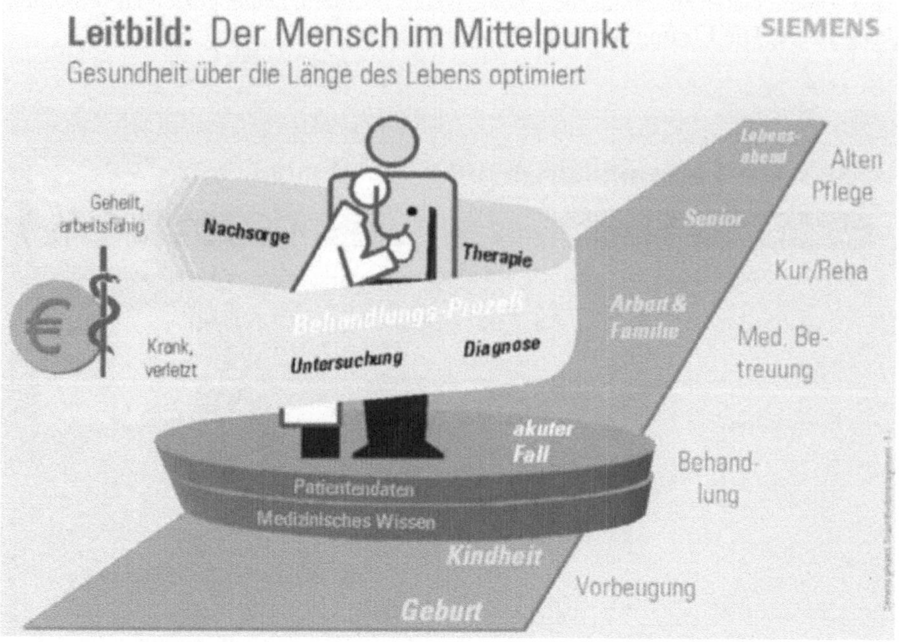

Abb. 10

Nach diesem ganzen Sicherheits-Zweifel stellt sich die Frage: Wo bleibt der Optimismus?

Es gibt einen ganz enormen Hebel im niedergelassenen Bereich. Der Hausarzt, politisch gelobt als der Lotse zukünftiger Gesundheitssysteme, ist derzeit total überfordert, weil er diese Aufgabe so gar nicht ausführen kann von der ganzen Struktur und Qualifikation heraus. Dennoch ist er ist letzten Endes dafür verantwortlich, dass für 90 Milliarden Deutsche Mark Verschreibungen getätigt werden, für 105 Milliarden Deutsche Mark Einkommensleistungen wie Lohnfortzahlung, Krankengeld und Frührenten gezahlt werden und dass die vorhin geschilderten stationären Behandlungen in Kliniken und Reha so durchgeführt werden, wie sie durch ihn einmal veranlasst wurden. Hier ist der Hebel anzusetzen indem die Fähigkeit des Arztes unterstützt werden. Die Lösungen dazu sind eben solche telemedizinischen, also fernmedizinischen Dienste für eine verteilte Gesundheitsversorgung, und das über die ganze Kette, die ich vorhin versuchte anzudeuten, über die Prävention, über Tele-Screening, Disease-Management, Klinikmanagement und Nachsorge (Abb. 10).

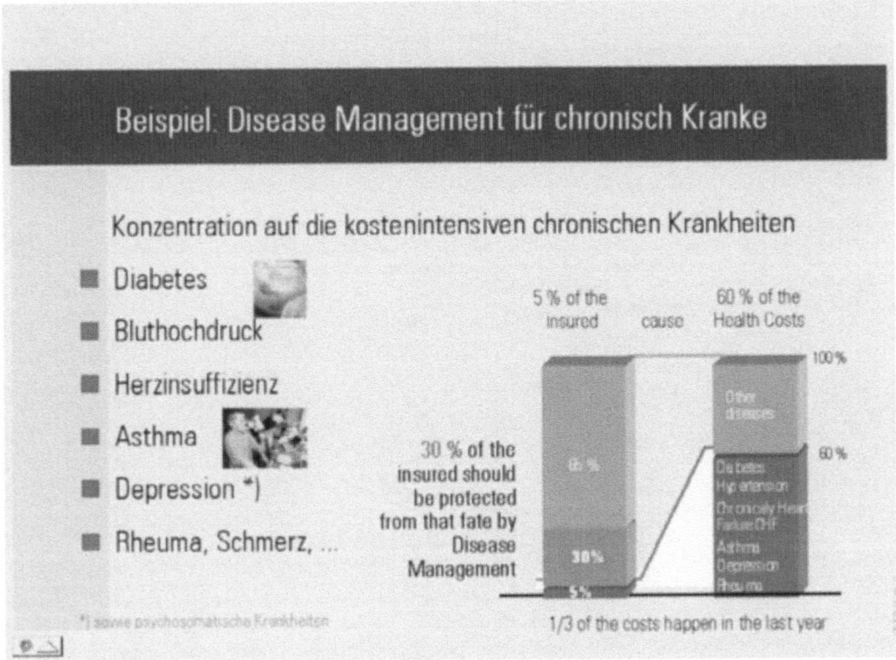

Abb. 11

Beim Disease Management ist der Knackpunkt. Sie werden vielleicht wissen, dass 5 % der Versicherten, mit nur 5–6 chronischen Krankheiten wie Diabetes, Bluthochdruck, Herzinsuffizienz, Asthma, Depression und gewissen Rheuma und Schmerzerkrankungen, 60 % der Krankheitskosten verursachen. Und es besteht die Gefahr, dass 30 % der Anfälligen genau in diese Situation hinein geraten (Abb. 11). Die Mehrzahl der Versicherten muss das alles ohne Gegenleistung finanzieren.

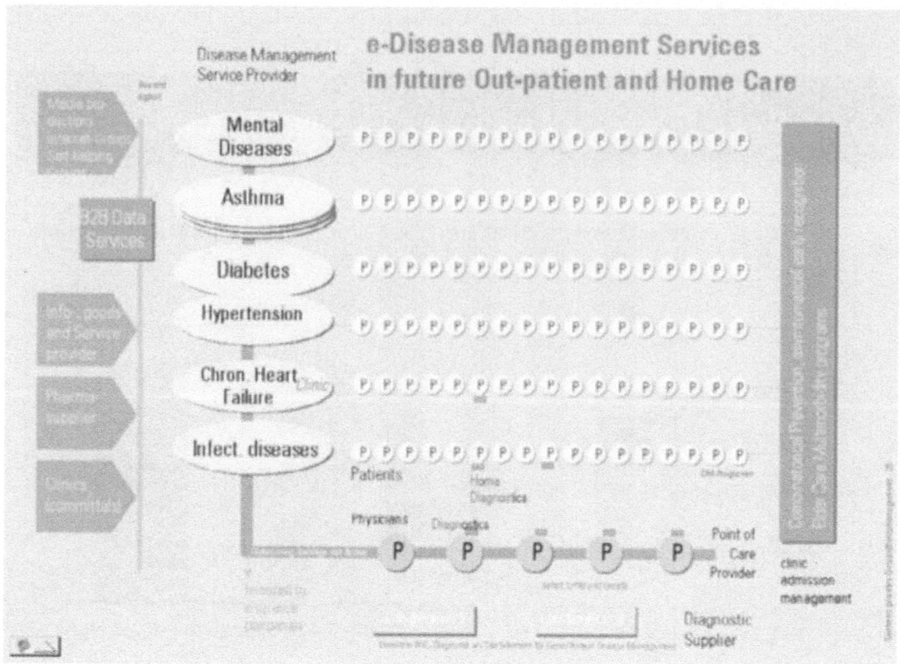

Abb. 12

Hier muss der Hebel ansetzen. Das Modell ist ganz einfach (Abb. 12). Wenn Sie sich vorstellen, dass groß P hier unten die 100.000 Ärzte in Deutschland sind, dann hat jeder Arzt so sein Klientel bis zu 1000 Patienten in den senkrechten Streifen. Und jeder Arzt muss alles behandeln. Die neuen Modelle gehen davon aus, dass für diese geschilderten Krankheitsbilder Teleservices vorhanden sind, die über eine entsprechende Fachexpertise verfügen und sämtliche Ärzte unterstützen können, z.B. über Callcenter oder Internetservices. Unterstützend zu dem behandelnden Arzt stellen sie die Compliance der Patienten sicher, das heißt, betreuenden Patienten von Ferne und stellen sicher, dass der Patient tatsächlich das tut, was ihm geraten wurde. Das hat hochinteressante Aspekte auch im Bezug auf Diagnostik-Stationen, die sich nicht mehr unbedingt beim Arzt befinden müssen, die ins eigene Heim hinein wandern können. Das spielt im Alter eine große Rolle, wo bei einsetzender Multimorbidität diese Daten zusammen geführt werden können. Klar ist auch, dass der e-Commerce an diesen Daten in höchster Weise interessiert ist, zum Nutzen der Patienten. Angebote können gezielt erfolgen.

Abb. 13

Ich kann Ihnen solche Fernbetreuung an einem Beispiel zeigen. Es bezieht sich hier auf Augeninnendruckmessung zur Vermeidung von Glaukom (Abb. 13):

„Schauplatzwechsel: Möhrendorf in Franken. Zuhause mißt Steffen Arndt seinen Augeninnendruck. Sein Augenarzt hat ihm beigebracht, wie das geht. Er leidet am grünen Star. Früher ging er alle drei Monate zur Kontrolluntersuchung und einmal im Jahr ins Krankenhaus. Heute schickt er seine Messdaten per Palmpilot in die Praxis. Der Computer prüft, ob sie in Ordnung sind. Der Arzt meldet sich nur, wenn nötig. Für Steffen Arndt hat das Vorteile. Er spart Zeit und der Arzt hat seine Augen trotzdem ständig unter Kontrolle. Das Beispiel zeigt: Die Patienten werden letztendlich gesünder durch Telekommunikation."

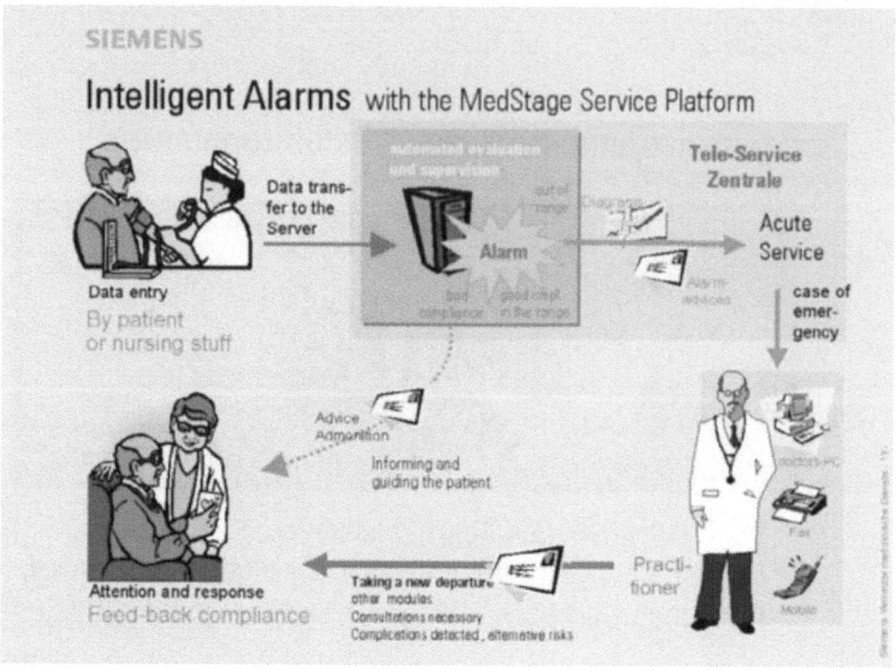

Abb. 14

Was passiert aber mit den Daten? (Abb. 14) Die Daten wandern auf einen zentralen
Server und bleiben dort erst einmal liegen; es sei denn, die Daten zeigen eindeutige
Anomalitäten. Dann gibt es einen automatisches Feedback an den Patienten, z.B. er
soll richtig messen, oder er hat Wichtiges vergessen, oder er braucht einen Hinweis,
oder er ist säumig öder nachlässig. Dann wird er auf Vordermann gebracht. Die
Werte, die dort liegen, können jederzeit vom Arzt betrachtet werden. Wenn sie aus
dem grünen Bereich laufen, sein behandelnder Arzt oder ein zur Verfügung
stehender Notarzt sofort automatisch benachrichtigt, so dass sich dieser sofort mit
Rat und Tat dem Patienten zuwenden kann.

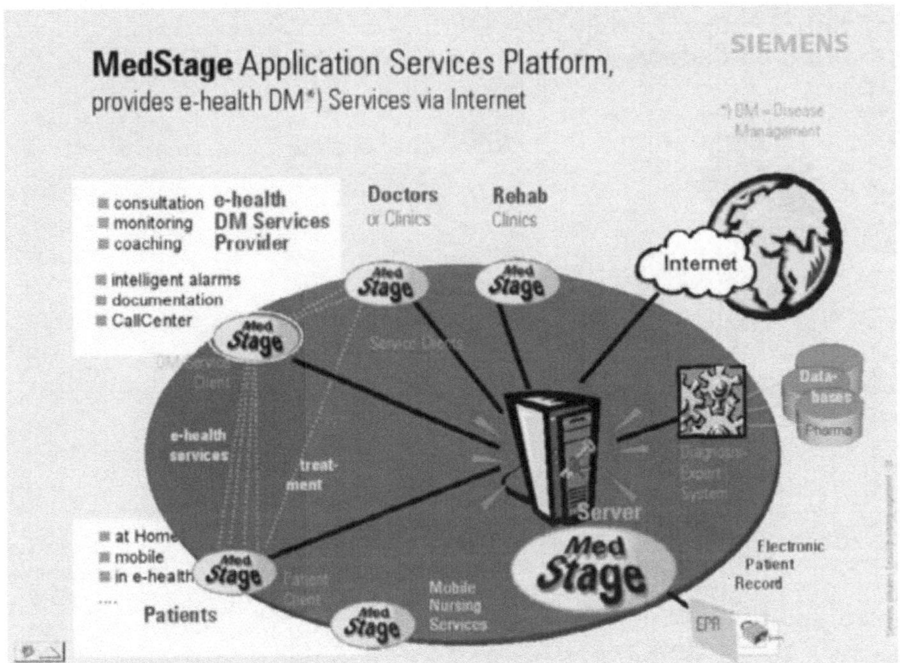

Abb. 15

Dafür gibt es von Siemens eine medizinische Versorgungs-Plattform (Abb. 15). Das Neue daran ist, dass dort ein solcher „e-health Disease Management Service-Provider" unterstützt wird, der den Patienten fortwährend in seinem Krankheitsverlauf aktuell informiert und den dessen Arzt ebenfalls informiert hält. Daran schließen sich sicherlich eine ganze Menge anderer Dienste an. Vor allem interessant ist natürlich der elektronische Patienten Record, eine lebenslanger Gesundheitspass des Patienten. Informationstechnisch ist das ist so etwas, wie ein virtuelles Abbild des Patienten im Netz, wie vorhin von Herrn Professor Mattern erwähnt. Dann brauchen Sie nur noch einen elektronischen Schutzengel – und das war gerade dieser intelligente Alarm, der fortwährend darüber wacht, ob die dummen Daten, die in Ihrem Abbild liegen, nicht für Sie jetzt medizinisch enorm wichtige Konsequenzen haben könnten.

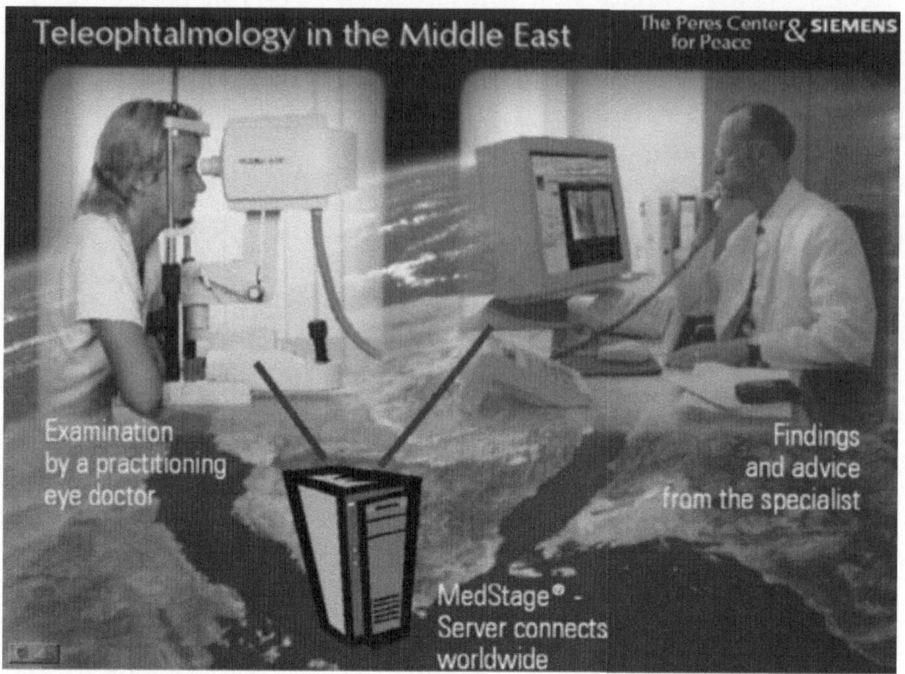

Abb. 16

Wir hatten vorhin darüber gesprochen, ob das nur den Reichen hilft. Ich zeige Ihnen hier ein sehr interessantes Projekt, das wir mit dem Peres-Center for Peace zusammen durchführen. Abb. 16 zeigt wie hier z.B. erst einmal eine Augenhintergrundaufnahme auf einen Server wandert. Der Arzt vor Ort ist technisch ausreichend ausgerüstet aber nicht so wissend, dass er schwierige Fälle diagnostizieren könnte. Eine Reihe von diagnostischen Zentren helfen hier zusammen. Das Projekt findet im Nahen Osten statt. Es ist natürlich auch gleich eine politische Friedensaktion zwischen Palästinensern, Jordaniern, Tunesiern, Marokkanern. Auch hier in Deutschland steht eine diagnostische Station. Das geht dann so, dass beispielsweise ein Whiteboard zur Verfügung steht, bei dem die Befunde miteinander besprochen werden können. Das kennen Sie technisch von Netmeeting. Synchrone Verfahren haben aber den Nachteil, dass dort beide Ärzte gleichzeitig zur Verfügung sein sollen. Das ist meistens nicht möglich. Besser und von größerer Effizienz sind asynchrone Lösungen, die wir hier mit einem Multimedia-Report anbieten. Dieser Multimedia-Report läuft etwa wie folgt: Der befundene Arzt spricht ins Mikrofon und zeichnet mit der Maus auf dem Bildschirm: „Pupille rechtes Auge, die Gefäße sind regelrecht, man erkennt eine sehr kleine Pupille, keine Blutungen in diesem Bereich". Der begutachtende Arzt wirft die Multimediabefundung in einen Postkasten, und diese Ergebnisse werden von dem niedergelassenen Arzt zu einer ihm genehmen Zeit wieder abgeholt angehen, angehört und ausgewertet.

Kommen wir zu den interessanten telediagnostischen Verfahren. Mit der Charité zusammen unterstützen wir von der Technik her beispielsweise Telepathologie, wobei histologische Schnitte auf dieser MedStage Plattform von Spezialisten, die sich mit den spezifischen Krebserscheinungen besonders gut auskennen, begutachtet werden. Das ist jetzt noch kein Geschäft. Derzeit wird es kostenlos angeboten, wie alle dotcom-Services im Internet. Aber man verspricht sich daraus in der zweiten Stufe ein Screening mit garantierter Qualität. Jeder entsprechend ausgestattete niedergelassene Arzt könnte so ein Mamma-Screening machen., bei dem die Befunde an die weltbesten Spezialisten zum Nach-Check geschickt würden. Jeder Patient in jeder Region hätte damit die Gewähr, analog zu dem Augenprojekt in Nahost vom besten Diagnostiker befundet zu werden.

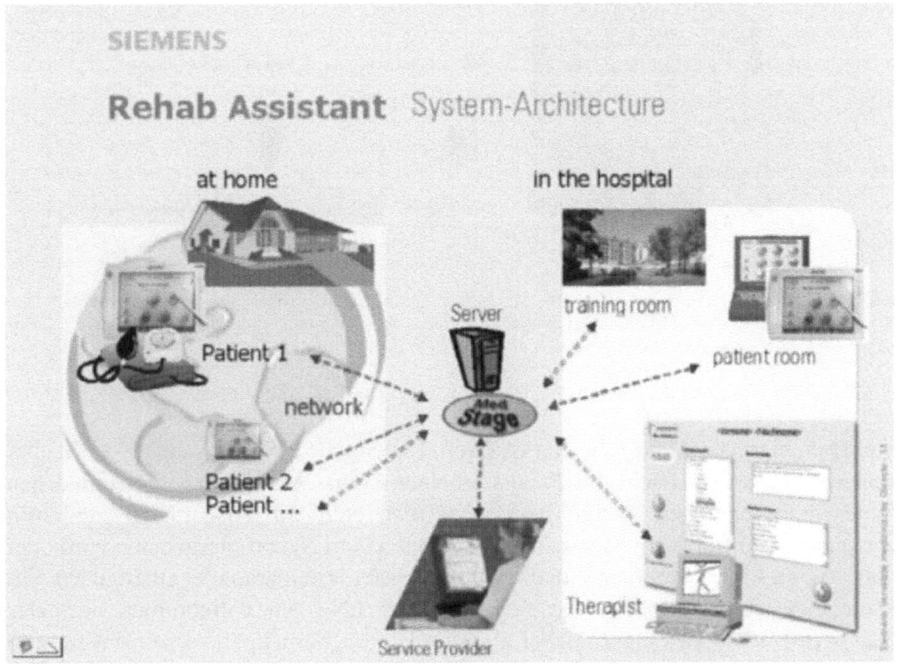

Abb. 17

Das Teleprinzip greift natürlich auch bei der Rehabilitation (Abb. 17). Nach dem Training in der Reha-Anstalt mit elektronischen Reha-Programmen können die so kundig gemachten Patienten dann viel früher wieder in die eigene Wohnung und in den Betreuungsbereich ihrer Lieben zurückkehren können und dort zuhause die trainierten Übungen weiter machen, natürlich unter weiterer sicherer Telekontrolle des Therapeuten.

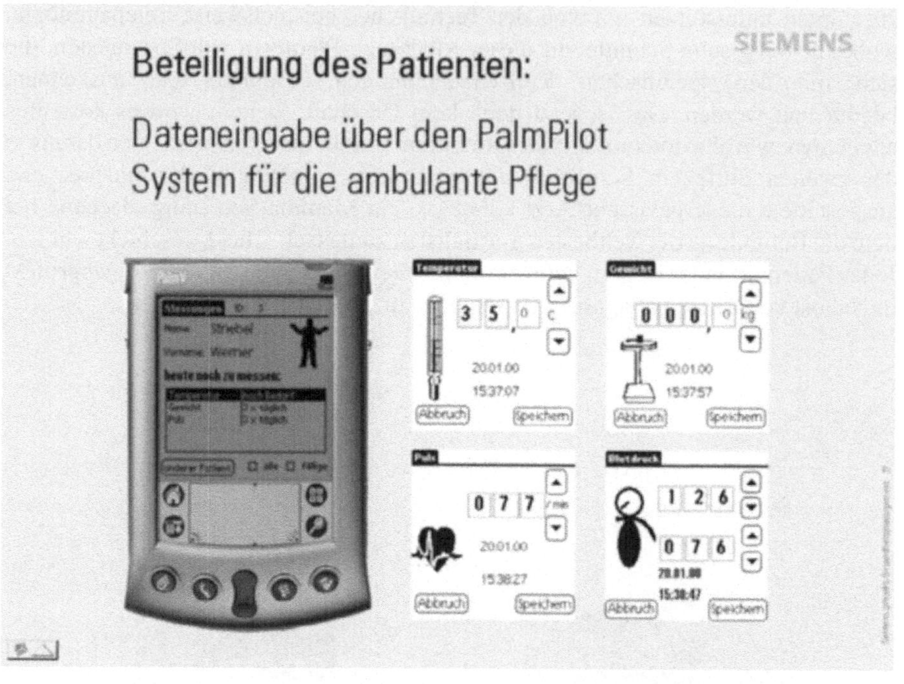

Abb. 18

Wie sieht die Bedienung heute für Patienten und Gesundheits-Konsumenten aus?

Sie sehen hier ganz klassische Geräte (Abb. 18). Solche elektronischen Notizbücher sind weit verbreitet Nicht nur Freaks arbeiten damit. Wir haben in verschiedenen klinischen Versuchen damit begonnen, Patienten so auszurüsten und mit entsprechender Software zu versorgen, die ihnen vom Netz runtergeladen wird oder die sie beim Arzt bekommen, um die wesentlichsten Vitalparameter einzugeben. Für Bluthochdruck funktioniert das beispielsweise über ein vollkommen normales Handy mit WAP-Anschluss. Dabei tippt ein Bluthochdruckpatient seine Werte mit dem Finger ganz normal ein. Das ist zumutbar. Später wird das sicherlich alles am Körper direkt abgelesen und direkt übertragen. Derzeit macht aber diese kleine Mühe Sinn. Wir unterstützen mit einer Plattform immer jedes dazu kommende Gerät, so dass es gar nicht die Frage einer Philosophie muss, mit welchem Gerät man wie am besten untersucht wird, sondern das ist jeweils der augenblicklichen Wahl des Benutzers überlassen sei kann.

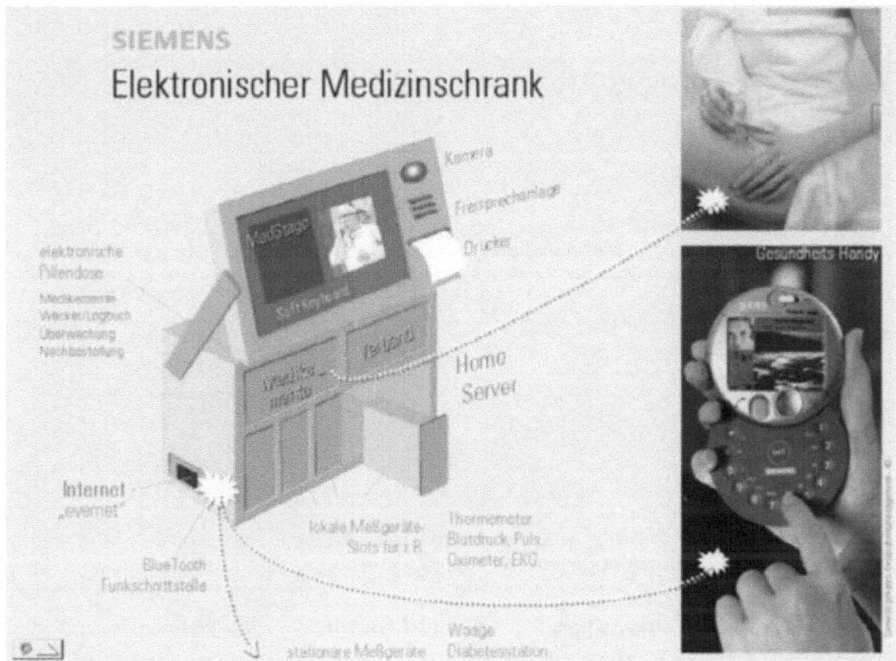

Abb. 19

Langfristig wird wohl der Wandel vom Einzelgerät zum Homeserver stattfinden. der sicherlich über Blue Tooth, WiFi oder andere Kommunikationswege mit diversen Messgeräten verbunden sein wird. Klar ist, dass es ein Medikamentenfach gibt, wo beispielsweise für Diabetes, das Spritzen von Insulin, unterstützt wird und sicherlich wird es auch etwas hübscheres als den Klappdeckel (Abb. 19) geben, vielleicht ein Beautycase mit biegsamem Display, über das der Patient mit seinem Arzt in Wechselwirkung treten kann oder mit einer Organisation, die auf diese Leistung spezialisiert ist, oder auf vielleicht auf spezielle Selbsthilfegruppen.

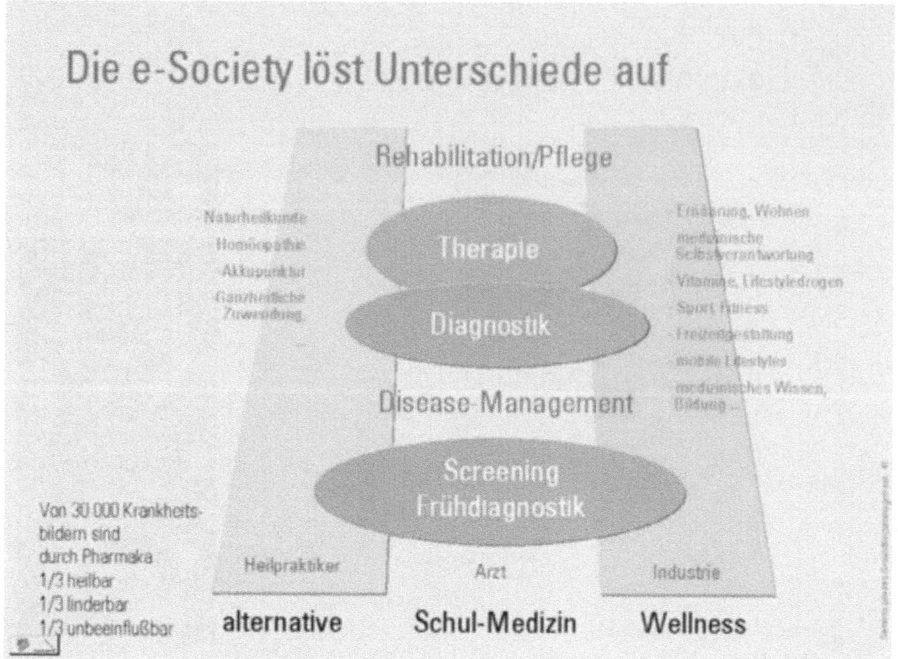

Abb. 20

Schließlich glaube ich persönlich daran, dass die e-Society die großen Unterschiede zwischen der Alternativmedizin, der Schulmedizin und der Wellness auflösen wird (Abb. 20). Sicherlich gibt es im Bereich der Schulmedizin noch sehr große Widerstände, weil es nicht nur den gläsernen Patienten, sondern dann auch den gläsernen Arzt geben wird. Aber ich glaube, dass auf der anderen Seite der Naturheilkunde ein ganz wesentlicher Stellenwert zukommen wird. Sie wissen vielleicht, dass von 30.000 Krankheiten gerade einmal ein Drittel durch Pharmaka behebbar sind, ein Drittel ist linderbar und mit einem Drittel kann man gar nichts tun. Wichtig ist dabei nur, dass durch gute Diagnostik auch Leute aus dem Bereich der Naturheilkunde dort immer mehr in die Schulmedizin abgeholt werden, wo die Schulmedizin die bessere Leistung anbietet. Auf der anderen Seite wird – in der reichlichen bis rücksichtslosen Ausnutzung der Möglichkeiten, die uns die Informationstechnologie bietet – das ganze Angebot der Wellness-Industrie, Ernährung, Wohnen, medizinische Selbstverantwortung, Vitamine, Lifestyle-Drogen, Sport, Fitness, Freizeit und Bildung auf uns hereinprasseln. Und dort liegt es wieder an uns, inwiefern wir das wahrnehmen. Vielleicht wird auch dadurch viele gute Medizin finanziert werden und so kommt es schließlich und letztlich nur auf uns an. Die Möglichkeiten sind gegeben.

7 Leben im intelligenten Heim

Dr. Lothar Stoll,
Siemens AG, München

Einführung

Leben im intelligenten Heim – das ist das Thema, mit dem wir uns die nächsten 20 Minuten beschäftigen werden. Der eine oder andere von Ihnen hat wohl schon davon gehört, vielleicht unter dem Namen intelligentes Heim, vielleicht unter einem anderen. Sehr viele Namen werden verwendet: Haus der Zukunft, intelligentes Haus, Multimedia Home, Internet Home, e-Home, Smart Home ... und alle meinen sie das gleiche: Ein Wohnbereich, der durch neue vernetzte Geräte und neue elektronische Services dem Bewohner eine neue Qualität des Wohnens ermöglicht. Der Name, den ich in diesem Vortrag verwenden werde, heißt Smart Home.

Es gibt nicht nur sehr viele Namen für SmartHome. Es gibt auch eine nahezu unüberschaubare Zahl an Firmen, Produkten, Technologien, Standards, Service-Angeboten und Gateways. Nehmen wir als Beispiel nur die Vielzahl an Standards und Technologien zur Vernetzung: DECT, Wireless LAN 802.11, HomeRF, Bluetooth, UPnP, OSGI, SCP, und andere konkurrieren um die Marktdominanz, ergänzen sich aber auch teilweise. Neue Namen kommen und verschwinden wieder. Den Überblick zu behalten ist sehr schwer. Hier herrschen wirklich babylonische Verhältnisse.

Das Ziel dieses Vortrags ist es, den Schleier der babylonischen Begriffsvielfalt etwas zu durchschneiden und das Smart Home deutlicher werden zu lassen. Ich würde ich mich freuen, wenn wir alle nach diesen zwanzig Minuten die vielen Begriffe rund ums Smart Home ein wenig besser einordnen könnten und ein etwas klareres Bild von dem hätten, um das es hier und heute geht: Das Smart Home.

SmartHome Dreieck

Unser Wegweiser durch die Begriffswelt des SmartHome ist das SmartHome Dreieck. Es zeigt die wichtigsten Facetten des SmartHome und ihre Beziehungen zueinander. Die drei Eckpunkte des SmartHome sind 1. der Bewohner in seinem Smart Home, 2. die Industrie und 3. die Service Provider. Die Seiten des Dreiecks kennzeichnen die Beziehungen zwischen diesen Gruppen. Die Industrie fertigt Produkte für das SmartHome und liefert über den Handel in das SmartHome. Die Service Provider definieren und erzeugen elektronische Serviceangebote, die im SmartHome neue Anwendungen ermöglichen. Die hierfür notwendige Ausrüstung in Hard- und Software wird durch die Industrie an die Service Provider geliefert. Im Folgenden werden wir gemeinsam einmal um das SmartHome Dreieck wandern und diese Facetten genauer betrachten. Beginnen wir beim SmartHome.

Begriffsklärung

Ein Smart Home ist ein Wohnbereich, der Menschen im Alttag und bei ihrer Arbeit zuhause durch moderne Technologien und neue elektronische Dienstleistungen unterstützt. Drei Dinge sind hieran wichtig. Erstens handelt es sich beim SmartHome um einen Wohnbereich, also z.B. ein Einfamilienhaus, eine Wohnung, dazugehörige Räume wie Garten, Garagen usw. Zweitens kommen neue moderne Technologien zum Einsatz, im Fall des SmartHome Geräte des täglichen Bedarf wie Waschmaschine, Fernseher, Telefon, PC usw., die vernetzbar(!) sind, sowie die zugehörige Netzinfrastruktur. Drittens werden im SmartHome neue elektronische Dienstleistungen wirksam, die das Zusammenspiel dieser Geräte ermöglichen, vereinfachen und neue wertvolle Anwendungen aus diesem Zusammenspiel entstehen lassen. Daüber hinaus ermöglichen sie die Vernetzung mit dem world wide web und so unter anderem den bequemen Fernzugriff.

SmartHome Architektur

Welche Produkte bilden das SmartHome und wie ist die Architektur? In einem SmartHome finden wir die heute bekannten Geräte der Unterhaltungselektronik, der Datentechnik, der Kommunikationstechnik, der weißen Ware und der Installationstechnik wieder. Allerdings mit einem kleine aber feinen Unterschied. Im Smart Home sind diese Geräte vernetzbar und vernetzt. Im Bereich der Installationstechnik bedeutet das den Vormarsch der Gebäudesystemtechnik z.B. nach dem EIB-Standard. Die Vernetzung erfolgt teilweise über Verkabelungen, aber in wachsendem Maße auch über Funklösungen. Den zentralen Punkt eines SmartHome bildet das Gateway (Residential Gateway, RGW). Es regelt die Kommunikation aller Produkte innerhalb des Hauses und ermöglicht die Verbindung mit dem Service Provider.

Bewohner im Smart Home

Wie ist die Einstellung der Kunden zum SmartHome und welche Erwartungen und Bedürfnisse muß das SmartHome erfüllen? Die Hamburger Gesellschaft für Markt-

und Sozialforschung GMS hat ermittelt, daß die neuen Möglichkeiten, die das SmartHome seinen Bewohnern bietet, bei den Kunden sehr positiv beurteilt werden. Bei einer ungestützten Befragung von über 4000 Probanden in Deutschland gaben 28% an, daß sie sich sehr wahrscheinlich oder wahrscheinlich SmartHome Produkte und Dienstleistungen kaufen würden. Weitere 42% waren sich unschlüssig und nur 30% äußerten sich negativ. Die Vielfalt der neuen Möglichkeiten in einem SmartHome ist riesig. In Focugruppen wurden die Erwartungen und Bedürfnisse untersucht. Das Ergebnis zeigt ein breites Spektrum an Erwartungen, die alle Ebenen der Maslowschen Bedürfnishierarchie überdeckt. Komfortablere und bessere Unterhaltung mittels Video on Demand scheint besonders attraktiv. Aber auch vereinfachte Kommunikation über alle Mediengrenzen hinweg durch Unified Messaging steht auf der Liste der Erwartungen ganz oben. Einen breiten Raum nehmen die Möglichkeiten der Hausautomatisierung, zum Beispiel in Form von Utility Management und Security Management ein. Die Liste der Top-Erwartungen wird abgerundet durch Gesundheitsdienstleistungen.

Produkte

Was ist ein Smart Home Produkt und welche gibt es schon heute? Wie bereits besprochen ist das besondere an SmartHome Produkten die Vernetzung. Im SmartHome gilt: Das Netz machts! SmartHome Produkte sind 1. die vernetzbaren Geräte in der Wohnung aus den Bereichen Unterhaltungselektronik, Datentechnik, Telefonie, weiße Ware und Gebäudesystemtechnik. 2. die Netzwerkinfrastruktur verkabelt oder funkbasiert, 3. das Gateway und 4. die elektronischen Dienstleistung über das Internet. SmartHome Produkte gibt es schon heute, aber die Entwicklung steht erst am Anfang. Hier einige Beispiele für Produkte und Entwicklungstendenzen.

PC im SmartHome

Fangen wir mit dem an, was heute in jedem Büro und in einem Großteil der Haushalte steht. Der PC ist heute ein Universalgerät. Er ist vernetzt, meistens drahtgebunden über Kabel der Kategorie 5 oder 10BaseT. Der Trend bei der Datentechnik im Heim geht hier ganz klar zu spezialisierten Devices. Dabei ist ein ganz wichtiger Punkt die Mobility und die drahtlose Vernetzung. Hier werden in Zukunft neue Standards wie Blue Tooth, HomeRF und Wireless LAN 802.11 eine große Rolle spielen. Ein Beispiel ist das SimPad. Es handelt sich hier um einen spezialisierten Computer, ein Windows CE Gerät, mobil, tragbar, always on, bei dem Sie die Möglichkeit haben, bequem von jedem Ort Ihrer Wohnung aus Internetzugang zu haben. Im SmartHome ist das SimPad ein ideales universelles Gerät zur Steuerung und Datenkommunikation.

Infrastruktur im SmartHome

Die Infrastruktur ist ein unverzichtbares Kernprodukt eines SmartHome. Heute ist die Infrastruktur vorwiegend drahtgebunden. Begriffe wie Cat5, RG6, RS232, RJ45 spielen heute die dominierende Rolle. Allerdings haben wir im Sprachbereich schon mit großem Erfolg schnurlose Techniken am Markt (zum Beispiel nach dem DECT Standard). Und das ist auch der Trend bei allen Produktebenen: Entertainment, Daten, Sprache, weiße Ware und Gebäudesystemtechnik: Die Schlagworte heißen Mobility und no New Wires. Ein Beispiel ist hier das Produkt I-Gate von Siemens. Dies ist ein System zur drahtlosen Vernetzung nach dem Standard IEEE 802.11 für Datenverbindungen. Mit solchen bereits heute im Handel verfügbaren Produkten ist es jedem möglich, beispielsweise seinen PC mit seinem Drucker zu vernetzen und von der Basisstation aus ins Internet zu gehen. Der Vorteil schnurloser Techniken gegenüber Kabellösungen ist für den Benutzer enorm und so werden bald in weitern Anwendungsfeldern schurlose Produkte den Markt erobern.

Automatisierungstechnik im SmartHome

Im Bereich der Automatisierungstechnik, also der vernetzten automatisierten Elektroinstallationstechnik, finden wir seit mehr als 10 Jahren Produkte am Markt, zum Beispiel nach dem EIB-Standard, obwohl sie sich in der Wohnung noch nicht recht durchgesetzt haben. Auch hier sehen wir den Trend „no new wires". Darüber hinaus gehen die Entwicklungen in die Richtung Vernetzung über das Internet.

Gesundheitstechnik im SmartHome

Das vierte Beispiel ist die Produktkategorie Gesundheit. Hier treffen wir heute im Endnutzerbereich nur sehr wenig elektronische oder vernetzbare Geräte oder elektronische Serviceangebote. Aber gerade im Gesundheitsbereich tut sich sowohl im Bereich der vernetzbaren Endgeräte in der Wohnung als auch im Bereich der elktronischen Dienstleistungsangebote sehr viel. Als ein Vorbote der kommender Entwicklungen kann der Mediball der Firma Evosoft angesehen werden. Das ist ein großer aufblasbarer Sitz-Ball zur Therapie von Rückenbeschwerden. Er ist über eine Funkschnittstelle mit Ihrem PC zuhause verbunden und jede Bewegung dieses Balles wird registriert und therapeutisch analysiert. Der PC gibt Ihnen eine Rückmeldung über die korrekte Ausführung Ihrer krankengymnastischen Übungen. Den Mediball können Sie heute bereits kaufen. Es ist denkbar, ·Produkte wie den Mediball zukünftig über das Internet direkt mit dem behandelnden Therapeuten zu verbinden und so beträchtliche Kosten und Mühen im Gesundheitswesen einzusparen. Die Industrie arbeitet intensiv an solchen Telemedizin-Angeboten.

Industrie

SmartHome ist für Industrieunternehmen ein brandaktuelles Thema. Kaum ein namhafter Hersteller, der nicht auf dem SmartHome-Markt aktiv wäre. Alle Branchen sind hier vertreten. Um nur einige prägnante Beispiele zu nennen: Software: Microsoft, Telefonie: Ericsson, Unterhaltungselektronik: Loewe, weiße Ware: Electrolux, Datentechnik: Cisco, Hausautomatisierung: Gira. Siemens nimmt im SmartHome-Bereich eine exponierte Stellung ein. Durch seine vielfältigen Geschäftsaktivitäten ist der Konzern in allen genannten Bereichen mit SmartHome-Produkten vertreten. Dies verschafft ihm nicht zu unrecht das Vertrauen der Verbraucher, beim SmartHome eine technisch und zeitlich führende Rolle zu spielen. Diesen Vorteil des Siemens-Konzerns versuchen andere durch Kooperationen und Joint Ventures auszugleichen. Spektakuläre Beispiele sind das Joint Venture e^2 von Ericsson und Electrolux oder auch die Kooperation von Microsoft und General Electric, die sich um das Unternehmen Smart rankt. Der Trend der SmartHome Industrie geht also klar in Richtung Komplettanbieter, entweder aus eigener Kraft oder durch Kooperationen und Joint Ventures.

Service Provider

Für Service Provider bietet SmartHome ein äußerst interessantes Potential. Erste Service-Angebote sind am Markt oder öffentlich angekündigt: Wer kennt Sie nicht, die Eon Werbung mit Götz George? Die Deutsche Telekom ist in der Pilotphase und jeder, der wollte, konnte sich auf der CeBIT 2001 hierüber informieren. Der kleine skandinavische Betreiber e^2 bietet seit einiger Zeit seine Dienste mit wachsendem Erfolg an. Bei genauerer Betrachtung erkennt man, daß verschiedenste Service-Provider entlang der gesamten wertschöpfungskette am SmartHome-Markt partizipieren: Vom Content-Owner, der Inhalte oder auch Dienstleistungen anbietet, über Packager, Portale, Internet-Service-Provider bis hin zu den reinen Access Providern auf DSL-, PLC- oder CATV-Basis verspricht SmartHome profitables Geschäft für die gesamte Branche.

Markt für SmartHome Services

Das Marktforschungsinstitut Data Monitor hat im Jahr 2000 eine Studie veröffentlicht, in der der europäische Markt für interaktive Serviceangebote für das (Wohn-)Haus betrachtet wird. Die Marktforscher kamen zu einem erstaunlichen Ergebnis. Im ersten Teil ihrer Arbeiten ermittelten die Marktforscher die Zahl der Haushalte, die (in diesem Sinne) ineraktiv sind. Hier wird ein Andauern des heutigen starkes Wachstums prognostiziert. Lag die Zahl 1998 noch bei 17 Millionen, so werden es 2003 bereits 78 Millionen sein. Die zur Interaktivität benutzte Accesstechnik wird sowohl CATV als auch das Telefonnetz sein. PLC ist als

Zugangstechnik noch gar nicht berücksichtigt. Im zweiten Teil der Studie wurde untersucht, wie viel ein durchschnittlicher Haushalt für interaktive Services zukünftig ausgeben wird. Das Ergebnis war erstaunlich: Rund 730 EUR werden für das Jahr 2003 als jährliche Ausgaben pro Haushalt prognostiziert. Diese Zahl fordert auf den ersten Blick geradezu zum Widerspruch heraus. Mal sollte jedoch bei einer Bewertung bedenken, daß die untersuchten elektronischen Service das Potential haben, einige Dienstleistungen, die heute noch konventionell erbracht werden, zu substituieren. Denken wir nur beispielsweise an die Telemedizin: Wenn nur 10% der medizinischen Leistungen auf interaktive elektronische Weise erbracht werden, so kann sich jeder aus seinem eigenen Krankenversicherungsbeitrag leicht das Umsatzpotential dieses Services errechnen. Insgesamt kamen die Marktforscher also zu dem Schluß, daß in Europa im Jahr 2003 37 Milliarden EUR mit interaktiven elektronischen Services für das (Wohn-) Haus umgesetzt werden können. Eine beachtliche Prognose.

Und die Bereitschaft der Konsumenten ist da. 70% der deutschen Verbraucher sind durchaus nicht abgeneigt, sich mit SmartHome zu beschäftigen. 28% signalisieren bereits in dieser frühen Phase die Bereitschaft zum Kauf in der einen oder anderen Weise.

SmartHome Services

Die Erwartungen der Kunden sind hoch und die technischen Möglichkeiten sind heute bereits gegeben. Elektronische Dienstleistung sind möglich im Bereich des Heimbusiness, mit den Anwendungsfeldern online banking, e-commerce, Telearbeit. Darüber hinaus steht das Anwendungsfeld des Heimmanagement offen, das heute bereits realisierbar ist, aber sehr wenig abgedeckt wird, weil die Produkte noch nicht genügend komfortabel sind. Es umfaßt Sicherheit, Energie, Steuerung. Ein weiteres Anwendungsfeld ist der Unterhaltungssektor, ein Markt, der mit der Einführung von DSL einen starken Aufschwung erfahren wird: Video on demand, Music on demand, interaktive Spiele. Viele erwarten, daß das Anwendungsfeld der Information und Kommunikation der Treiber für SmartHome Services sein wird. Hier ist ein enormer Aufschwung durch Sprach-Portale und durch Kommunikation über die Mediengrenzen hinweg mittels Unified Messaging zu erwarten. Eines der interessantesten Anwendungsfelder liegt auf jeden Fall im Bereich der Gesundheits-dienstleistung, Fitness und Vorsorge, betreutes Wohnen, Diagnose und Therapie.

Schlußwort

Die Erwartungen der Kunden sind hoch und die technischen Möglichkeiten sind heute bereits gegeben. Jetzt sind die Industrie und die Service-Provider gefordert, sinnvolle Produkte und Anwendungen zu entwickeln, zu einem vernünftigen Preis-Leistungs Verhältnis und mit deutlich erkennbarem Nutzen für jedermann. Dann wird das SmartHome vielleiecht schneller unser Leben bereichern, als wir uns das bisher vorstellen.

8 Wenn das Hemd mehr weiß als ich: Szenarien für intelligente Kleidung

Stefan Holtel,
Vodafone Pilotentwicklung GmbH, München

Wenn mein Hemd mehr weiß als ich: Soweit wird es nicht so bald kommen. Es geht im folgenden auch nicht um die dafür nötige Technik. Stattdessen beschäftige ich mich mit dem, was uns diese Technik verspricht: Bisher nicht gelebte Alltagserfahrungen. Intelligente Kleidung, Wearables oder Wearable Computing (ich verwende hier alle drei Begriffe synonym) versprechen ungewöhnliche Anwendungen, die hohen Nutzen bringen und fundamentale Bedürfnisse besser bedienen. Durch Wearables wird sich unsere Wahrnehmung verändern und sie werden uns zukünftig anders miteinander kommunizieren lassen.

Veränderte Wertschöpfungskette

Zuerst ein kurzer Blick auf die Ihnen sicher bekannte Wertschöpfungskette eines Telekommunikationsanbieters wie Vodafone, allerdings unter Berücksichtigung der Verbreitung von Wearables.

Die aus Wearable Computing generierte Wertschöpfungskette beginnt mit dem Anbieter von Inhalten, der Musik- und Video-Dateien kreiert hat oder Informationen aufbereitet, die für den Kunden Nutzen versprechen.

Daran schließt sich ein Aggregator oder Intermediär an. Er erhöht den Nutzwert des Inhalts durch zusätzliche Informationen und Dienstleistungen. Denken Sie z.B. an einen Portaldienst wie Yahoo!.

Schließlich gibt es Anbieter, die den Zugriff auf die aggregierten Inhalte garantieren. Ausgehend vom heutigen Kerngeschäft der Sprachvermittlung arbeitet der Vodafone-Konzern inzwischen an Strategien, wichtige Komponenten neuer Dienstangebote auf einer Plattform zu integrieren, die über dieses Stammgeschäft hinaus gehen werden.

Das bevorzugte Gerät für den beschriebenen Zugriff ist heute das Handy. In naher Zukunft wandelt sich dieses aber in ein Gerät, dessen Formfaktor und Funktion sich aus neuen Anwendungsszenarien ableiten werden. Neue Datenarten (z.B. körperliche Vitalparameter) erzwingen eine innovative Form der Eingabe und Verarbeitung. Medizinische Messreihen werden dann zu Diagnosezwecken permanent und automatisiert ins Netzwerk übertragen. Dieser Anforderung wird das Handy in derzeitiger Form und Funktion nicht gerecht.

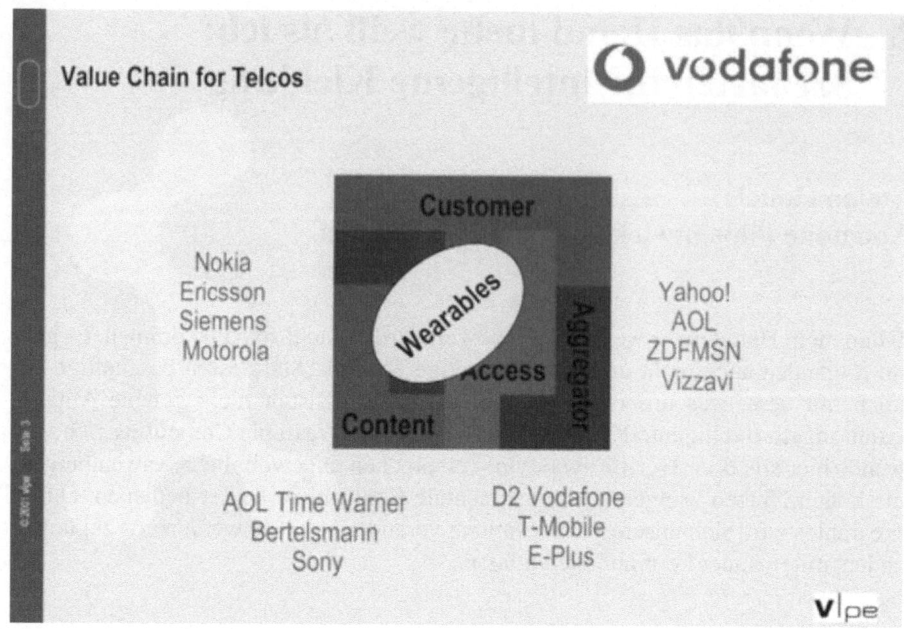

Abbildung 1: Wertschöpfungskette für Telekommunikation

Herausforderung für Vodafone

Vodafone arbeitet heute an Dienstekonzepten, die diese neue Generation von Endgeräten adressieren. Dabei hat die andere Struktur der Dienste maßgeblichen Einfluss auf das Design und die Spezifikation der Endgeräte. Die Telekommunikationsindustrie steht vor der Herausforderung, Dienste und Endgeräte frühzeitig aufeinander abzustimmen. Dazu gehören neben der gewünschten andersartigen Funktionalität auch die bestimmenden Formfaktoren.

Dienste für UMTS

Dem Diskurs über die Migration vom GSM zu UMTS liegt mehr zu Grunde als die technische Aufrüstung des Mobilfunknetzes. Es eröffnen sich damit auch funktional neue Perspektiven. Bisher konnten Benutzer über das mobile Netz im wesentlichen Gespräche führen. Mit Short Message Services (SMS) deutet sich aber bereits ein Paradigmenwechsel an. Zukünftig werden Benutzer zur Sprachvermittlung parallel Datenverkehr betreiben. Größere Bandbreiten und neue Verbindungsqualitäten werden zu Anwendungsszenarien führen, die über die oft angeführte Video-Einspielung hinaus gehen. Es zeichnet sich tatsächlich eine neue Ära von Applikationen ab. Vodafone Pilotentwicklung widmet sich deshalb dem Wearable

Computing und beginnt heute damit, für eine neue Geräteklasse passende Applikationen auf ihre Tauglichkeit hin zu untersuchen.

Kontext mehr als der Standort

Der geografische Standort des Benutzers ist ein wichtiger Parameter für mobile Dienstangebote. Für uns greift dieser Ansatz aber zu kurz: Man sollte den Ortsbezug des Benutzers nur als Teil eines Kontextes begreifen, in dem dieser agiert. Wir verfolgen deshalb einen weiter gehenden Ansatz von Kontext-basierenden Diensten. Uns beschäftigen Fragen wie: Läuft die Person schnell oder langsam? Sitzt sie im Auto, im Flugzeug oder im Kino? Dieser erweiterte Begriff von Orts-basiert führt zu bisher nicht denkbaren Diensten – und diese bedürfen neuartiger Endgeräte.

Es ist bereits absehbar: Neben dem Handy werden sich weitere Geräteklassen etablieren. Deren Funktionen passen sich anderen Einsatzzwecken an. Das Aussehen dieser Geräte wird bestimmt sein von der besten Benutzerführung und den verfügbaren Handlungsoptionen einer speziellen Situation. In Prototypen und Demonstrationen ist bereits heute zu erkennen, dass die dafür notwendigen Technologien in wenigen Jahren verfügbar sein werden.

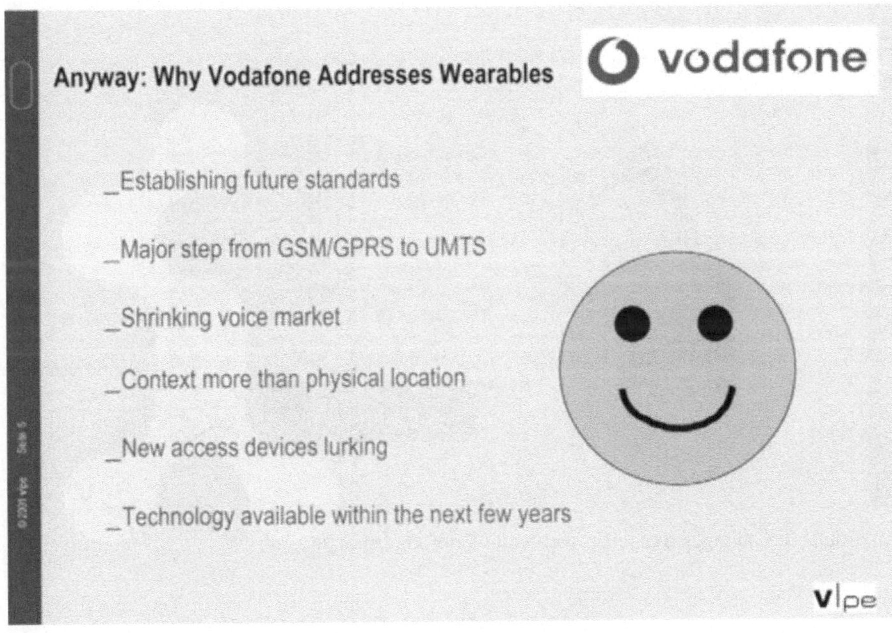

Abbildung 2: Warum adressiert Vodafone Wearable Computing?

Gängige Szenarien

Szenarien für die mobile Datenkommunikation gehen meist von einer simplen Prämisse aus: Jede Person ist an jedem vernetzten Ort für andere erreichbar oder sie kann Ressourcen mit dem Handy ansprechen. Sprachkommunikation zwischen beliebigen Punkten der Erde ist Alltag, das Ein- und Ausschalten von Geräten über das Handy technisch gelöst.

Sind das aber wirklich Szenarien, die in die Zukunft weisen? Es sind aus unserer Sicht lediglich Beschreibungen technischer Funktionen heute handhabbarer Technik. Was fehlt, ist der einer mobilen Datenkommunikation inne wohnende Paradigmenwechsel. Die derzeit diskutierten Szenarien sind zu kurz gedacht. Technologiesprünge eröffnen die Chance, dass Menschen in der Zukunft ihre Verhaltensweisen sehr grundsätzlich verändern können, um ihre Bedürfnisse besser zu befriedigen. Wie der Mensch mit seiner Umwelt interagiert, wird sich durch eng am Körper getragene Kommunikationsmodule nachdrücklich wandeln. Es wird ungewöhnlich neuartige Ideen geben, wie Personen sich miteinander verständigen.

Abbildung 3: Gängiges Szenario: Weltweite Telefongespräche

Abbildung 4: Gängiges Szenario: Fernsteuerung von Geräten

Nachteile heutiger Szenariensuche

Wir sehen Beschränkungen darin, wie bisher über Szenarien der mobilen
Datenkommunikation nachgedacht wird. Sie zeichnen die Gegenwart mit kleinen
Abänderungen linear in die Zukunft. Eine Alternative dagegen wäre, nach
Bruchstellen in alten Verhaltensmustern zu suchen, die sich durch den Einsatz neuer
Technologien öffnen werden.

Hinzu kommt: Der Treiber für die meisten bekannten Szenarien ist heute die
Technologie. Selten stehen die Bedürfnisse des Benutzers im Vordergrund, oder wie
der zukünftige Benutzer-Kontext durch interessante Dienstangebote adressiert
werden könnte.

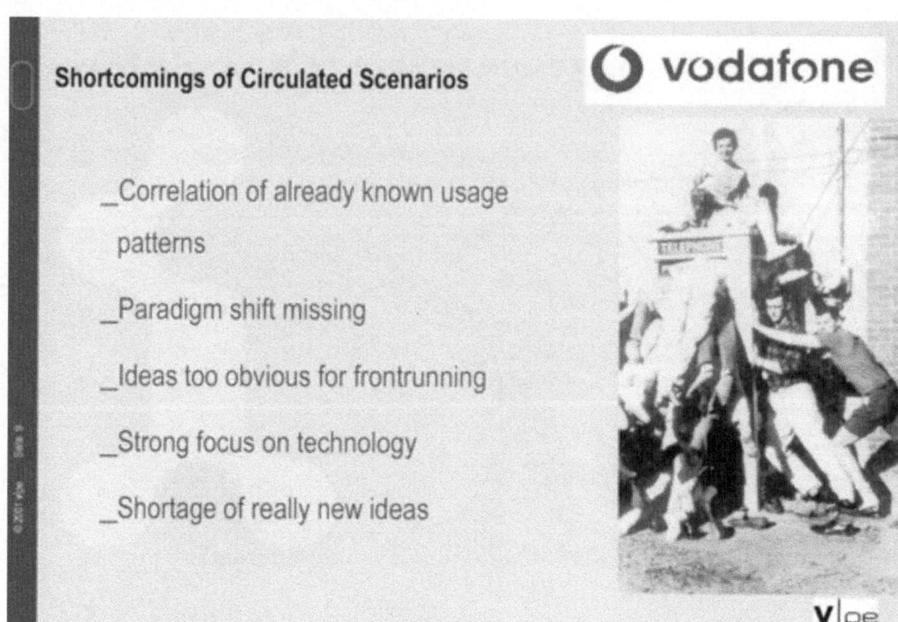

Abbildung 5: Nachteile der Szenariensuche

Methodenansatz für substantielle Szenarien

Vodafone Pilotentwicklung hat deshalb eine Methode entwickelt, die die beschriebenen Nachteile adressiert. Sie zeigt einen Ansatz auf, das Problem in ungewöhnlicher Art anzugehen.

Es wurden dazu prinzipiell neue Nutzungschancen untersucht, die sich durch den Einsatz der für Wearable Computing zur Verfügung stehenden Technologien ergeben. Sieben disjunkte Nutzungsgattungen fassen jeweils konkrete neue Aktivitäts- und Interaktionsmuster unter einem Oberbegriff zusammenfassen. Der Definition dieser Nutzungsgattungen liegen jeweils die bereits heute vorhandenen oder in naher Zukunft verfügbaren Technologien zu Grunde.

Damit ergibt sich ein Blockschema, um Nutzungsszenarien zu erarbeiten, die eine bloße Abbildung von Technologien auf bekannte Situationen umgehen.

Es wurden dazu alle relevanten Techniken für das Wearable Computing eingehend untersucht und anschließend dem Raster der Nutzungsgattungen hinterlegt.

Die sieben Nutzungsgattungen bilden dann die Grundlage für ein konkretes Szenario-Setting (Urlaub, Büro, Straße, ...). So lassen sich zukünftige Bedürfnisse und Wünsche potentieller Nutzer deutlicher erkennen. Und stellen wir sicher, dass das gesamte Spektrum technischer Möglichkeiten in einem Szenario Beachtung findet. Ideen und Impulse kleben nicht an offensichtlichen technischen Optionen. Ein Szenario entwickelt sich leicht in die Tiefe und in die Breite – und zwar aus Benutzersicht.

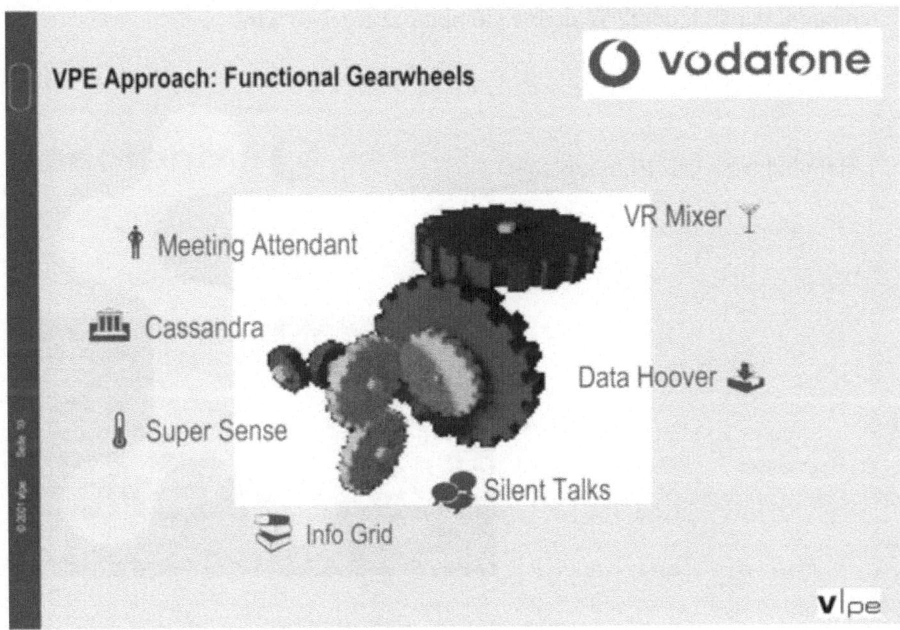

Abbildung 6: 7 funktionale Building Blocks für Wearables

Übermenschliche Fähigkeiten

Ein Beispiel ist die Nutzungsgattung ‚Super Sense'. Sie umfasst Wahrnehmungsfähigkeiten, die einem Mensch in der Regel fehlen. Das sind Befähigungen wie, die Lichtintensität einer Lampe wahrzunehmen, oder die Raumtemperatur auf ein Grad genau zu bemessen. Diese Leistung ist aber durch technische Sensoren abgreifbar und würde das menschliche Wahrnehmungsspektrum im Verbund entsprechender Technologie frappierend erweitern.

Neue Kommunikationsformen

Ein zweites Beispiel ist die Nutzungsgattung ‚Silent Talks': Darunter fassen wir bisher beispiellose Interaktionsmuster zusammen. Sie werden neue Arten der Interaktion erlauben. Stellen Sie sich vor: Sie betreten ein Kongresszentum. Alle Teilnehmer tragen intelligente Namensschilder, die autark untereinander kommunizieren. Vor Kongressbeginn haben Sie das intelligente Namensschild mit Themen gefüttert, die Sie als Experte für bestimmte Sachverhalte ausweisen. In den Pausen nähern Sie sich zufällig anderen Besuchern mit ähnlichen Schwerpunkten. Das Gerät registriert, es könnte sich ein spannender Kontakt ergeben und legt Ihnen nahe, das Gegenüber anzusprechen. Dieses Beispiel zeigt den Paradigmenwechsel der Interaktion, der sich durch Wearable Computing ergeben wird.

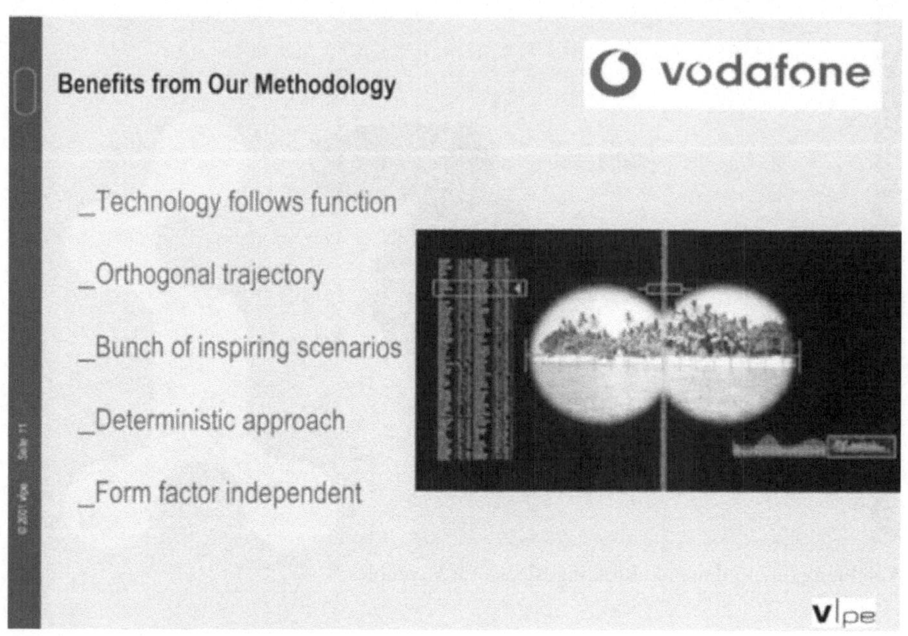

Abbildung 7: Vorteile der Methode

Vorteile des Methodenansatzes

Das beschriebene Vorgehen hat mehrere Vorteile. Zu allererst: Technologie folgt der Funktion, und nicht umgekehrt. Wir eruieren, welche prinzipiell neuen Nutzungsoptionen sich ergeben. Dann bilden wir die Technologie auf das gewünschte Verhaltensmuster ab und können ein passendes Endgerät dazu entwickeln.

Ein weiterer Vorteil: Die sieben Nutzungsgattungen stehen orthogonal zueinander, schließen sich also (weitgehend) gegenseitig aus. Das heißt umgekehrt, auf diese Weise ist die Gesamtheit neuartiger Nutzungsmuster weitgehend vollständig umschrieben. So finden wir Einsatzmöglichkeiten für Wearable Computing, die sonst nicht einfach erkennbar gewesen wären.

Schließlich ist unser Ansatz in ein Vorgehensmodell eingebettet: Es entsteht ein Szenario, daraus entwickelt sich ein Geschäftsplan, schließlich wird ein Prototyp gebaut und erprobt, der die Machbarkeit aufzeigt.

Eine Aufgabe von Vodafone Pilotentwicklung ist das Innovationsmanagement innerhalb der weltweiten Vodafone-Gruppe und deren operativer Einheiten. Für diese Aufgabe sind unsere Vorgehensweisen und Methoden optimiert. Der oben aufgezeigte Ansatz ist eine pragmatisches Vorgehen, dass auf Managementebene leicht nachvollzogen werden kann.

Ein letzter wichtiger Vorteil: Das Vorgehen ist Formfaktor-unabhängig. Wir legen nicht fest, welchen Design-Vorgaben Wearables unterliegen könnten oder welches das bevorzugte Eingabe- und Ausgabemedium darstellt. Vielmehr glauben wir, dass die Anwendungsszenarien zeigen werden, welche Formfaktoren welchen Zwecken bestmöglich genügen.

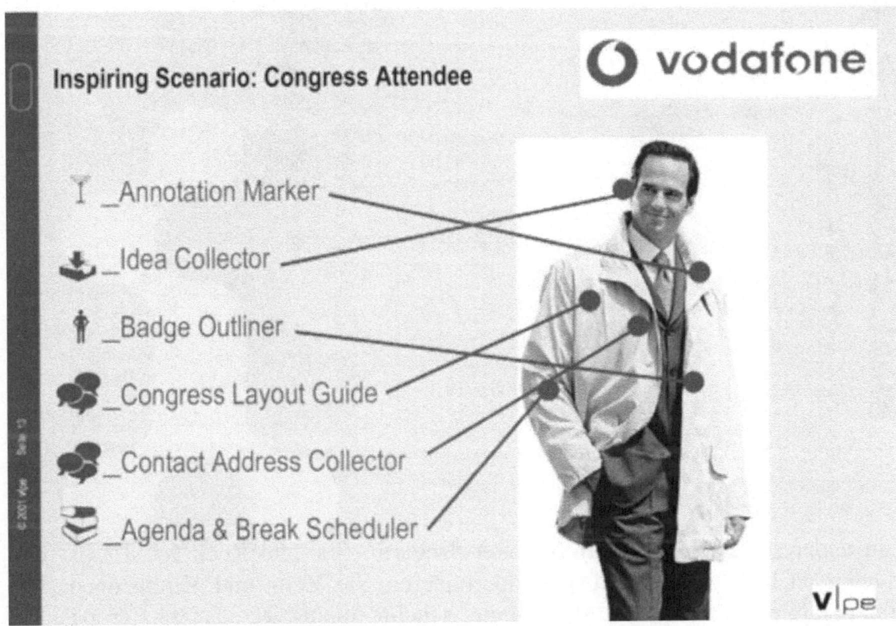

Abbildung 8: Szenario Kongressbesucher

Inspirierende Szenarien

Nun komme ich zu einem Szenario, dass aus der Anwendung unserer Methode entstanden ist. Ein Geschäftsmann besucht einen Kongress. Eine wichtige Funktion seines Wearables ist die Funktion des Anmerkungs-Recorders. Während der

Vorträge assoziiert er Ideen, die bezogen auf seinen persönlichen, gedanklichen Kontext bedeutsam sind. Also erhält er die Möglichkeit, diese Gedanken aufzuzeichnen. Das Mitschreiben auf Notizzetteln erübrigt sich, für diesen Fall ersetzt der Wearable die Schreibkladde. Gleichzeitig wird der mit der Aufzeichnung einer Idee verbundene Kontext des Kongressbesuchers (visuell, akustisch, haptisch) mit derjenigen verknüpft, die ihn gerade beschäftigt. Es entsteht also eine neue Informationseinheit. Deren besonderer Reiz liegt darin, dass sie den Gesamtkontext umfasst.

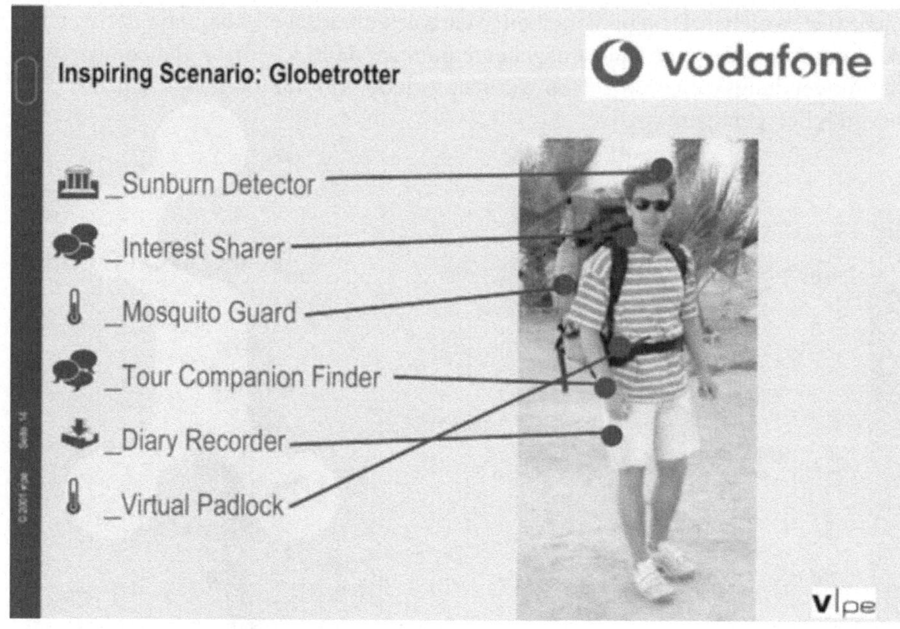

Abbildung 9: Szenario Globetrotter

Ein anderes Beispiel, das Globetrotter-Szenario. Sie sind Rucksack-Tourist und fliegen nach Südamerika. Dabei durchqueren Sie Zeit- und Klimazonen: Die Temperaturen sind höher, die Sonne scheint intensiver als in Europa. Ein Sonnenbranddetektor ist in Ihrer Kleidung integriert. Er informiert Sie, wie lange sie sich bereits im Freien aufhalten oder wann sie ein Sonnenschutzmittel auftragen sollten. Das System führt außerdem Tagebuch über die gesamte Sonnenstrahlenbelastung während des Urlaubs. Eine weitere Funktion ist das virtuelle Sicherheitsschloss: Diese Komponente informiert Sie, wenn sich eines Ihrer Gepäckstücke von Ihnen entfernt. Ihr Rucksack kommuniziert mit einer Sende- und Empfangseinheit in Ihrer Kleidung und warnt Sie akustisch vor Dieben.

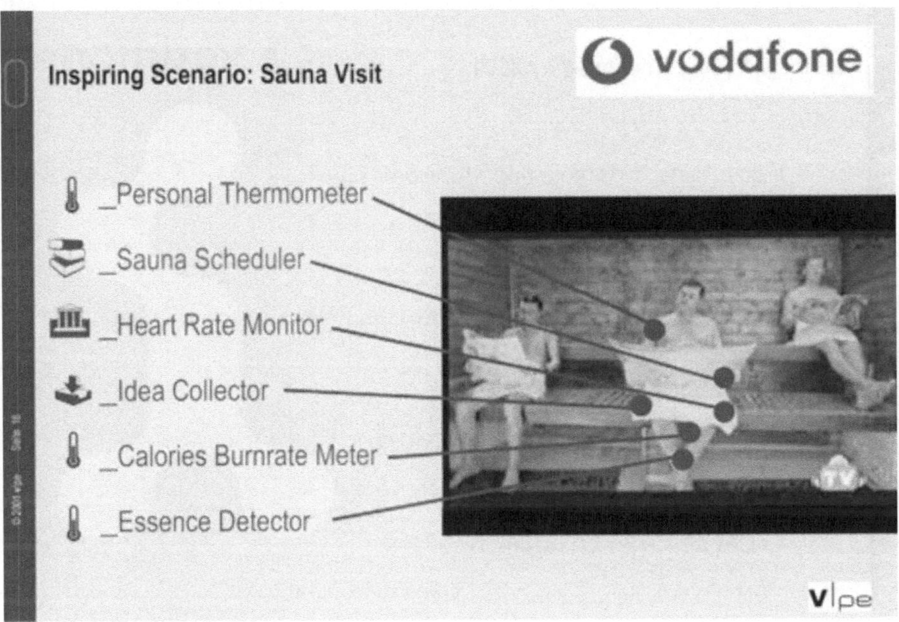

Abbildung 10: Szenario Sauna

Auf den ersten Blick vielleicht überraschend, aber auch die Sauna gehört zum Einsatzgebiet von Wearables. Bei genauerem Nachdenken kommen eine Reihe interessanter Funktionen in Betracht: Ein Messgerät, das die Kalorienverbrennung berechnet. Ein persönliches Thermometer, das Buch führt über die Sauna-Besuche. Eine Einheit, die vitale Kreislauf-Funktionen überwacht und Ratschläge für den nächsten Saunabesuch gibt. Dabei bleibt es nebensächlich, welchem Formfaktor diese Geräte genügen (separat, als Teil der Kleidung oder integriert). Dem Einsatzspektrum folgen das Design und der geeignete Formfaktor.

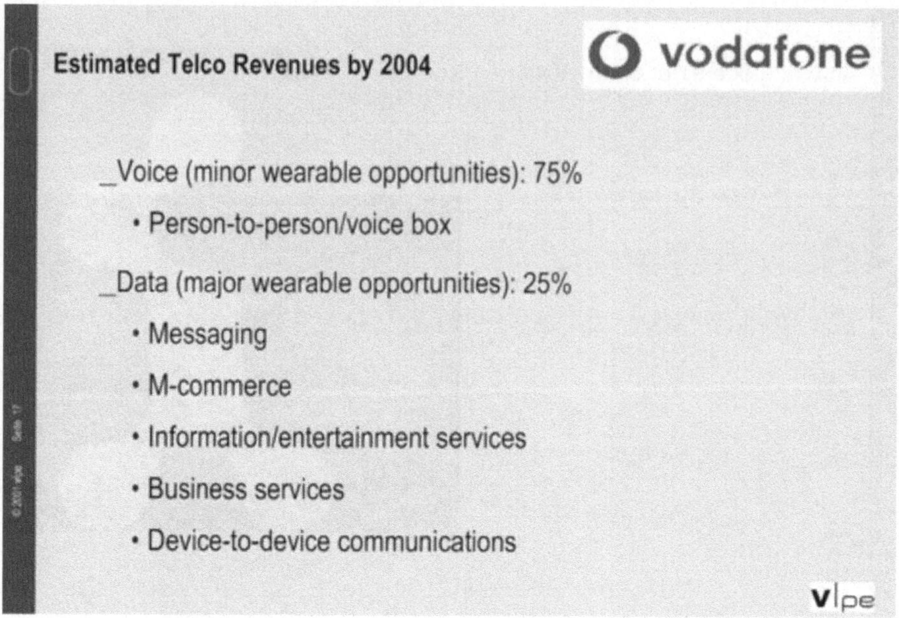

Abbildung 11: Umsatzverteilung in der Telekommunikation

Umsatzwachstum durch Wearable Computing

Vodafone als Telekommunikationsunternehmen untersucht, welche der oben dargestellten Szenarientypen die Dienstleistungen der Zukunft sein werden. Heute werden 75% des Umsatzes mit Gesprächen erwirtschaftet. Das wird voraussichtlich noch einige Jahre so bleiben. Das Interesse für die Anwendungsgebiete von Wearables liegt bei den verbleibenden 25% Umsatz mit Datendiensten. Dienste durch Vitalparameter, die vom Körper abgegriffen werden; Daten, die zwischen Personen und Gruppen übermittelt werden; Daten die zyklisch in einem Kontext ermittelt und verarbeitet werden.

Viele Dienste für Wearable Computing machen erst Sinn, wenn Netzwerkdienste vorhanden sind, die die erhobenen Daten sammeln, verdichten und zu Mehrwert-Wissen verdichten. Netzwerkbetreiber wie Vodafone sind aufgefordert, in Zukunft diese neuartigen Netzwerkdienste zu entwickeln.

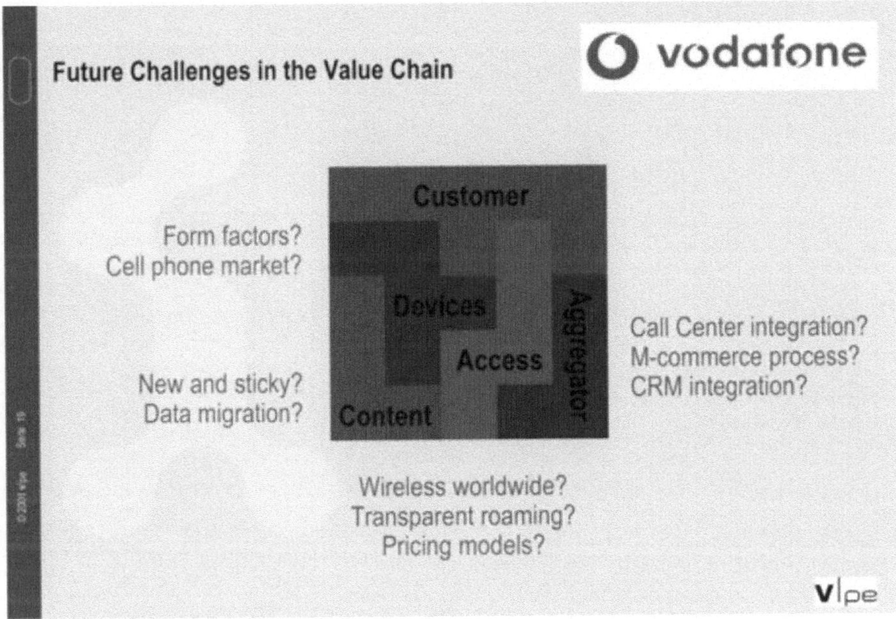

Abbildung 12: Herausforderungen für die Anbieter der Wertschöpfungskette

Zukünftige Herausforderungen

Den verschiedenen Mitspielern der Wertschöpfungskette stellen sich durch Wearable Computing eine Reihe nicht gekannter Herausforderungen.

Handy-Hersteller werden sich damit beschäftigen müssen, welchen Formfaktoren ihre Geräte in Zukunft gehorchen sollten und welches Designs sich aus einer Vielzahl spezieller Anwendungsfälle ableiten lassen.

Inhalte-Anbieter und Aggregatoren müssen verstehen, welche bisher nicht gekannten Datenströme relevant sein werden. Sie werden klären müssen, wie diese wirtschaftlich erhoben und über Netzwerkdienste Mehrwert aus Ihnen abgeleitet werden kann.

Es wird die Aufgabe von Vodafone und seinen Mitbewerbern sein, die notwendige Infrastruktur des mobilen Netzwerks zu implementieren, um die Anforderungen zu erfüllen, die sich aus den aufgezeigten Szenarien ergeben werden.

Kunden werden das Auftauchen von Wearables interessiert beobachten. Sobald aber das breite Anwendungsspektrum für Wearable Computing ins Sichtfeld der Öffentlichkeit rückt, wird ein Sog entstehen für eine neue Ära von Anwendungen und Diensten, die das Leben vieler Menschen nachhaltig verändern wird.

9 Das vernetzte Automobil

Dr. Ralf G. Herrtwich
Dr. Wieland Holfelder
DaimlerChrysler AG, Berlin

In vielen Bereichen des täglichen Lebens spielt das Internet und die damit verbundene Möglichkeit, auf Informationen ständig und von überall aus zugreifen zu können, eine immer bedeutendere Rolle. Bislang gehörte das Automobil nicht dazu – bislang. Scott McNealy, Chairman und CEO von Sun Microsystems, sieht das Automobil als „das nächste Schlachtfeld der Informationsrevolution" [1]. In der Tat, Automobilfirmen sowie IT-Giganten wie Sun, IBM und Microsoft arbeiten mit großer Energie an Lösungen, die Möglichkeiten einer vernetzten Welt, der e-Society, auch im Automobil gewinnbringend und zum Nutzen der Kunden umzusetzen.

Das Internet ist in einer Transition begriffen. Von einer Phase, in der Personal Computer, mobile Geräte, Smart Homes und Fahrzeuge „manuell" an das Internet angeschlossen wurden, bewegen wir uns in eine zweite Phase. In dieser Phase hat alles, was einen „elektronischen Herzschlag" hat, auch eine Netzschnittstelle und ist dadurch automatisch Teil des Netzes (siehe Abbildung 1).

In diesem Artikel stellen wir diese Transition aus Sicht eines Automobilherstellers dar und gehen auf die daraus folgenden Chancen und Risiken ein. Wir beginnen mit einer Einführung in die technischen Möglichkeiten, Fahrzeuge zu vernetzen, bevor wir näher über konkrete Anwendungsgebiete für vernetzte Automobile sprechen und deren Chancen und Risiken betrachten.

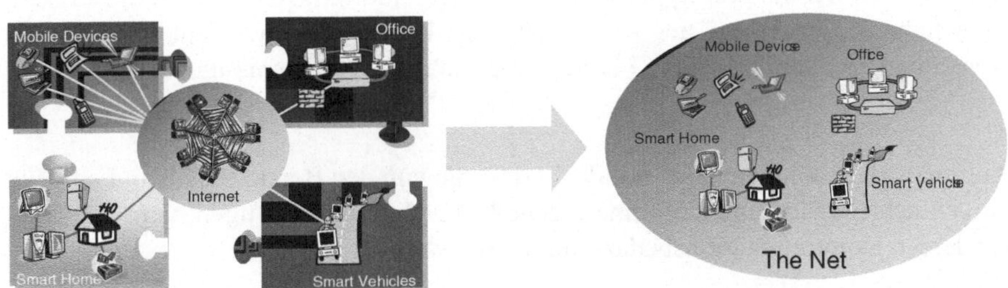

Abb. 1: Transition des Internets. Alles, was einen „elektronischen Herzschlag" hat, ist Teil des Netzes

Mobilkommunikation für Fahrzeuge

Technisch gibt es verschiedene Alternativen, Fahrzeuge drahtlos zu vernetzen. Dabei ist zu beachten, dass drei Faktoren untereinander konkurrieren: **Preis**, **Bandbreite** und **Flächendeckung.** Nur ein, maximal zwei dieser Faktoren können auf Kosten der übrigen Faktoren bzw. des übrigen Faktors optimiert werden.

Verwendet man z.B. GSM-Netze, um Fahrzeuge zu vernetzen, erreicht man zwar eine im Allgemeinen ausreichende Flächendeckung, allerdings zur Zeit in der Regel nur eine Datenübertragungsrate von 9.6 Kb/s. Um die Übertragungsrate zu erhöhen, kann man z.B. mehrere GSM-Kanäle bündeln, muss dafür aber einen höheren Preis bezahlen (Optimierung der Bandbreite auf Kosten des Preises). Alternativ kann man eine andere Netztechnologie verwenden wie z.B. das Ricochet-Netz der Firma Metricom [2], ein in den USA angebotenes Metropolitan Area Netzwerk, verliert dabei aber die überregionale Flächendeckung (Optimierung der Bandbreite auf Kosten der Fläche).

Erschwerend kommt hinzu, dass verschiedene Anwendungen auch verschiedene Dienstgüte-Anforderungen an die verwendete Netztechnologie haben. Eine automatische Fehlerbenachrichtigung benötigt ein zuverlässiges Netz mit idealerweise globaler Flächendeckung, wobei Bandbreite und Preis dabei eher unkritisch sind. Das Herunterladen von digitaler Musik, z.B. im MP3-Format, ins Fahrzeug hingegen erfordert vor allen Dingen eine breitbandige und preisgünstige Netzverbindung, um kommerziell erfolgreich zu sein. Dies ist aber zur Zeit, wenn überhaupt, nur auf Kosten einer geringeren Flächendeckung zu erreichen.

Eine Konsequenz dieser Restriktionen könnte sein, dass ein Fahrzeug über verschiedene Kommunikationstechniken an Bord verfügt und je nach Bedarf automatisch die kostengünstigste Lösung basierend auf den Anforderungen der Anwendungen auswählt (sog. Vertical Handoff, siehe Abbildung 2). Technisch ist diese Lösung bereits prototypisch umgesetzt [3], allerdings bedeutet diese Lösung auch höhere Kosten bei der Ausrüstung der Fahrzeuge sowie ein komplexeres Abrechnungssystem durch die Verwendung mehrere Kommunikationsdienstleister.

Alternativ dazu können auch mobile Geräte, die von den Benutzern in ein Fahrzeug mitgebracht werden und über eine eigene Netzanbindung verfügen, vom Fahrzeug für dessen Kommunikationsbedarf mitbenutzt werden.

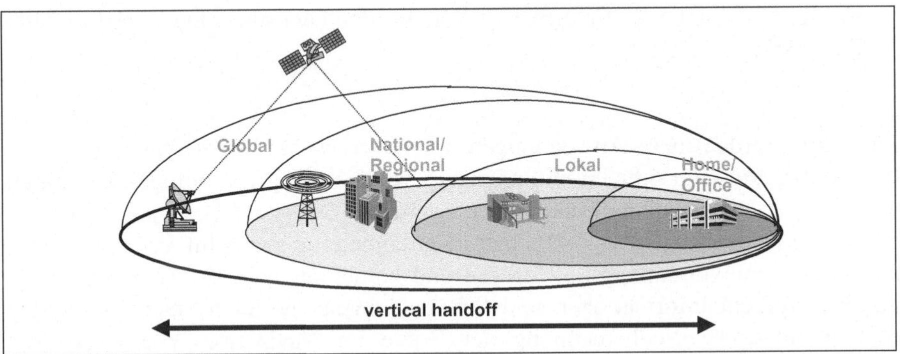

Abb. 2: Vertical Handoff zwischen verschiedenen Kommunikationstechnologien

Pervasive Computing aus Sicht eines Automobilherstellers

Pervasive Computing oder Ubiquitous Computing bezeichnet eine neue Generation von vernetzten technischen Systemen, bei der die Vernetzung als allgegenwärtig angesehen wird. In Bezug auf Telematik und die allgegenwärtige Vernetzung des Automobils kann man drei Kategorien unterscheiden:

1. *Das Fahrzeugs als Gateway ins Internet,* um Insassen mit Informationen und Diensten aus dem Netz zu versorgen.

2. *Fahrzeug-zu-Fahrzeug- bzw. Fahrzeug-zu-Infrastruktur-Kommunikation,* bei der die Vernetzung als „unsichtbares" Charakteristikum zusätzliche Sicherheits- und Komfort-Funktionen ermöglicht.

3. *Das Fahrzeug als „Smart Space",* in dem mobile Geräte und andere „Dinge" mit dem Fahrzeug und untereinander kommunizieren.

1. Das Fahrzeug als Gateway ins Internet

In der ersten Kategorie, dem Fahrzeug als Gateway zum Internet, finden sich Anwendungen wieder, bei denen Insassen den mobilen Netzanschluss hauptsächlich dazu verwenden, Informationen und Dienste aus dem Netz zu empfangen. Dazu gehören etwa:

- Verkehrsinformationsdienste (Routen, Staumeldungen, Umleitungsempfehlungen),
- Mobile Office (E-Mail, Kalender, Adressbuch),
- Mobile Infotainment (Musik, Nachrichten, Wetter, Aktienkurse, Sportergebnisse),
- Concierge-Dienste (Hotelbuchungen, Reservierungen in Restaurants, Theater, Oper, Kino) oder auch

- Mobile E-Commerce (Erwerb von Waren oder Dienstleistungen per mobiler Transaktion).

Zukünftig werden diese Anwendungen durch verbesserte Netztechnologie, neue Personalisierungsalgorithmen und präzisere Lokalisierungstechnologie wesentlich individueller und kundenfreundlicher werden. Off-board-Navigationssysteme erlauben z.B. den Zugriff auf aktuellstes Kartenmaterial sowie Informationen über interessante Punkte entlang der Strecke und kombinieren diese Daten mit dynamischen Verkehrsinformationen und Staumeldungen, die dann unter Umständen eine automatische Neuberechnung der Route im Navigationssystem auslösen können und dadurch dem Kunden jeweils den optimalen Weg vorschlagen. Personalisierte Concierge-Dienste unterstützen den Kunden individuell bei der Hotelbuchung, Restaurantfindung oder bei der Auswahl einer Unterhaltungsveranstaltung, jeweils abhängig vom persönlichen Geschmack und der jeweils aktuellen Position des Fahrzeugs.

2. Fahrzeug-zu-Fahrzeug- bzw. Fahrzeug-zu-Infrastruktur-Kommunikation

Die Gefahr, dass Telematik die Aufmerksamkeit des Fahrers verringern kann, ist nicht zu leugnen und Thema intensiver Forschungsarbeiten. Gründe für Ablenkungen können vielschichtig sein und beinhalten folgende Faktoren:

- *Visuelle Unaufmerksamkeit* (z.B. durch Bedienung eines Navigationssystems oder eines Mobiltelefons)
- *Mentale Unaufmerksamkeit* (z.B. durch den anderen Kontext während einer Konversation am Telefon)
- *Kognitive Ablenkung* (z.B. durch ein ständig wechselndes Informationsangebot sowie ein dynamisches Nutzungsprofil)
- *Dynamische Antwortzeiten* (je nach Art und Umfang einer Anfrage können Antwortzeiten zum Teil stark variieren)
- *Körperliche und ergonomische Faktoren* (bedingt durch die Nutzung ungewohnter und komplexer Bedien- und Steuerelemente)

Sprachgesteuerte Ein- und Ausgabe sowie neue Ansätze bei der graphischen Darstellung von Inhalten (z.B. Projektion von Navigationshinweisen auf die Windschutzscheibe, siehe Abbildung 3), die den Fahrer nicht von der eigentlichen Fahrtätigkeit ablenken, versuchen, diese Gefahren zu minimieren.

Auf der anderen Seite kann Telematik aber auch gerade fehlende Aufmerksamkeit kompensieren, etwa durch aktive Warnhinweise oder durch direkte Eingriffe in die Fahrzeugsteuerung. Derartige Systeme lassen sich mittels Fahrzeug-zu-Fahrzeug-

Abb. 3: Projektion auf die Windschutzscheibe verhindert eine Ablenkung des Fahrers

oder Fahrzeug-zu-Infrastruktur-Kommunikation realisieren. Eine dezimetergenaue Positionsbestimmung eines Fahrzeuges und eine Latenzzeit der Fahrzeug-zu-Fahrzeug-Kommunikation im Zehntelsekunden-Bereich werden es in Zukunft z.B. erlauben, Fahrzeuge nicht nur in der Spur zu halten, sondern auch Unfälle mit anderen Fahrzeugen zu vermeiden. Im Extremfall könnte dabei auch ein automatisches Abbrems- oder gar Ausweichmanöver eingeleitet werden (Abbildung 4).

Abb. 4: Automatische Warnung vor plötzlich auftretenden Hindernissen hilft Unfälle zu vermeiden

3. Das Fahrzeug als „Smart Space"

Die dritte und letzte Kategorie beschreibt das Fahrzeug als „Smart Space", in dem mobile Geräte und andere Dinge mit dem Fahrzeug und untereinander kommunizieren. Mobile Geräte sind dabei z.B. Mobiltelefon, elektronischer Organizer oder MP3-Player, die zum Teil selbst über eine eigene Netzanbindung verfügen. Fahrzeughersteller reagieren auf die wachsende Zahl dieser sog. Consumer Electronics (CE) durch die Integration von Schnittstellen, die eine Kommunikation zwischen CE und Fahrzeug ermöglichen. Hierzu existieren verschiedene Lösungen, die sowohl per Kabel als auch kabellos (per Infrarot oder

RF) realisiert sind. Beispiele für verkabelte Lösungen sind der Media Oriented System Transport (MOST) Bus [4], der Domestic Digital Bus (D2B) [5] oder Firewire (IEEE 1394) [6]. Beispiele für drahtlose Lösungen sind Bluetooth [7], Infrarot-Technologie (z.B. IrDA) [8] oder Wireless Local Area Network Standards wie z.B. IEEE 802.11 [9].

Dabei werden mehr und mehr Funktionen, die bislang weitgehend das Fahrzeug zur Verfügung gestellt hat, von diesen Geräten übernommen. Typischerweise sind dies Funktionen, die nicht zum Kernbereich eines Automobils gehören. Beispiele dafür sind ein mobiler MP3-Player, der per Bluetooth MP3-Dateien drahtlos über die Stereoanlage des Fahrzeugs abspielt, oder ein elektronischer Organizer, der basierend auf aktuellem Datum und Uhrzeit automatisch die Adresse des nächsten Termins aus dem Kalender an das Navigationssystem überträgt. Abbildung 5 gibt einen Überblick über die Komplexität der Standards, die vor allem auch durch die rasante Entwicklung im CE-Bereich in den Automobilbereich drängen. Um dieser Entwicklung software-seitig standhalten zu können, sind vor allem modulare Komponentenarchitekturen, wie etwa in [10] beschrieben, notwendig.

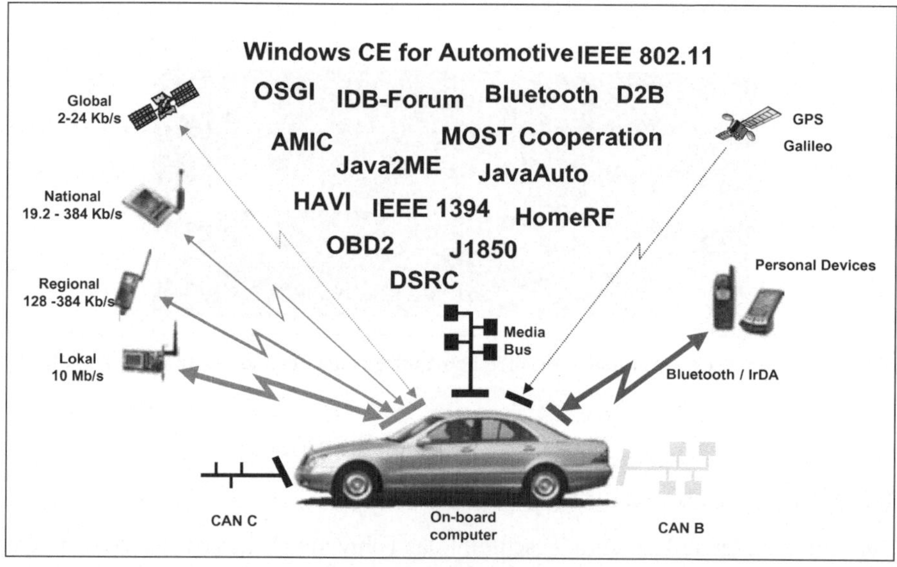

Abb. 5: Mögliche Standards und Kommunikationsschnittstellen in einem modernen Automobil

Andere „Dinge" (z.B. Bauteile und Materialien) können durch die Vernetzung im Fahrzeug Zustände, Messwerte oder Sensordaten übermitteln und damit Sicherheit, Komfort oder Lebensdauer eines Fahrzeugs erhöhen. Ein Reifen mit Unterdruck könnte z.B. nicht nur das Aufleuchten einer Warnlampe auslösen, sondern auch automatisch die maximale Geschwindigkeit begrenzen. Ein Ölsensor, der eine verminderte Schmierfähigkeit feststellt, könnte automatisch die maximale Motordrehzahl begrenzen.

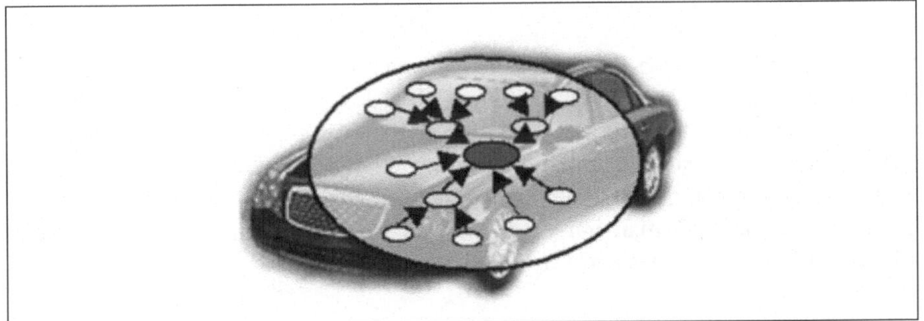

Abb. 6: Fahrzeuge der Zukunft werden über ein eigenes Nervensystem verfügen

Als nächsten Schritt kann man sich Sensoren vorstellen, die untereinander kommunizieren, sich dadurch gegenseitig ergänzen und in ihrer Gesamtheit eine ganz neue Funktionalität bereitstellen. Bestimmte Komponenten könnten für andere, ausgefallene Teile „einspringen" und damit das Gesamtsystem intakt halten. Neue Sensoren, die nachträglich in ein Fahrzeug eingebaut werden, könnten ihre Schnittstelle (das Format ihrer Ein- und Ausgabe) automatisch über ein fahrzeuginternes Netz anderen Sensoren oder Modulen bekanntgeben, um diesen zu erlauben, ihre Funktionalität zu erweitern. Werden z.B. Sensoren im Fahrzeug nachgerüstet, die in der Lage sind, die Position des Kopfes und der Augen des Fahrers zu ermitteln, könnten diese Sensoren mit den Innen- und Aussenspiegeln und der Kopfstütze kommunizieren und veranlassen, dass diese entsprechend eingestellt werden. Auf diese Weise wird aus dem Kommunikationsnetz des Fahrzeugs ein „Nervensystem", das durch Verkettung einzelner Module ganz neue Gesamtfunktionen bereitstellt.

Zusammenfassung und Ausblick

Vom Computer als Helfer und Partner in allen Lebenslagen führt der Weg hin zur allgegenwärtigen, fast unsichtbaren elektronischen Unterstützung miniaturisierter und vernetzter Computer eingebettet in allen Dingen, die uns umgeben. Das Auto ist dabei keine Ausnahme. Heute schon verarbeitet die Autoindustrie mehr Computer-Chips als die Computer-Industrie, Autos der Zukunft werden mehr und mehr von Informations- und Kommunikationstechnologie dominiert. Damit sind nicht nur Software und Hardware im Fahrzeug gemeint, sondern zunehmend auch fahrzeugexterne Dienste, die Information über drahtlose Netze ins Fahrzeug bringen oder Daten aus dem Fahrzeug empfangen und auswerten. Autos der Zukunft werden sehen, hören und fühlen, Informationen auswerten, Informationen austauschen, Situationen einschätzen, entsprechend reagieren und die geplanten Aktionen an ihre Umwelt und andere Fahrzeuge kommunizieren.

Waren E-Mail und Web-Browsing die sogenannten „Killer-Applikationen" des Internet, also die Anwendungen, die den Erfolg des Internet eingeläutet haben, so sind Navigation und Fahrerassistenz die „Killer-Applikationen" der Telematik. Betrachtet man, wie sich das Internet über E-Mail und Web-Browsing hinaus in nur wenigen Jahren entwickelt hat, und projiziert man diese Entwicklung auf die Telematik, dann kann man nur erahnen, was wir von Telematikdiensten in den nächsten Jahren noch alles erwarten können.

Referenzen

[1] **Keynote Speech of Scott McNealy at Convergence 2000:** Detroit, MI, October 2000

[2] **Informationen zu Ricochet:** http://www.metricom.com

[3] **Vertical Handoffs in Wireless Overlay Networks:** *Mark Stemm, Randy H. Katz*; ACM Mobile Networking (MONET), Special Issue on Mobile Networking in the Internet, Summer 1998

[4] **MOST Specification Rev 2.1:** *Most Cooperation (http://mostnet.de)*, February 2001

[5] **Audio, video and audiovisual systems – Domestic Digital Bus (D2B):** International Electrotechnical Commission (IEC) Publication 61030 (1991-06), First Edition, 1991

[6] **Firewire System Architecture: IEEE 1394a:** *Don Anderson, MindShare Inc.*; Addison-Wesley Pub Co., December 1998

[7] **The Official Bluetooth Website:** http://www.bluetooth.com

[8] **The Infrared Data Association (IrDA) Website:** http://www.irda.org

[9] **The IEEE 802.11 Handbook: A Designer's Companion:** *Bob O'Hara, Al Petrick*; IEEE Press; December 1999

[10] **Eine Internet-basierte Komponentenarchitektur für Fahrzeug-Client-/Server-Systeme:** *M. Stümpfle, A. Jameel*; Tagungsband „Kommunikation in Verteilten Systemen" (KiVS '99), Springer, März 1999

10 Mobile Anwendungen
Mobile Family Services: The Power of Location

Susanne Müller-Zantop,
Mobile Family Services GmbH, München

Das Thema, was mich beschäftigt, ist mobile Familien. Ich gehöre selbst zu denen, d.h. wenn Sie mich da oben eben SMS haben schicken sehen, dann war das, weil ich organisieren musste, dass mein Sohn, der um 5 Uhr aus der Schule kommt, auch wirklich abgeholt wurde, weil es hier ein bisschen später wird und ich nicht so früh zuhause bin. Das ist ein typisches Thema, was sehr viele von uns haben, d.h. diese mobilen Lifestyles sind etwas, was uns einerseits eine Freude ist und andererseits natürlich auch neue Arten von Problemen mit sich bringt. Im Prinzip sind die Mamas nicht mehr zuhause, sondern stehen irgendwo und halten schlaue Reden und das heißt, es fehlt eigentlich auch ein Kommunikationszentrum innerhalb der Familie.

Das sind Themen, die uns beschäftigt haben und die wir dann nach einer Nachdenkensphase nicht als Researcher angegangen sind, sondern wir haben uns praktisch hingesetzt, einen Businessplan geschrieben und eine Firma gegründet. Von Siemens Mobile haben wir das Funding bekommen, was wir ganz super finden, damit wir einfach handeln können und uns ein Stück weiter bewegen, um die Grenze nach vorn zu schieben, von dem was möglich ist und somit Dinge nicht nur als Szenarios bestehen zu lassen, sondern in der Wirklichkeit auszuprobieren.

Mobile Family Services beschäftigt sich mit drei Themen. Das erste ist „Kinder und Eltern", Kinder bis 11 und jünger. Das zweite ist „Location Best Services" und das dritte Thema ist: Wir bieten komplette Solution Packs für mobile Operators an, die, wie wir wissen, enorm beschäftigt sind und wenig Zeit haben, vorab viel Vorleistungen zu tätigen und deren Personalressourcen einfach auch extrem angespannt sind und wo alle Leute gebraucht werden.

Warum Kinder? Aus zwei Gründen. Ersten sind Kinder, wie wir eben gelernt haben, wie Autos inherent mobil. Das zweite Thema ist, dass Kinder sehr innovativ sind. Sie sehen, dass z.B. 50 % aller neuen Produkte oder aller Produktinnovationen irgend etwas mit Kindern zu tun haben. Man sieht das an den SMSen, die wesentlich durch Teenager und Pre-Teens vorangetrieben worden sind. Wir glauben, dass wir das Thema Location Best Services hier zusammen mit Kindern erfolgreich machen können, weil wir davon ausgehen, dass Kinder vorurteilsfrei sind und Innovationen als etwas sehr Normales empfinden und uns Erwachsenen auf eine spielerische Art zeigen können, wie wir in neuen Bereichen technischer Art vorgehen können.

Dass Kinder gern kommunizieren, ist klar. Ich habe Ihnen hier ein Beispiel mitgebracht, was ich auf einem Dorf in der Eifel gefunden habe, wo Kinder sich aus Holz Handys bauen, weil sie selber keine von ihren Eltern bekommen, weil sie dafür nicht genug Geld haben. Das ist ein Siemens C 35. Der Nokia Communicate ist noch toller, aber den habe ich aus Respekt zuhause gelassen. Der ist zum Aufklappen und mit einem Draht ganz schön gemacht. Die Antenne ist aus Holz, nicht aufgesetzt, sondern geschnitzt.

Vernetzte mobile Lifestyles haben eine Flipside. Sie haben eine Seite, die relativ schwierig zu managen ist. Es ist auch eine Überlegung wert, ob diese vernetzten Systeme, die wir im Moment aufbauen und die relativ nicht hierarchisch sind, zusammen mit nomadischen Lifestyles dazu führen, dass tatsächlich die Dezentren fehlen. Wenn Sie sich überlegen, wie oft eine Handykommunikation mit Lokationsangaben zu tun hat, merken Sie, was das heißt. Ungefähr die Hälfte der Nachrichten, die ich bekomme, heißen: „Ich bin gerade gelandet und stehe am Gepäckband" oder „Ich stehe im Stau und komme 10 Minuten später" oder „Bus verpasst". Das sind Angaben, die für uns Erwachsene offensichtlich sehr wichtig sind, weil wir uns in einem Netz bewegen und es nicht mehr so klar ist, dass „Der ist morgens von 8 bis 11 im Büro und dann geht er von dann bis dann dahin". Das stimmt alles nicht mehr.

Mobile Family Concentrates on Location-based Services That Are on the Rise

Forrester Research: „ Pinpoint location-based technologies for mobile Internet services will cost millions and take years to roll out. **Successful mobile operators will start making location-based services today by using existing technology and forming new content partnerships.**"*1

Strategis Group: „The fact is, wireless services no longer means only voice communications. Today's carriers provide in-depth services such as on-line transactions, unified messaging, **location services** and comparison shopping."*2

IDC: „**Most Americans want location-based services that transmit a wireless caller's location.** While only 3% currently subscribe to a location-based service plan, 65% say they are interested in these services, with 27% very interested. Consumers in the study also want voice-activated or live-operator connections. Nearly half of those surveyed said they would pay $1.50 for each use of the system, compared with 46% who preferred to pay a single monthly service fee of about 10$."*3

1 The Mobile Internet: Location, Location, Location, 2000
2 Wireless Phone Users Willing to Pay 13$ more per month, 200
3 IDC, July 200 „Consumers want VOX Location Services

IT'S COOL TO CARE!   © Mobile Family Services, 2001

Abb. 1

Was hat das mit Location Best Services zu tun? Location Best Services könnten – und das ist eine Wette, die wir alle auf die Zukunft abschließen – die Killerapplikation für Mobile Business werden, wenn wir es richtig anpacken, wenn wir es schaffen, dafür Geld, Bahnkonsumenten locker zu machen. Interessant sind hier unten die Zahlen, die IDC aus den USA herausgefunden hat (Abb.1). Die Hälfte der Befragten sagten, dass sie 1,50 $ für jeden Locationscall bezahlen und die Hälfte der Befragten meinte, dass sie doch lieber eine monatliche Gebühr bezahlen. Hier geht es tatsächlich um Geld und offensichtlich sind Personen das Wissen darum, wo sie sind, eine sehr wertvolle Information, für die sie bereit sind, zu bezahlen.

Die Versuchung liegt jetzt ziemlich nahe, auf die letzten Ereignisse hier in Deutschland und in den USA, wo mit Kindern schreckliche Dinge passiert sind, einzugehen. Das will ich nicht. Das wäre auch nicht fair in dem Zusammenhang. Sie sehen aber allein an der Art und Weise wie die Thematik dann in die Öffentlichkeit rollt und breit diskutiert wird, wie besorgt die Eltern und die Familien sind.

Abb. 2

Über die Thematik Mobilität und Arbeit habe ich ausführlich gesprochen (Abb.2). Die Tatsache, dass wir um diese Zeit hier und noch länger sitzen werden, zeigt, dass wir auch zu denen gehören, deren Arbeitszeit sich eher verlängert statt verkürzt hat.

Die Themen Stress, Kinder allein und Angst ist enorm im Steigen. Es sind weniger die tatsächlichen Ereignissen als die subjektiven Wahrnehmungen von Eltern, dass das heutige Leben in Cities ihnen enorm etwas abfordert und sie dadurch emotional stark belastet sind. Sie können diese Pegel ausschlagen sehen. Fast schon auf einer monatlichen Basis verändert sich die Messzahl nach oben. Gleichzeitig ist es natürlich so, dass sich auch eine andere Messzahl nach oben bewegt, und das ist die Menge an Geld, die dafür ausgegeben.

Abb. 3

Wenn Sie schauen, so ist hier von einem Titaniumkinderwagen für 999 $ die Rede (Abb.3). Das ist ein Beispiel. Es gibt erstaunliche Dinge, wenn Sie sich da etwas hineinvertiefen wie Babyshampoon, was nicht 1,5 $ kostet sondern 15 $, nur weil es aus Europa kommt. Den Computer, den man mal eben für den Sohn kauft, weil das Computerspiel „Siedler 4" nicht mehr funktioniert, 2.800 Mark. Das musste sogar ich sein.

Das sind Dinge, die heute passieren. Die scheinen wir zu akzeptieren und die werden natürlich in der Industrie als gegeben hingenommen. Das Thema Playstation kennen Sie alle. Die Playstation-Leute sind jetzt mit Operatoren in Verhandlung, um entsprechende Vernetzungen und gemeinsame Kooperationen aufzusetzen.

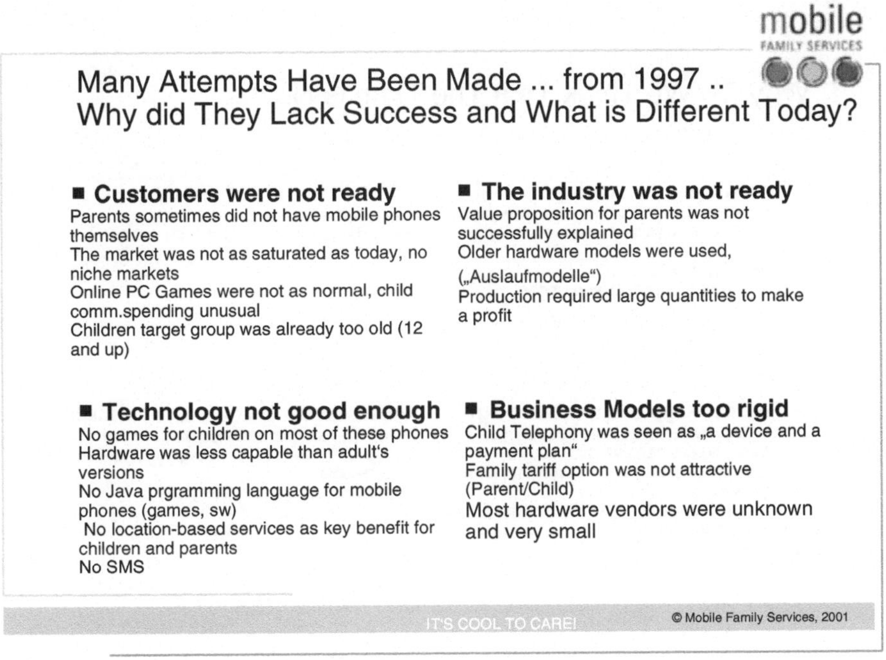

Abb.4

Das Thema Kinder und Mobiltelephonie ist nicht neu. Sie erinnern sich vielleicht, dass es bei der Telekom, bei E-Plus, bei D2 einige Leute gegeben hat, die sich dieses Themas schon 97 und folgende angenommen haben (Abb. 4). Ich denke, dass das höchst ehrenwerte Versuche waren. Kinder wollen kommunizieren und müssen das auch. Diese Minisynchronisationen, die wir uns als Erwachsene leisten: „Ich bin gerade hier", „Ich mache gerade das", die brauchen Kinder auch, und sie haben auch einen Anspruch darauf. Das ist ein ganz wichtiger Faktor. Die SMSen, die ich von meinem Sohn bekomme, sind „Ich habe in Mathe ein 2", „Mein Zahn ist raus" und „Wo bist du?". Die drei habe ich mir aufgehoben als typische Sachen. Das ist was wir eigentlich Kindern heutzutage nicht absprechen dürfen, wenn wir technisch weiter kommen und die Technik so gut und sicher machen, dass das eine Normalität werden kann. Wir haben natürlich Bedenken, und das ist ganz klar.

1997 war die Industrie komplett anders. Wir hatten nicht diese Businessmodelle, die solche Verflechtungen erlauben, wie wir es eben an dem Vodafone-Beispiel gesehen haben, wie viele Industriepartner überhaupt eine Applikation ins Laufen bringen müssen. Die Technologie war nicht besonders gut. SMS war nicht verbreitet. Wir konnten die Telefone nicht programmieren. Es gab kein Java. Sie konnten keine kleinen Stückzahlen mit Profit produzieren usw. Das ist alles besser geworden.

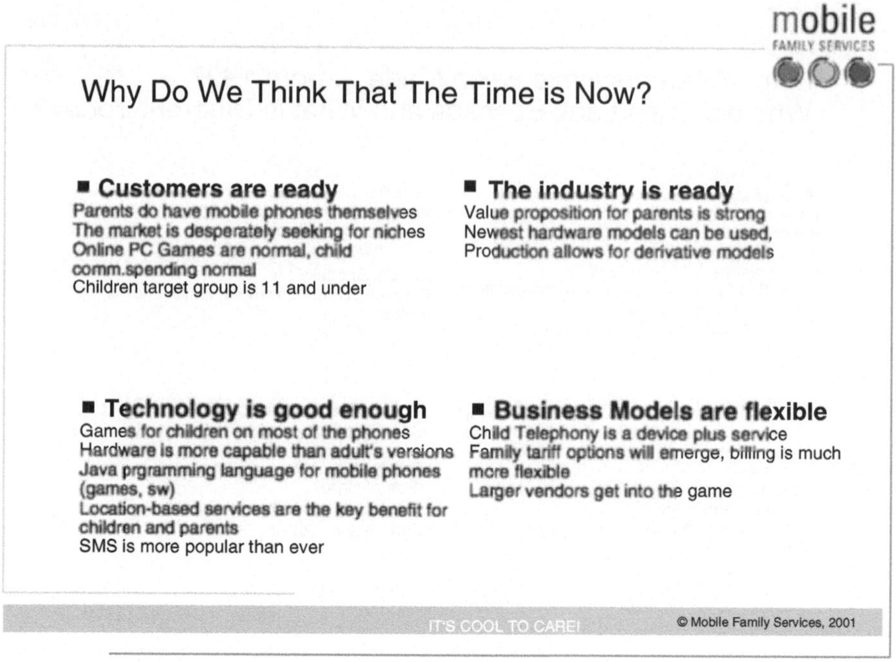

Abb. 5

Wir denken, dass es jetzt die richtige Zeit ist, sich dieses Themas zu widmen und zwar auch von der Kommunikationsseite, aber zusätzlich mit dem Aspekt der Sicherheit und der Lokalisierung (Abb. 5). Unsere Wette, die wir als Gruppe von Eltern abgeschlossen haben, die sich mit Technologie 20 Jahre beschäftigt haben und alle Perspektiven dessen kennen und die hier einfach ihre eigene Verantwortung wahrnehmen wollen, ist, zu sagen: Wir müssen das kombinieren. Wir wollen unsere Wette auf dieses Feld setzen.

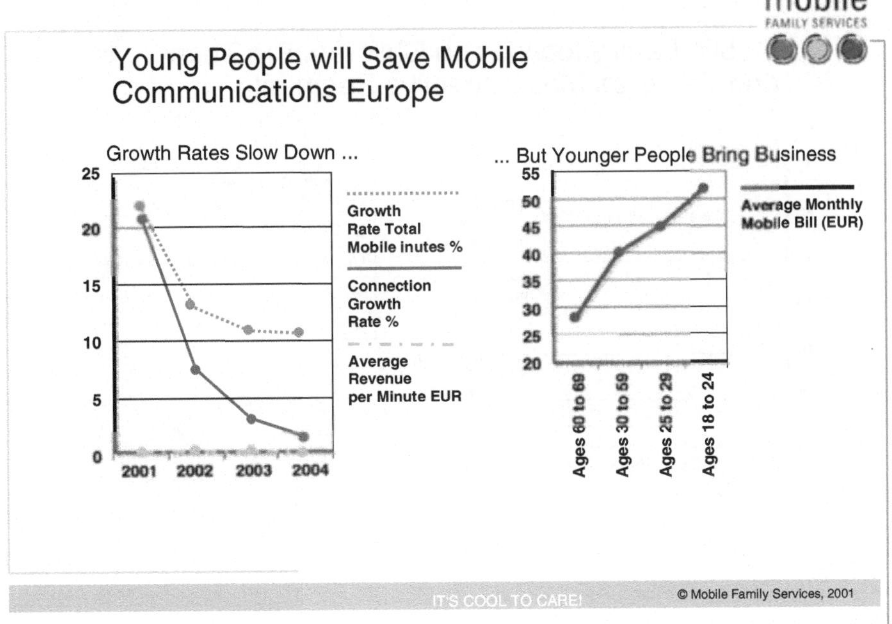

Abb. 6

Wenn Sie sich die Situation bei Mobile Operators anschauen, dann ist es kein besonders großes Geheimnis, hier zu sehen, dass die Zuwachsraten sich in den nächsten Jahren nicht so optimistisch für bestehende GSM-Verträge entwickeln werden (Abb. 6). Sie sehen im Prinzip, dass die Einnahmen pro Kunde relativ stabil bleiben. Je jünger die Kunden werden, desto positiver ist das Bild. Es ist interessant, weil gerade z.B. die 18 bis 24jährigen die höchste „monthly mobile bill" haben, auch die sind, die es selber bezahlen. Es ist in dem Sektor nicht so, dass das die Eltern bezahlen.

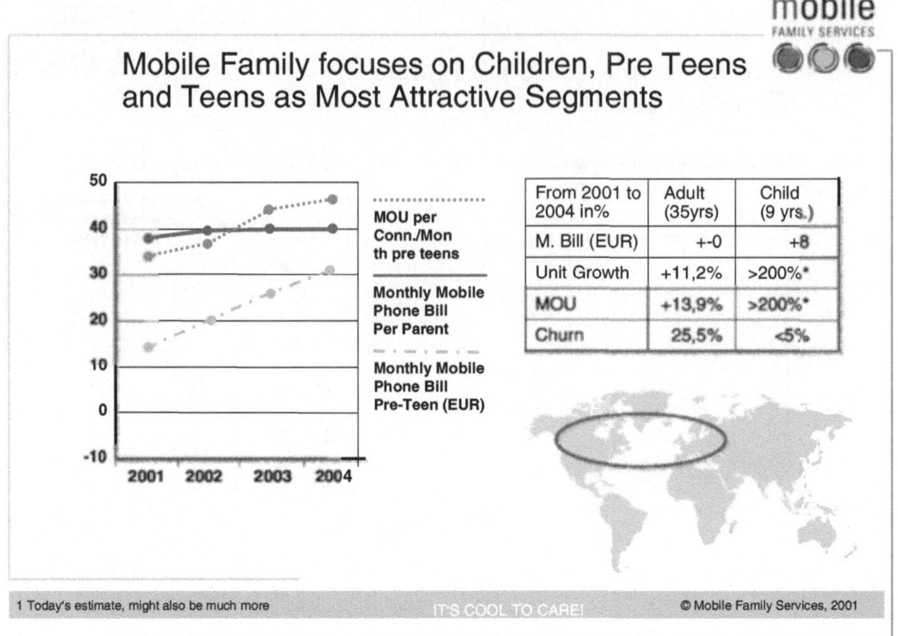

From 2001 to 2004 in%	Adult (35yrs)	Child (9 yrs.)
M. Bill (EUR)	+-0	+8
Unit Growth	+11,2%	>200%*
MOU	+13,9%	>200%*
Churn	25,5%	<5%

Abb. 7

Wir glauben, dass dieser Bereich Teenager und Pre-Teens eigentlich dem Mobile Operator helfen kann, neue Einnahmequellen zu erzielen (Abb. 7). Wir gehen davon aus, dass einerseits hier die monatlichen Ausgaben für Kinder vom Taschengeld abgezweigt werden. Später werde ich Ihnen unsere Umfragen zeigen, die deutlich zeigen, in welchen Preisbereich das geht. Wir haben vor allen Dingen die Tatsache, dass die Wechselbereitschaft hier sehr viel geringer ist, d.h. wenn man sein Kind bei einem Service angemeldet hat, dann macht man vielleicht einen Familientarif und sieht zu, dass das mit den Nummern so gekoppelt ist, dass man günstig untereinander kommunizieren kann. Das halten wir für einen sehr großen Vorteil, da einfach auch eine Kundenbeziehung, eine Treue und eine Kommunikationsbeziehung etabliert.

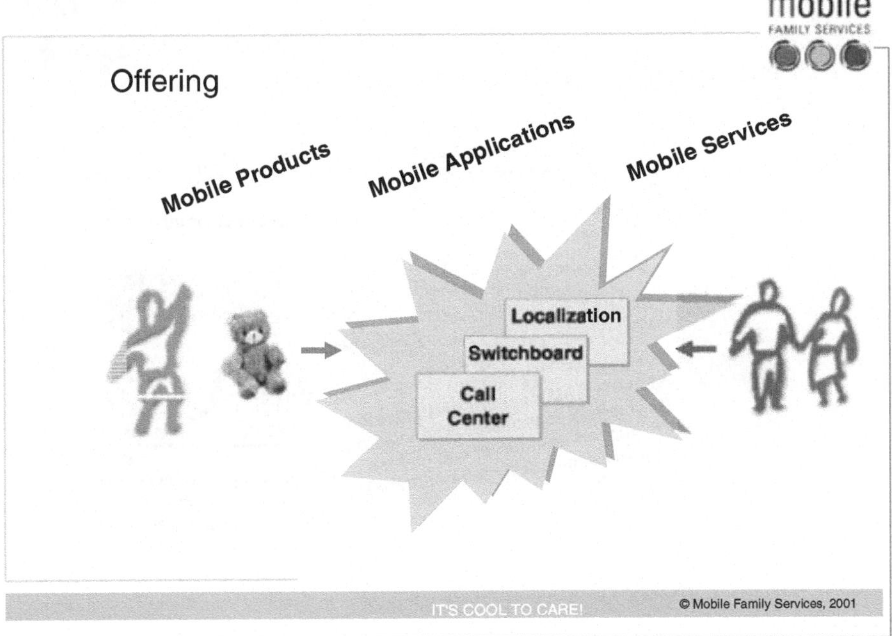

Abb. 8

Was machen wir? Etwas ganz Einfaches. Ich hatte von dem Thema Solutionpacks gesprochen. Wir haben ein wie auch immer geartetes Endgerät, was GSM und GPS in sich vereint. Dieses Gerät hat im Moment für die Trials, die gerade im Münchner Umfeld mit ungefähr 100 Familien laufen, verschiedene Formen eines Teddybärs (Abb. 8). Wir nehmen ganz bewusst diese Form, weil wir gesehen haben, dass die Kinder mit dieser Figur automatisch einen Dialog anfangen und es sich nicht ans Ohr halten. Das reduziert Strahlung um das 10.000fache. Das ist ein ganz wichtiger Faktor. In dieser Form können Sie außerdem andere Dinge tun, die sich sehr positiv auf dieses Strahlenthema auswirken. Das war für uns ein Riesenfaktor. Ungeachtet dessen, dass wir natürlich die gleiche Technik intern verwenden wie sie im Hause verwendet wird, wollten wir einfach extra noch eins darauf setzen, um Ruhe an diese Front zu bringen. Das Ding hat einen Knopf im Test. Später wird das mehr als einen Knopf haben. Dieser Knopf verbindet zu einem Kinder-Call-Center, über das ich gleich noch etwas sagen werde.

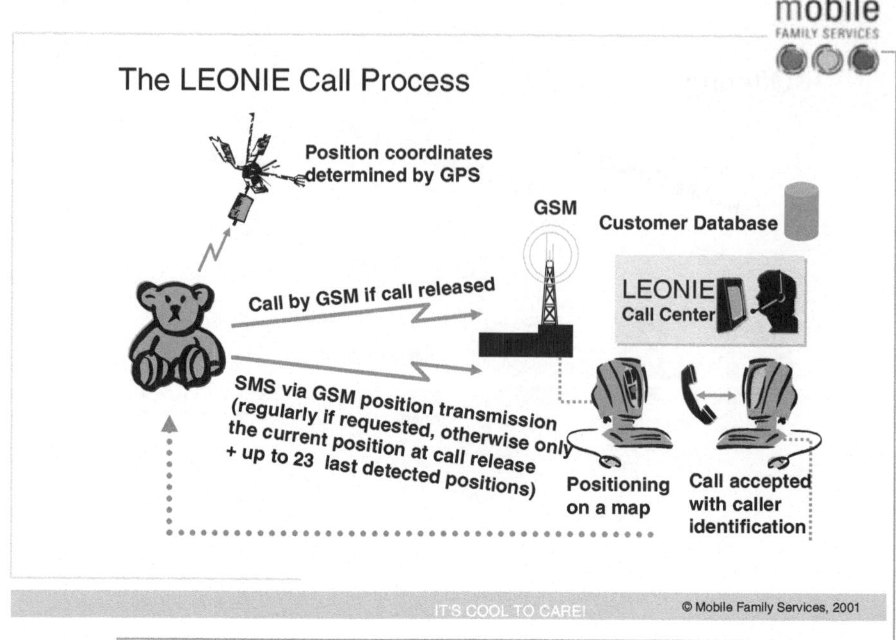

Abb. 9

Es gibt einige mobile Applikationen, über die man später noch ein bisschen reden kann. Im Mittelpunkt steht das Kinder-Call-Center, wo die Kinder namentlich bekannt sind, weil dieser Teddy eine Telefonnummer hat, d.h. das Kind ruft an und die Dame im Call-Center sagt: „Hallo, hier ist Leoni, Peter, was kann ich für dich tun?" (Abb. 9) Dann kommt ein kleines Foto von Peter und ein paar persönliche Angaben, ein Minitelefonbuch, mit wem er dann verbunden werden darf. Und das geben uns die Eltern an. In dem Trial haben wir auch alle Adressdaten von der Schule und/oder vom Kindergarten, auch medizinische und Notfallinformationen, weil das eine sehr einfache Art ist, das sofort verfügbar zu machen. Wahrscheinlich werden wir das aus Datenschutzgründen im Rollout heraus nehmen müssen, was eigentlich schade ist. Wir sind da noch auf der Suche nach einer Lösung. Insgesamt wünschen wir uns natürlich auch Support für dieses Projekt, d.h. wenn Sie Anregungen oder Kontakte haben, sind wir sehr froh.

Was passiert? Der Teddy sammelt sozusagen GPS-Blockationsdaten in großer Zahl, alle paar Sekunden, speichert die und wenn immer eine SMS voll ist nach 24 Positionen, schickt er die los. Die werden dann im Call-Center gespeichert, sind da hinter einem dicken Firewall auch physikalisch abgeschnitten und nur bestimmten qualifizierten Personen zugänglich. Die Eltern können diese Blockationsabfrage per

Voice machen, egal wo sie sind. Sie identifizieren sich per Password und bekommen dann die Location gesagt.

Wir haben uns für diesen relativ klassischen Weg entschieden, weil wir gemerkt haben, dass alles andere zu unsicher ist. Wenn ich das als Eltern von irgend einem PC oder Handy abfragen kann, können wir als Betreiber für die Sicherheit dieser Daten nicht mehr garantieren. Das ist zu riskant. Der Teddy kann vom Call-Center aus angerufen werden, d.h. es gibt auch die Möglichkeit, mit dem Kind verbunden zu werden. Das Kind kann mit all den Personen sprechen, die in dem Minitelefonbuch gespeichert sind.

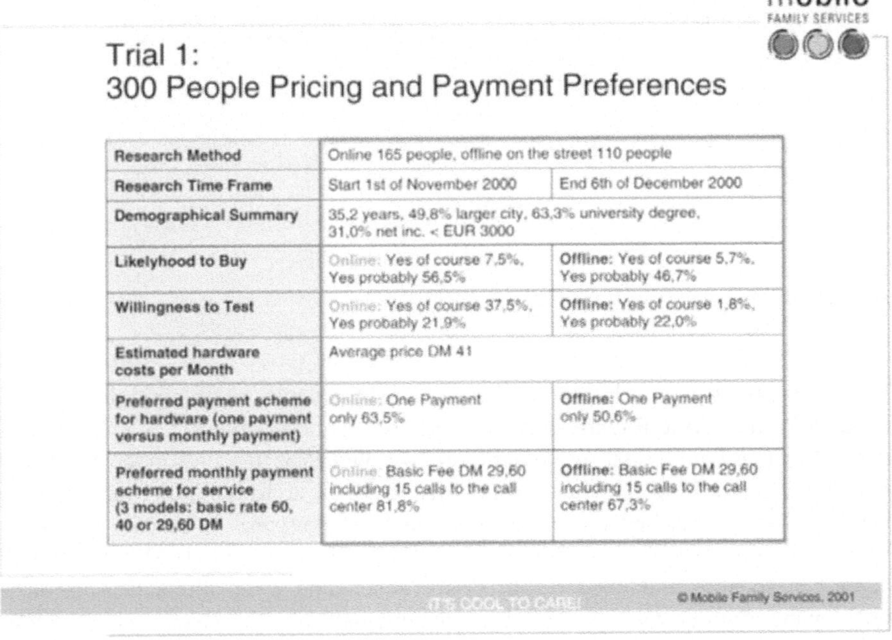

mobile
FAMILY SERVICES

Trial 1:
300 People Pricing and Payment Preferences

Research Method	Online 165 people, offline on the street 110 people	
Research Time Frame	Start 1st of November 2000	End 6th of December 2000
Demographical Summary	35,2 years, 49,8% larger city, 63,3% university degree, 31,0% net inc. < EUR 3000	
Likelyhood to Buy	Online: Yes of course 7,5%, Yes probably 56,5%	Offline: Yes of course 5,7%, Yes probably 46,7%
Willingness to Test	Online: Yes of course 37,5%, Yes probably 21,9%	Offline: Yes of course 1,8%, Yes probably 22,0%
Estimated hardware costs per Month	Average price DM 41	
Preferred payment scheme for hardware (one payment versus monthly payment)	Online: One Payment only 63,5%	Offline: One Payment only 50,6%
Preferred monthly payment scheme for service (3 models: basic rate 60, 40 or 29,60 DM	Online: Basic Fee DM 29,60 including 15 calls to the call center 81,8%	Offline: Basic Fee DM 29,60 including 15 calls to the call center 67,3%

Abb. 10

Noch ein paar Ergebnisse von Trials (Abb. 10). Wir haben eine Online- und eine Offline-Befragung gemacht mit insgesamt 300 Personen in Deutschland und haben gefragt, was die Kaufwahrscheinlichkeit und die Preisbereitschaft hier sind. Das Interessante war, das die „likelyhood to buy" sehr hoch war, jeweils um die 50 %. Bei den Online-Befragten war sie höher, was ganz klar ist. Da ist eine andere Affinität zur Technologie. Bei den Hardwarekosten besteht die Bereitschaft, bis zu 40 Mark pro Monat für das Gerät als Mietpreis zu bezahlen. Für die Bereitstellung dieser Daten sind die Eltern bereit, um 30 Mark pro Monat zu bezahlen.

mobile
FAMILY SERVICES

Trial 2:
110 Telephone Interviews

Target Group	110 Mother with children between 3 and 5 living in Munich city centre, Munich surroundings rural and smaller cities
Methodology	Telephone Interviews
Research Time Frame	Nov 00
Research Content	Potential usage of Leonie, monthly willingness to pay, Number of children beeing left alone at home, Selbstaendigkeitsradius of children
Key Results	87,2% potential usage of Leonie; but limited use to children at the age of 3 (to young, always under watch), 100 DM per month is asumed to be too high by 96,4%, A monthly price between DM 20 and 40 is assumed as angemessen by 61,8%, 35% of all mothers would let their kids be on their own with Leonie, 30% of all children are left alone on a regular basis

Abb. 11

Wir haben als Zweites Telefoninterviews gemacht, wo wir noch einmal durch einen anderen Partner diese Preisbereitschaft verifiziert haben (Abb. 11). Wir haben uns dann vor allen Dingen darum gekümmert, wie viel Prozent der Kinder überhaupt manchmal allein sind, so dass tatsächlich auch diese Kommunikationsfunktion benötigt wird. Sie sehen hier eine interessante Diskrepanz. Einerseits sagen die Eltern: Mein Kind ist immer unter Aufsicht. Andererseits sagen die Mütter: Ich will eigentlich so gern mal wieder zum Frisör gehen und zwar allein. Das ist diese Diskrepanz, mit der wir leben. Da ist einerseits natürlich das Recht, meine eigene Welt zu haben und andererseits meine von Herzen kommende Verpflichtung, mich ständig um mein Kind zu kümmern, dass wir beides verwirklichen müssen.

mobile
FAMILY SERVICES

Trial 3:
5 Children Focus Groups with 10 children each

Target Group	Children between 4 and 9
Methodology	5 Focus group talks (average 10 children at one age group) including painting pictures, making Leonie roll-plays to find out more about potential usage behavior
Research Time Frame	October 2000 - December 2000
Research Content	Ability to make phone calls, level of being indepentend (gemeint ist Selbstaendigkeitsradius), Level of Understanding and accepting the Leonie concept, Preferred cuddely toy, Preferred product design
Key Results	High level of understanding and acceptance if Leonie is explained by roll play, potential usage mostly in hardstopping moments, less in hardwarming, very keen on technical looking prototypes, preference for cuddely toys with add-on, e.g. torch, general de

IT'S COOL TO CARE!   © Mobile Family Services, 2001

Abb. 12

Wir haben dann mit Videoaufzeichnungen Kinder gefilmt und versucht (Abb. 12), auf verschiedene Weise das Konzept dieses Produkts zu erklären und haben versucht, herauszufinden, ob die Kinder diese Nutzung verstehen, d.h. wann würden sie diesen Knopf drücken, wann würden sie das Leoni-Call-Center anrufen und um Support, um Vermittlung bitten oder irgend so etwas. Und es war interessant, dass wir mit einer verbalen Darstellung nicht besonders weit gekommen sind. Wir haben gemerkt, dass es superklasse ist, wenn die Kinder malen und sich dann untereinander Situationen zeigen, wo sie solche Szenarios gemalt haben. Am allerbesten war ein Kasperltheater. Wir haben ein Kasperltheater aufgebaut und die Szenarios, die wir von den Kindern hatten, denen vorgespielt. Danach war die Sache sofort klar. Wir haben jetzt einen kurzen Videofilm davon, den wir den Kindern in den folgenden Testgruppen vorgespielt haben und nach spätestens 10 Minuten war die Sache gegessen und alles prima. Das waren Kinder ab drei Jahren. Wir wollten einfach kapieren, wie weit das intellektuelle Verständnis für Technik da ist. Die Gerätchen konnte ich Ihnen nicht mitbringen, weil wir die im Moment tatsächlich alle im Einsatz haben. Das sind einerseits Kuschelteddys mit kleinen Rucksackträgern oder ein grüner wilder Kleiner, der aussieht wie ein Pokomon und eher für coole Kinder ist. Das war interessant. Wir konnten überhaupt nicht voraussagen, welches Kind wohin greift. Beides wurde ziemlich gleich gewollt. Wir haben uns vor allen Dingen gewundert – aber das war wohl ein Testeffekt – dass die Kinder, die schon Handys hatten, diese gern zurückgeben wollten, weil sie auch einen Teddy haben wollten. Das waren ein paar Zehnjährige. Das sollte man wahrscheinlich nicht verallgemeinern.

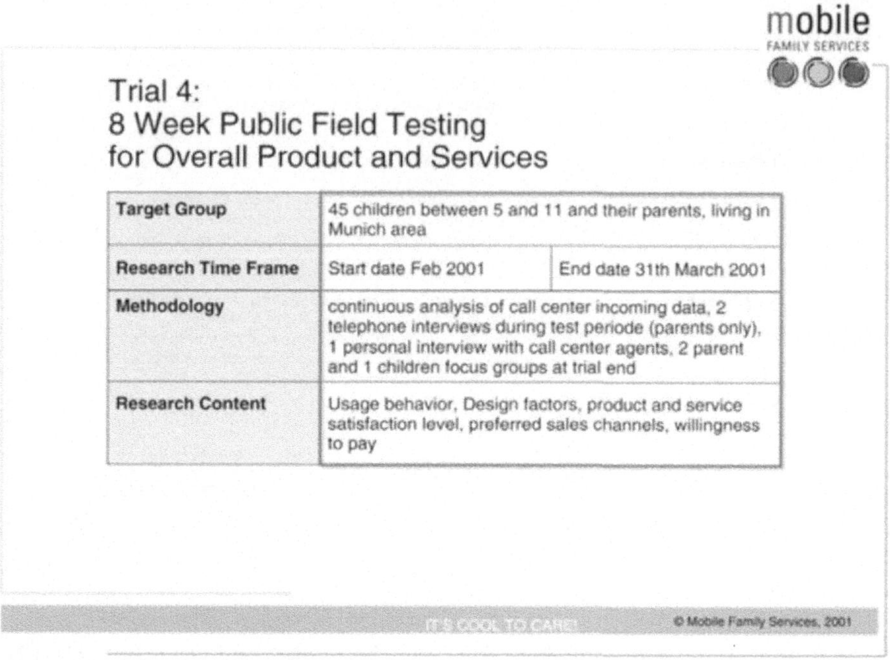

Trial 4:
8 Week Public Field Testing
for Overall Product and Services

Target Group	45 children between 5 and 11 and their parents, living in Munich area	
Research Time Frame	Start date Feb 2001	End date 31th March 2001
Methodology	continuous analysis of call center incoming data, 2 telephone interviews during test periode (parents only), 1 personal interview with call center agents, 2 parent and 1 children focus groups at trial end	
Research Content	Usage behavior, Design factors, product and service satisfaction level, preferred sales channels, willingness to pay	

Abb. 13

Das, was im Moment im Münchner Umkreis läuft, ist dieser Feldversuch mit ungefähr 100 Familien. 50 davon haben Teddys, die anderen haben Kinder mit Handys. Wir haben ein paar Sachen getestet (Abb. 13). Das Erste ist, wie das Device funktioniert, ob es akurat genug ist mit der GPS-Information. Sie kennen die Gebäudeproblematik und ob die Daten reichen, die wir haben. Können wir wirklich das Kind tracen? Dann haben wir getestet, wie es im Ausland funktioniert. Die Familien wollen Urlaubsreisen machen. Wir sind nach Amsterdam geflogen, haben den Teddy durch die Durchleuchtung gebracht, haben uns in Amsterdam irgendwo orten lassen usw. Wir haben die Stoßfestigkeit und die Bruchfestigkeit getestet. Wurde der Teddy gebadet oder haben die Kinder Doktor gespielt und das Ding operiert und auseinander genommen? Im Kinder Callcenter haben wir vor allem die Häufigkeit, die Dauer der Anrufe, die Tageszeit, die Frequenz getestet. Wir hatten Scripts, die psychologisch sehr akurat ausgearbeitet waren. Wir haben die Scripts verifiziert usw. Wenn der Test Ende März zu Ende ist, geht es an die Auswertung dieser Tests und die Ergebnisse in das konkrete endgültige Produkt umzusetzen und damit in den Markt zu geben.

Wir haben ein paar Ergebnisse, mit denen wir überhaupt nicht gerechnet haben und die stimmen einen auf der einen Seite heiter, auf der anderen Seite nachdenklich. Ich wollte die Ihnen gern zum Abschluss mitgeben. Das eine ist, dass die kleinen Mädchen die Zwischenmusik so toll fanden, dass sie dazu getanzt haben. Die Eltern sind da nicht so glücklich. Das muss man beim Preislichen berücksichtigen. Dann haben wir versucht, die Kinder an das Gerät zu gewöhnen, weil Sie nicht immer Ihr Kind prügeln können und sagen: „Du musst jetzt deinen Leoni-Rucksack anziehen!" Wie kann ich das implizit machen? Wir haben mit dem Witz des Tages oder mit der wöchentlichen Gute-Nacht-Geschichte operiert, die es dann gab. Die ist supergut angekommen. Das wird dann normaler Bestandteil eines täglichen Lebens. Abends muss der Teddy in die Ladeschale, das ist ein Schlafsessel, und am Morgen kommt er in den Schulranzen oder in den Kindergartenrucksack und wird mitgenommen. Das muss sich einfach einschleifen. Wie machen wir das? Die Bett-Time-Story hat gut geklappt. Manche Kinder haben die Callcenter-Agenten dazu benutzt, an der Sekretärin des Vaters vorbei zu kommen. Das war eine Nachricht an Sie alle. Weiterhin mussten die Callcenter-Agenten einen Schnellkurs machen über Batman, weil sie mit den Kindern zu diskutieren hatten. Sie wurden nicht nur benutzt als Fräulein vom Amt zum Durchstellen, sondern als Ansprechpartner. Das ist ein Punkt, der mich persönlich nachdenklich macht, weil es offensichtlich doch so ist, dass Kinder ein sehr starkes Bedürfnis nach diesen Minikommunikation und Synchronisation im Laufe eines Tages haben und dass Sie unheimlich froh sind, wenn da einer da ist, der sie kennt – und wenn es nur 10 Sekunden sind, die er einfach mit ihnen spricht. Die Eltern waren total beruhigt und froh über diese Lokalisierungsmöglichkeit, haben sie aber gar nicht so oft genutzt. Aber Hauptsache ist, dass sie da ist, und sie möchten auch nicht darauf verzichten. Für diese Bereitstellung sind sie auch bereit zu zahlen.

Das ist das, was ich Ihnen hier geben konnte. Ich hoffe, es hat Sie ein bisschen erheitert, aber auch zum Nachdenken gebracht, und ich danke für Ihre Aufmerksamkeit.

11 Mobile Digital Keys –
Concepts and Applications

Dr. Christian Wieczerkowski,
SmartTrust, Sonera, Finnland

Gestatten Sie mir bitte zu Beginn eine kurze Publikumsumfrage zu digitalen Signaturen. Wie viele von Ihnen verwenden digitale Signaturen? Darf ich um ein Handzeichen bitten? Das sind drei von etwa 250 Zuhörern. Wie viele von Ihnen verwenden mobile digitale Signaturen? Einer von Ihnen unterzeichnet mobil. Wie viele von Ihnen kennen die Funktionsweise von digitalen Signaturen? Das ist etwas mehr als die Hälfte.

„Digitale Signaturen" wurden vor 25 Jahren entwickelt. Die Konzepte sind bekannt. Die Technologie ist in weiten Teilen fertig, aber nur wenige verwenden sie. Andererseits werden digitale Signaturen häufig als Schlüsseltechnologie für die elektronisch kommunizierende Gesellschaft genannt. In meinem Beitrag möchte ich Ihnen zum einen die Funktionsweise von mobilen digitalen Signaturen erläutern und zum anderen die Gründe dafür angeben, warum gerade das Mobiltelephon eine geeignete Plattform für Signaturen darstellen könnte. Dazu werden wir zunächst die allgemeine Funktionsweise von digitalen Signaturen wiederholen. Anschließend möchte ich Ihnen kurz die Sicherheitsmechanismen von Mobiltelefonen erläutern und danach auf die Frage eingehen, wie digitale Signaturen in GSM Netze integriert werden können. Zum Schluss werde ich Ihnen kurz die Technologie der Sonera SmartTrust vorstellen.

Digitale Signaturen werden mit Hilfe von Schlüsselpaaren in sogenannten Public-Key-Verfahren erstellt. Dies sind kryptographische Verfahren, bei denen jeder Teilnehmer über zwei zu einander passende Schlüssel verfügt, einen öffentlichen Schlüssel und einen privaten Schlüssel. Die Schlüsselpaare werden sowohl zum Verschlüsseln von elektronischen Nachrichten verwendet als auch zum unterschreiben derselben. (Im allgemeinen verwendet man zwei verschiedene Paare für beide Funktionen.) Der öffentliche Schlüssel dient zum Verschlüsseln von Nachrichten und zur Überprüfung von Signaturen, der private Schlüssel dient zum Entschlüsseln und zum Unterschreiben. Betrachten wir zur Illustration ein einfaches Beispiel. Wenn Sie Ihrer Bank eine verschlüsselte Überweisung schicken möchten, dann besorgen Sie sich zunächst den öffentlichen Schlüssel der Bank, verschlüsseln Ihre

Nachricht mit diesem öffentlichen Schlüssel und schicken die so verschlüsselte Nachricht der Bank. Die Bank erhält die Nachricht, und nur sie kann diese Nachricht entschlüsseln, weil nur sie den privaten Schlüssel hat, der zu diesem öffentlichen Schlüssel gehört. Das Public-Key-Konzept löst ein altes Problem der geheimen Kommunikation über öffentliche Netzwerke, nämlich das Schlüsselverteilungsproblem. Allerdings erzeugt dafür ein anderes Problem, nämlich die Frage, wem welcher Schlüssel gehört?

Die Idee der Public-Key-Verfahren wurde 1976 in einer bahnbrechenden Arbeit von W. Diffie und M. Hellman vorgeschlagen, die eine Lawine intensiver Forschung auslöste.

Wir kennen heute eine ganze Reihe solcher Systeme und vor allem auch die Gründe, warum manche sicher und andere unsicher sind. Das bekannteste sichere Verfahren ist RSA. Es wurde 1978 entdeckt und wird nach seinen Entdeckern R. Rivest, A. Shamir und L. Adleman benannt. RSA ist ein außerordentlich elegantes einfaches Verfahren. Gestatten sie mir daher bitte den Luxus, es Ihnen kurz zu erläutern.

Um eine Nachricht mit RSA zu verschlüsseln, kodieren Sie diese zunächst als eine Zahl oder genauer als eine Folge von Zahlen. Beispielsweise könnten Sie die Buchstaben des Alphabets von 1 bis 26 numerieren und sie zeichenweise ersetzen. Wenn Sie mehr Buchstaben oder Sonderzeichen benötigen, betrachten Sie einen größeren Zahlenraum, etwa 1 bis 256. Dann heben Sie die Zahl, die Ihre Nachricht (oder einen Teil derselben) repräsentiert, zu einer Potenz mit einem öffentlichen Exponenten, typischerweise die Zahl drei. Das Resultat ist wahrscheinlich eine riesengroße Zahl. (In der Praxis umgeht man dies trickreich.) Anschließend teilen Sie diese Zahl durch einen öffentlichen Modul und behalten den Rest, der nach Teilung übrig bleibt. Der Rest stellt die chiffrierte Nachricht dar. Der öffentliche Schlüssel besteht aus dem öffentlichen Exponenten und dem öffentlichen Modul. Die Verschlüsselungsfunktion des RSA-Systems besteht mit anderen Worten nur aus einer Exponentiation und einer Teilung mit Rest. Die Entschlüsselungsfunktion, die der Empfänger durchführen muss, ist identisch hierzu, allerdings mit einem geheimen Exponenten. Die Sicherheit von RSA beruht darauf, dass es praktisch unmöglich ist, den privaten Schlüssel aus dem öffentlichen Schlüssel zu erschließen.

Wenn ihr Verschlüsselungsverfahren den gleichen Schlüssel zum Ver- und Entschlüsseln verwendet, spricht man von einem symmetrischen Verfahren. Das verbreitetste symmetrische Verfahren ist zur Zeit DES (Data Encryption Standard) bzw. 3DES, die dreifache Hintereinanderschaltung von DES. Der Besitzer eines symmetrischen Schlüssels kann sowohl Nachrichten verschlüsseln als auch entschlüsseln. In asymmetrischen Verfahren hingegen kann jeder Teilnehmer Nachrichten mit jedem öffentlichen Schlüssel verschlüsseln, aber nur der Besitzer des zugehörigen privaten Schlüssels kann die Nachrichten entschlüsseln. Dazu muss es unmöglich sein, private Schlüssel aus öffentlichen Schlüsseln auszurechnen. Andererseits ist der private Schlüssel notwendigerweise mit dem öffentlichen Schlüssel korreliert, da die beiden ein Paar bilden. In praktischen asymmetrischen Kryptosystemen behilft man sich mit dem Konzept, dass die Korrelation es prinzipiell ermöglicht, den privaten Schlüssel auszurechnen, dass aber andererseits der Rechenaufwand zu groß ist, um die Rechnung auf den schnellsten und stärksten Rechnern der Welt durchzuführen.

Das RSA-Verfahren beruht auf der Schwierigkeit, große Zahlen in Primfaktoren zu zerlegen. Jeder von Ihnen wird die Zahl 15 im Kopf in die Primfaktoren 3 und 5 zerlegen können. Wenn die Zahl jedoch 150 oder gar 300 Stellen hat, dann stehen Sie vor einem schwierigen Problem, über das sich die Mathematiker seit hunderten von Jahren nachgedacht haben, ohne eine effiziente Lösung zu finden. Lassen Sie mich das Faktorisierungsproblem kurz illustrieren. Auf dieser Folie sehen Sie einen 512 Bit RSA-Modul, den Sie als Ihren öffentlichen Schlüssel (beispielsweise mit Exponent 3) verwenden könnten. Diese Zahl ist größer als die Anzahl Elektronen in unserer Galaxis zum Quadrat. Einfache Faktorisierungsverfahren, die auf Probedivision beruhen, sind unbrauchbar. 512 Bit Zahlen bilden heute die Grenze derjenigen Zahlen, die sich mit modernsten Methoden auf Supercomputern faktorisieren lassen. Sie sind als Verschlüsselungsverfahren daher unsicher. (512 Bit RSA-Zahlen werden allerdings auch heute noch beim automatischen Austausch von Sitzungsschlüsseln zwischen Internet-Servern eingesetzt.) Die heute empfohlene Schlüssellänge für RSA ist 1024 Bit. Diese Schlüssel gelten in Expertenkreisen für die mindestens 20 Jahre als sicher.

Wir haben nun das Grundprinzip von asymmetrischen Verschlüsselung kennengelernt. Mit asymmetrischen Schlüsselpaaren lassen sich jedoch noch andere erstaunliche Anwendungen realisieren, unter anderem elektronische Unterschriften. Digitale Signaturen unterscheiden sich von handschriftlichen Unterschriften darin, dass sie ein Signiergerät benötigen. Heutige Signiergeräte sind Programme, die auf einem Computer ausgeführt werden, oder noch besser Chipkarten. Sie sind hinreichend klein, um in Bankkarten oder Mobiltelephonen Platz zu finden. Die Idee eines Signiergerätes ist nicht neu. Auf der folgenden Folie ist ein altertümlicher Signierstempel abgebildet, mit dem mesopotamische Händler ihre Verträge bekräftigten.

Wir kennen heute viele verschieden elektronische Signierverfahren. (Vereinfacht gesagt gehört zu jedem asymmetrischen Verschlüsselungsverfahren ein entsprechendes Signierverfahren.) Ein besonders einfaches Verfahren bilden wiederum die RSA-Signaturen. Es beruht darauf, dass die RSA-Verschlüsselungsfunktion mit der RSA-Entschlüsselungsfunktion vertauscht. Damit ist gemeint, dass die Reihenfolge von Ver- und Entschlüsselung keine Rolle spielt. Wenn Sie mit RSA eine Nachricht signieren möchten, dann verschlüsseln Sie nicht die Nachricht mit dem öffentlichen Schlüssel des Empfängers, sondern Sie entschlüsseln sie mit Ihrem eigenen geheimen Schlüssel. Das Resultat dieser Berechnung fügen Sie anschließend als Signatur an Ihre Nachricht an. Wenn jemand Ihre Signatur prüfen oder verifizieren möchte, besorgt er sich Ihren öffentlichen Schlüssel, verschlüsselt den entschlüsselten Anhang und vergleicht die Nachricht mit dem Ergebnis. Wenn das Resultat dieser Berechnung gleich der Nachricht ist, so ist die Unterschrift gültig und die Authentizität der Nachricht bewiesen. Zusätzlich ist die Integrität der Nachricht sichergestellt, da sie in dieser Form nur vom Besitzer des privaten Schlüssels geschrieben werden konnte.

Reale RSA-Signaturen beruhen zwar genau auf diesem Prinzip, sind aber im Detail komplizierter, um gewisse Nachteile der einfachen RSA-Signaturen zu beheben. Beispielsweise haben die einfachen RSA-Signaturen den Nachteil, dass die Signaturen ebenso lang wären wie die Nachrichten. Das würde ungefähr dem entsprechen, als ob Sie jedes Wort Ihres Briefes einzeln unterschrieben. Dieses Problem behebt man, indem man nicht die Nachricht selbst sondern einen Fingerabdruck der Nachricht signiert, der eine feste Länge hat. Den Fingerabdruck berechnet man, indem man eine sogenannte Einwegfunktion auf die Nachricht anwendet. Ein industrieller Standard ist heute die Hashfunktion SHA-1, deren Fingerabdrücke 160 Bit lang sind. Daraus ergeben sich sofort eine Reihe technischer Fragestellungen oder besser gesagt Möglichkeiten, von denen ich Ihnen exemplarisch eine vorstellen möchte. 160 Bit Fingerabdrücke sind offensichtlich kürzer als 1024 Bit Zahlen, auf denen RSA operiert. Eine einfache Lösung dieses Problems besteht darin, den 160 Bit Fingerabdruck mit Nullen zu einer 1024 Bit Zahl aufzufüllen. (Der Fachausdruck hierfür lautet „pad".) Dieses Verfahren ist Teil des PKCS#1-Standards für digitale Unterschriften. Allerdings verschenkt es Platz, den man für mobile Anwendungen nutzen kann. Eine geschicktere Art und Weise, Signaturen zu machen, besteht darin, die Nachricht selbst in die Signatur zu verschlüsseln. Wie macht man das? Sie nehmen Ihre Nachricht, bilden einen Hashwert von derselben, fügen die Nachricht direkt an diesen Hashwert statt der Nullen und verschlüsseln das Ergebnis. Die Signatur enthält dann die signierte Nachricht. Ein solches Signierverfahren nennt man „signature with message recovery" im Gegensatz zu „appended signatures". Derartige Signaturen eignen sich vorzüglich, um unterschrieben Kurzmitteilungen zu erstellen. Bei einer Signaturlänge von 128 Byte (d.h. 1024 Bit) mit 20 Byte Fingerabdruck erhält man ein System, das 108 Byte Nachrichten signieren kann. 1 Byte entspricht ungefähr einem Buchstaben. Derartige Verfahren eignen sich beispielsweise zum Unterschreiben von Überweisungsformularen. Ich sollte noch erwähnen, dass Kurzmitteilungen eine Länge von 140 Byte haben. Die überstehenden 12 Byte bieten gerade genug Platz für Adress- und Anwendungsinformationen.

Allerdings lässt auch diese Signaturmethode noch Raum für Verbesserungen. Ich erwähne nur einen Aspekt. Wenn Sie eine signierte Nachricht bekommen, dann werden Sie sich vermutlich nicht selbst hinsetzen wollen und diese mit Papier und Bleistift entschlüsseln. Das soll Ihr Computer automatisch erledigen. Folglich muss die Nachricht selbst auch Informationen darüber enthalten, was der Computer mit dieser Nachricht machen soll. Das nennt man einen digitalen Umschlag. Nachrichten müssen stets in digitalen Umschlägen verschickt werden. Außerdem muss auch der Nachrichtenkopf mit Adressat und Absender in einer für das Netzwerk lesbaren Form geschrieben werden. Schließlich gibt es noch einen weiteren Umstand, dem Sie Beachtung schenken sollten. Die Anzahl der möglichen Nachrichten, der Nachrichtenraum, darf nicht zu klein ausfallen. Lassen Sie mich diesen Umstand mit einem einfachen Beispiel illustrieren. Nehmen wir einmal an, die Nachricht ist ein signierter Wahlschein, in dem Sie eine von zehn möglichen Alternativen signieren. Wenn Sie diese Wahl mehrfach wiederholen, könnte ein Angreifer ihre signierten Wahlscheine speichern und erschließen, welche signierte Nachricht welcher Wahlmöglichkeit entspricht. Ein Nachrichtenraum mit zehn Elementen ist bedenklich klein. Dieses Problem löst man dadurch, dass man jeder Nachricht ein zufälliges Element, in der Fachsprache nennt man es Salz, hinzufügt, so dass Ihre Nachrichten stets unterschiedlich ausfallen, selbst wenn Sie immer denselben Inhalt unterschreiben.

Es gibt noch eine Reihe weiterer Aspekte, die man beachten muss, wenn man industrielle Signiersysteme entwickelt. Ich hoffe, dass ich Sie für diese Fragestellungen sensibilisieren konnte, die unterhalb der Oberfläche von Signierverfahren liegen. Das theoretische Konzept selbst genügt natürlich noch nicht, um Signaturen herzustellen. Um es zu implementieren, benötigen Sie eine geeignete Platform. Chipkarten sind hierfür besonders geeignet. Mit heutigen Chipkarten stehen leistungsfähige Miniaturcomputer mit sicherem Speicher und Prozessoren zur Verfügung. Sie eignen sich vorzüglich zur sicheren Verwahrung von elektronischen Schlüsseln und zur Ausführung von Verschlüsselungsfunktionen in einer abgegrenzten Sicherheitsumgebung. Signiersysteme sind komplexe Systeme, die notwendigerweise aus vielen Komponenten bestehen. Sie brauchen einen Kartenleser als Schnittstelle zu Ihrer Signierkarte, ein Display, das die zu signierenden Nachrichten anzeigt, eine Tastatur, um die Signaturfunktion zu aktivieren, eventuell ein biometrisches Lesegerät, das Sie gegenüber der Signiervorrichtung ausweist, eine Datenschnittstelle zu der Anwendung, von der die zu signierende Nachricht stammt und weitere Komponenten. Schließlich müssen Sie sicherstellen, dass alle verwendeten Komponenten in einer vorgeschriebenen Weise – und nur so – miteinander kooperieren. Die gesamtheitliche Komplexität von Signierverfahren ist deren größte Schwachstelle von der Sicherheitsperspektive.

Digitale Signaturen setzen eine Infrastruktur voraus, die man PKI nennt. PKI bedeutet „public key infrastructure". Wie stellen Sie sicher, welche Personen sich hinter welchem öffentlichen Schlüssel verbirgt? Dazu verwendet man sogenannten Zertifikate, die ungefähr digitalen Ausweisen entsprechen. Zertifikate sind von einer vertrauenswürdigen dritten Partei (oder „trusted third party") unterschriebene Nachrichten, die Ihren öffentlichen Schlüssel an Ihre Identität und optional an weitere Informationen über Sie binden. Die Instanz, die solche Zertifikate ausstellt, nennt man Zertifizierungsstelle (oder CA für „certification authority"). Eine PKI umfasst viele verschiedene Funktionen, wie die Registrierung von Personen oder automatischen Agenten, die Generierung von Zertifikaten, die Veröffentlichung von Zertifikaten und das Zurücknehmen von Zertifikaten. Es ist anzunehmen, dass PKI ein wichtiger Bestandteil der zukünftigen e-Gesellschaft sein wird. Vorstellbar sind sowohl nationale PKI Lösungen, wie ein nationales elektronisches Meldewesen, wie auch abgegrenzte Lösungen, beispielsweise innerhalb von größeren Industrieunternehmen. Diese Technologie befindet sich noch immer in einem Keimstadium, wie unsere anfängliche Umfrage zeigt.

Nach diesem Kurzlehrgang über digitale Unterschriften kommen wir nun zu den mobilen Netzen. Ich möchte mich hier auf GSM-Netzwerke beschränken und unser Augenmerk besonders auf eine wichtige Komponente richten, nämlich die SIM Karte („subscriber identity modul"), die Sie mit Abschluss eines GSM Vertrages von Ihrem Netzbetreiber erhalten. SIM Karten beherbergen sowohl Schlüssel als auch Verschlüsselungsfunktionen. Sie enthalten außerdem Informationen über Ihre Identität, beispielsweise Ihre IMSI („international mobile subscriber identity"), als auch Netzwerkinformationen, wie beispielsweise sogenannte „roaming" Listen, die es Ihnen ermöglichen, in fremden Netzwerken zu telephonieren.

Die Architektur eines GSM-Systems besteht aus verschiedenen Komponenten. Sie als Endnutzer besitzen ein Mobiltelefon. Das Mobiltelefon unterhält sich über die Luftschnittstelle mit dem nächsten Radiomast, der sich beispielsweise auf einem Hochhaus in München befinden könnte. Der Radiomast kommuniziert mit dem sogenannten BSC („base station controler"), einer Komponente, die eine ganze Gruppe von Radiomasten verwaltet. Radiomasten und BSC stellen das Radiountersystem der GSM-Architektur dar. Die weiteren Komponenten bilden das sogenannte Netzwerkuntersystem. Das Netzwerkuntersystem leitet Ihre Telephonate oder Nachrichten an öffentliche Telefonnetze, beispielsweise an ISDN-Netze, oder an das Internet weiter. Außerdem verwaltet es verschiedene Hintergrundfunktionen, in der Regel ohne dass sie es merken. Zu diesen Funktionen gehören die Sicherheitsmechanismen wie die Identifikation des GSM-Benutzers, die Verschlüsselung von Sprache und Daten über die Luftschnittstelle bis zum nächsten Radiomast, optional die Überprüfung, ob Ihr Mobiltelefon gestohlen worden ist und andere Dienstleistungen. Sie werden mit Hilfe von standardisierten aber geheimgehaltenen symmetrischen Verschlüsselungsalgorithmen bereitgestellt. Einer dieser Schlüssel ist Ihr persönlicher Schlüssel KI („key identity"), der sich auf Ihrer SIM Karte befindet. Drei geheime Algorithmen, die allerdings mittlerweile kryptographisch analysiert worden sind, sind A3, A5 und A8. Verschlüsselt wird nur – das muss ich betonen – der Funkverkehr über die Luftschnittstelle, d.h. die Verbindung zwischen Ihrem Mobiltelefon und dem nächsten Radiomast. Um Ihnen einen Eindruck davon zu geben, was im Hintergrund passiert, wenn Sie Ihr Mobiltelephon einschalteten, betrachten wir exemplarisch die Anmeldung an ein GSM Netz.

Das Telefon schickt zunächst Ihre IMSI an das Mobilsystem. Das Mobilsystem schickt Ihnen daraufhin eine Zufallszahl („nonse") zurück. Ihr Mobiltelephon berechnet daraufhin mit Hilfe des A3 Algorithmus aus der Zufallszahl eine Antwort SRES („signed response"), die Sie gegenüber dem Netzwerk ausweist und schickt diese an das Netzwerkuntersystem zurück. Das Netzwerk prüft anschließend, ob Ihre SRES zu Ihrem Schlüssel passt. Wenn dies der Fall ist, sind Sie angemeldet. Anschließend berechnet sowohl Ihr Mobiltelefon als auch das Netzwerkuntersystem einen temporären Schlüssel zur Verschlüsselung der Luftschnittstelle. Die Verschlüsselung wird mit dem A5 Algorithmus durchgeführt.

Wie gut ist diese eingebaute Sicherheit? Zunächst einmal muss man betonen, dass das GSM Netz über die ausgereiftesten und fortschrittlichsten Sicherheitsmechanismen der digitalen Mobiltelephonnetze der zweiten Generation, verglichen mit amerikanischen und japanischen Netzwerken, verfügt. Außerdem funktioniert das GSM Netz ausgezeichnet, und es erfüllt alle Sicherheitsansprüche, die die Netzwerkbetreiber heute haben. Schließlich werden zukünftige Technologien wie GPRS, WAP und UMTS auf der Anwendungsstufe zusätzliche Sicherheitsfunktionen hinzufügen.

Was sind die Nachteile? Es gibt einige technologische Nachteile, die aber für unsere Diskussion hier unwesentlich sind. Wichtig ist, dass das System per Konstruktion nicht in der Lage ist, digitale Signaturen zu unterstützen, da es über keine asymmetrischen Verschlüsselungsverfahren verfügt. Weiterhin ist die Verschlüsselung auf die Luftschnittstelle beschränkt. Die Kommunikation über die angeschlossenen öffentlichen Netzwerke erfolgt unverschlüsselt. GSM Netze ermöglichen somit nicht eine E2E („end to end") Verschlüsselung, wie sie beispielsweise für mobile Bankanwendungen notwendig sind.

Allerdings sollte ich interessierte Leser einschränkend auf den GSM Standard 03.48 hinweisen, in dem weitere Sicherheitsmechanismen spezifiziert werden, jedoch nicht digitale Unterschriften.

Wie könnte man nun digitale Signaturen und Mobiltelefone verbinden? Es gibt mehrere mögliche Lösungen. Eine von dieser Lösungen bietet sich in natürlicher Weise an. Wir haben bereits erwähnt, dass GSM Telephone über eine Chipkarte, die SIM Karte, verfügen, die elektronische Schlüssel beherbergt, kryptographische Operationen ausführen kann und daher mit besonderen Sicherheitsmechanismen ausgestattet sein muss. Die natürliche Lösung besteht darin, Ihre SIM Karte um Signaturfunktionen zu erweitern. Vereinfacht gesagt, müssen Sie nur ein zusätzliches Programm in den Speicher Ihrer SIM Karte laden, um die SIM Karte und damit Ihr Mobiltelephon in ein Signiergerät zu verwandeln. Schließlich verfügen die Netzwerkbetreiber über die notwendige Logistik zur Registrierung von Kunden und zur Verteilung von SIM Karten. Es bietet sich an, diese Logistik wiederzuverwenden.

Diese Idee ist zwar bestechend einfach, birgt allerdings sowohl technologische Hürden als auch unternehmerische Schwierigkeiten, die es zu meistern gilt. Beispielsweise können Sie nicht erwarten, dass die PKI-Standards, die für breitbandige Internetanwendungen erdacht wurden, optimal auf Ihr Mobiltelephon passen. Das deutsche Signaturgesetz erfordert höchste Sicherheitsansprüche, die in einem komplexen System wie einem Mobiltelephonnetz nur sehr schwer umzusetzen sind. Schließlich verfügen heutige Mobiltelephone nur über kleine Displays, von nicht evaluierten Schnittstellen ganz zu schweigen, und SIM Karten sind im Vergleich zu Ihrem Laptop beschränkte Computer mit geringem Speicherplatz und geringer Rechnenleistung. Auf der Geschäftsseite sind divergierende Interessen der notwendigen Partner, nämlich der Dienstleistungsanbieter, Netzwerkbetreiber, SIM-Kartenhersteller etc. zu verzeichnen.

Was ist das geschäftsseitige Problem? Warum gibt es nicht schon lange digitale Signaturen auf GSM Telephonen? Ein wichtiger Hinderungsgrund ist die Notwendigkeit der Kooperation von vielen Partnern mit unterschiedlichen Interessen. SIM-Karten-Hersteller, Netzwerkbetreiber, Hersteller von Mobiltelefonen, Dienstleistungsanbieter, wie Banken, und PKI-Anbieter sitzen zwar in einem Boot, wenn sie mobile Signatursysteme errichten möchten, haben allerdings zugleich unterschiedliche Interessen. Schließlich gibt es noch ein Anfangsproblem. Ohne angebotene Dienstleistungen investieren die Technologieanbieter schwerlich in teure Infrastruktur. Ohne Infrastruktur werden andererseits keine Dienstleistungen angeboten. Mobile PKI muss simultan und kooperativ errichtet werden. Ein Weg aus dieser Zwickmühle ist die gemeinsame Entwicklung industrieller Standards. Standardisierungsbemühungen für mobile Unterschriften sind heute unterwegs, bewegen sich allerdings sehr langsam. Wenn Sie jemals in einem Standardisierungsgremium teilgenommen haben, dann wissen sie vermutlich, dass industrielle Standardisierungsgremien eine unendliche Trägheit haben, Jahre dauern und nicht immer zu optimalen Lösungen führen. Andererseits ist es sehr schwierig, in diesem

Umfeld proprietäre Lösungen zu vermarkten. Dann gibt es noch ein Hindernis, das ich das mobile PKI-Dilemma nennen möchte. Die Dienstleistungsanbieter, die starke Sicherheit und Signaturen benötigen, wie beispielsweise Banken, sind nicht in der Lage, im Alleingang eine mobile PKI zu errichten. Andererseits brauchen die Mobiltelephonbetreiber diese PKI nicht, um ihre eigenen Sicherheitsprobleme zu lösen.

Wie sieht der Markt und die Interessenlage aus der Perspektive der verschiedenen Spieler aus? Ich möchte hier exemplarisch die Netzwerkbetreiber herausheben. Diese möchten zwar digitale Signaturkaren auf ihren SIM-Karten ermöglichen, aber sie möchten gleichzeitig die SIM-Karten in ihrem Besitz behalten. Außerdem möchten sie gerne für ihre Dienstleistungen proportional zum Wert der signierten Nachrichten entlohnt werden. Das wiederum liegt keinesfalls im Interesse der anderen Partner, die die Rolle der Netzwerkbetreiber gerne als die einer Daten-pipeline beschränken möchten. Sie als Endnutzer möchten zudem gerne ein Menu verschiedenster Endgeräte verwenden können, Mobiltelephone, PDAs, Ihren Heimcomputer oder den Rechner an Ihrem Arbeitsplatz. Damit stellen Sie die Technologieanbieter vor eine große Herausforderung.

Abschließend möchte ich Ihnen einige Fragen zum Nachdenken mit auf den Weg geben. Wie viel Mobilität brauchen wir wirklich? Wir haben fast alle Kreditkarten in unserem Portemonaie. Wir können beispielsweise mit Kreditkarten telephonisch oder über das Internet Waren und Dienstleistungen bestellen und bezahlen. Brauchen wir weitere Bezahlkanäle? Welche sensitiven Daten wünschen Sie sich auf Ihr Mobiltelephon, wenn Sie unterwegs sind? Gesundheitsinformationen? Infor-mation zu Ihrer Steuererklärung? Rechnungen? Aktienhandel? Möchten Sie mit Ihrem Mobiltelephon unterwegs wählen? Möchten Sie mit Ihrem Mobiltelephon unterwegs Verträge unterzeichnen? In welchen Lebenslagen reichen Ihnen die heute verfügbaren Methoden zur Unterzeichnung von Verträgen nicht aus? Wären Sie mit Lösungen zufrieden, die nicht global funktionieren, sondern vielmehr in einem beschränkten Gebiet oder mit einer beschränkten Anzahl von Anbietern? Sie als Endverbraucher werden entscheiden, welche Technologie verwirklicht werden wird.

Welche Vorteile versprechen digitale Signaturen auf dem Mobiltelephon? Diese Frage kann man in verschiedene Segmente aufteilen. Ein Segment umfasst alle Aspekte, die zu Ihrer Erwerbsarbeit gehören. Dieses Segment möchte ich direkt überspringen. Ein weiteres Segment umfasst Ihre Freizeit. Hier können wir sofort eine Reihe von Untersegmenten unterscheiden: finanzielle Dienstleistungen, Einkauf, Werbung, Informationsmanagement, Unterhaltung, Spiele und Telematik, beispielsweise die Verwaltung Ihres Hauses vom Mobiltelefon aus. Schauen wir uns einige Anwendungen des mobilen Dienstleistungsportfolios etwas genauer an. Dazu gehören mobile Bankgeschäfte, mobilen Aktiengeschäfte, mobiles Geld, mobile Bezahlvorgänge, mobile Sicherheitsdienstleistungen und in der ferneren Zukunft sogar Ihr mobile Gehalt.

Welche dieser Anwendungen ist Ihnen besonders wichtig? Shopping: mobile Tickets, mobile Auktionen, mobile Reservierung von Eintrittskarten, mobiler Verkauf. Informations Management: mobile Mitgliedschaften und Bonusprogramme, Ihre medizinische Datenlage, Ihr mobiler Pass und viele andere Dinge.

Wie viel Sicherheit wünschen Sie? Die Sicherheitsmechanismen sollten gewiss transparent sein, damit Sie diese vertrauen können. Die Sicherheitarchitektur muss robust sein. Sie muss mögliche menschliche Fehler berücksichtigen. Ein falsch registrierter Teilnehmer könnte beispielsweise bereits alle weiteren eingebauten Sicherheitsschranken umgehen. Sicherheitsanwendungen müssen benutzerfreundlich sein. Sicherheitsmechanismen müssen immer in Proportion zu dem Wert gestellt werden, der geschützt werden soll. Es muss geklärt werden, wer für mögliche Schäden haftet. Vor der Errichtung einer PKI müssen Sie die potentiellen Teilnehmer über digitale Signaturen und deren Funktionsweise unterrichten. Die Technologie muss von breiten Teilen der Bevölkerung angenommen werden. Vielleicht wird erst die kommende Generation diese Technologie wirklich zu nutzen wissen, weil sie mit ihr aufwächst und in der Schule erlernt.

Zum Thema Interoperabilität: Was möchte Ihr Sericeprovider? Möchte er sich eine individuelle Beziehung zu seinem Kunden erhalten, oder akzeptiert er einen interoperablen Service, der auf der ganzen Welt funktioniert? Was sind Ihre Präferenzen in dieser Hinsicht? Möchten Sie digitale Signaturen, die Sie überall einsetzen können, oder möchten Sie ein Sondersystem, das beispielsweise nur mit Ihrer Kreditkarte und mit Ihrer Bank funktioniert?

Zum Schluss möchte ich eine mobile Anwendung mit digitalen Signaturen zeigen, die Sonera SmartTrust in Finnland und Hongkong anbietet. Die Anwendung zeigt einen mobilen Aktienhandel, mit dem Sie beispielsweise 1000 Soneraaktien zum angezeigten Kurs von 15 US$ kaufen können. Dazu konfigurieren Sie für sich beispielsweise über das Internet ein Aktienportfolie mit Ihren persönlichen Handelslimits. Wenn eine Aktie Ihres Portfolios ein Limit erreicht, werden Sie mit einer Kurzmitteilung benachrichtigt und gefragt, ob Sie den zugehörigen Wert kaufen oder verkaufen möchten. Sie werden anschließend aufgefordert, den Auftrag zu unterschreiben, worauf Ihr Auftrag an Ihre Bank weitergeleitet und ausgeführt wird.

SmartTrust verwandelt Ihr Telefon in ein sicheres Endgerät für m-Commerce.

12 Technologie und Gesellschaft: Evolutionäre Perspektiven

Prof. Dr. Klaus Schrape
Prognos AG, Basel

1 Einleitung

(1) Die folgende Geschichte gilt weltweit als Metapher für das, was Paul Virilio als dromologische Revolution bezeichnet hat, aber auch für die Implikationen des digitalen globalen Kapitalismus.

> „Jeden Morgen wacht in Afrika eine Gazelle auf. Sie weiß, sie muss schneller laufen als der schnellste Löwe, um nicht gefressen zu werden. Jeden Morgen wacht in Afrika aber auch ein Löwe auf. Er weiß, er muss schneller als die langsamste Gazelle sein. Sonst würde er verhungern. – Eigentlich ist es egal, ob man Löwe oder Gazelle ist: Wenn die Sonne aufgeht – musst Du rennen!"

Überträgt man diese Metapher auf das aktuelle Verhältnis von wissenschaftlich-technischem Fortschritt und dem Wandel der gesellschaftlichen Institutionen, so liegt die Rollenbesetzung und das Ergebnis des Wettrennens scheinbar klar auf der Hand. Die Gazelle der Informations- und Kommunikationstechnologien gewinnt enorm an Beschleunigung, vermehrt und verbreitet sich rasant (in Form neuer Anwendungen) und steigert ihre Intelligenz. Die Institutionen-Löwen der Gesellschaft mit ihren veralteten Strukturen und langsamen Lernprozessen haben da nur wenig entgegenzusetzen.

Ich möchte in meinem Beitrag der Frage nachgehen, ob der Ausgang des Wettrennens tatsächlich so eindeutig ist.

(2) Die beiden Väter der Evolutionstheorie – Charles Darwin und Herbert Spencer – sind tot. Die Evolutionstheorie ist dagegen lebendiger denn je, obwohl auch sie in den vergangenen 100 Jahren mehrfach für überholt erklärt wurde. Woher kommt diese Aktualität? Vermutlich aus der mit wissenschaftlich-technischem Fortschritt verbundenen paradoxen Einsicht, dass die Menschheit selbst ein Produkt der natürlichen Evolution ist, zugleich aber als einzige Spezies auch imstande ist, ihr weiteres Schicksal selbst zu kontrollieren. Worauf basiert diese spezifische Eigenschaft? Bereits Darwin hat es erkannt: auf der menschlichen Fähigkeit zur symbolischen (sprachlichen) Kommunikation. Sie ist die entscheidende Voraus-

setzung für den Aufbau, die Vermittlung und die Transformation von immer komplexer werdenden soziokulturellen Strukturen.

(3) Heute haben wir allem Anschein nach einen Schwellenwert der gesellschaftlichen und wissenschaftlich-technischen Entwicklung überschritten, der uns einerseits von der natürlichen (biologischen) Evolution (weitgehend) unabhängig macht, uns andererseits aber auch zwingt, die Selektionsentscheidungen künftig selbst zu erbringen, zu verantworten und sozial wie kulturell zu stabilisieren (abzusichern). Zumindest dies hat die im letzten Jahr viel Aufsehen erregende Debatte zwischen Ray Kurzweil und Bill Joy deutlich gemacht. Dabei ging es um das schnelle Verschmelzen von Bio-, Nano- und Informationstechnologien und die Befürchtung, dass sich der Mensch selbst überflüssig mache und für die weitere Evolution nicht mehr nötig ist, wenn denkende Computer einmal die Leistungsfähigkeit des menschlichen Gehirns erreichen.

(4) Das heutige Tagungsthema „Leben in der e-Society" befasst sich mit der Vorstufe zu dieser evolutionären Schwelle, mit den „embedded systems" (eingebettete Systeme). Das Anwendungspotenzial dieser neuen Generation von vernetzten und „intelligenten" technischen Systemen gilt als nahezu unendlich, ist aber heute erst in allerersten Ansätzen ausgeschöpft. Technologische Visionäre gehen wie selbstverständlich davon aus, dass sich solche Systeme künftig in nahezu allen Lebensbereichen und Lebenslagen durchsetzen werden. Ich möchte in meinem Vortrag dagegen deutlich machen, dass die erfolgreiche Umsetzung derartiger Visionen alles andere als ein Selbstläufer ist. Sie ist abhängig von vielfältigen gesellschaftlichen und kulturellen Voraussetzungen, die sich erst noch entwickeln müssen. Um diese These zu begründen, gehe ich wie folgt vor:

- Zunächst gehe ich auf einige theoretische und historische Aspekte der Ko-Evolution von Kommunikationsmedien und Gesellschaft ein.

- Danach möchte ich eine aktuelle Vision zum Leben in Informationsgesellschaft vorstellen, die kürzlich von der IST Advisory Group (ISTAG) der EC vorgelegt wurde.

- Zum Abschluss geht es um die institutionellen Voraussetzungen, die geschaffen werden müssen, damit ein vertrauensvolles Zusammenleben von maschineller/ technischer und menschlicher Intelligenz gelingen kann.

2 Ko-Evolution von Kommunikationsmedien und Gesellschaft

(1) Spätestens seit der industriellen Revolution (mit Condorcet und Saint-Simon) ist das Spannungsverhältnis von „Technischem Fortschritt und gesellschaftlicher Entwicklung" zum Leitthema der gesellschaftlichen Evolutionstheorien geworden. Allen seither entworfenen Theorien – seien sie technologiegläubiger oder technologiekritischer Ausprägung – ist ein zentrales Problem gemeinsam: die Frage nach der Diskontinuität (Ungleichgewicht und Ungleichzeitigkeit) von wissenschaftlich-technischem Fortschritt einerseits und gesellschaftlich-kulturellem Wandel andererseits sowie die Suche nach Möglichkeiten, die unerwünschten Folgen dieses „cultural lag" zu beherrschen. Welche Folgen dabei als unerwünscht angesehen werden unterscheidet sich je nach Beobachterperspektive.

(2) Im Rückblick auf die Geschichte der Evolutions-, Modernisierungs- und Wandlungstheorien fällt auf, dass die zentrale Rolle und Bedeutung der Kommunikationsmedien für die gesellschaftliche Evolution meist nur am Rande thematisiert wurde. Das trifft auch für die zwischen 1950 und 1980 vorherrschenden Modernisierungstheorien zu. In deren dichotomischen Gegenüberstellungen von traditionellen und modernen Gesellschaften ist die Kommunikationsdimension nur eine von vielen anderen. Ausnahmen bestätigen die Regel. So hat beispielsweise Marshall McLuhan[1] in den 60er Jahren sein erst spät beachtetes Phasenmodell der kombinierten Medien-/Gesellschaftsentwicklung entworfen (Abb. 1). McLuhan geht davon aus, dass die historische Gesellschaftsentwicklung ganz entscheidend von dem Fortschritt der Kommunikationstechniken und der Institutionalisierung von darauf aufbauenden soziotechnischen Mediensystemen geprägt wurde. In Abhängigkeit von der jeweils dominanten Medienkultur verändere sich im Verlauf der Evolution auch die menschliche Wahrnehmung und Erfahrungswirklichkeit. Auch Niklas Luhmann hat seit den 70er Jahren immer wieder darauf hingewiesen, welche zentrale Bedeutung die Entwicklung der Kommunikationsmedien für die gesellschaftliche Evolution hat. Beide sind untrennbar miteinander verbunden.

(3) Um diesen Zusammenhang zu verdeutlichen, ein etwas längeres Zitat von Luhmann:

> „Ohne Kommunikation bilden sich (...) keine sozialen Systeme. Die Unwahrscheinlichkeiten des Kommunikationsprozesses [Erreichen, Verstehen, Erfolg] und die Art, wie sie überwunden werden, regeln deshalb den Aufbau sozialer Systeme. So kann man den Prozess der soziokulturellen Evolution

---

1. Marshall McLuhan: Die Gutenberg-Galaxis. Das Ende des Buchzeitalters. Düsseldorf-Wien: Econ 1968 und Die magischen Kanäle, Düsseldorf-Wien: Econ 1968.

begreifen als Umformung und Erweiterung der Chancen für aussichtsreiche Kommunikation, um die herum die Gesellschaft ihre sozialen Systeme bildet; und es liegt auf der Hand, dass dies nicht einfach ein Wachstumsprozess ist, sondern ein selektiver Prozess, der bestimmt, welche Arten sozialer Systeme möglich werden und was (...) ausgeschlossen wird."[2]

prognos

Abb. 1: McLuhans Phasenmodell der (Medien-)Geschichte

Epochen	dominante Medien	dominantes Sinnesorgan
1. Orale Stammeskultur	Sprache	Ohr (akustische Wahrnehmung)
2. Literale Manuskript-Kultur	Schrift	Synästhesie und Taktilität
3. Gutenberg-Galaxis (Nationalstaaten)	Buch (Druck)	Auge (Trennung Gefühl und Verstand)
4. Elektronisches Zeitalter (Global Village)	Elektrizität (elektronisches Netz)	alle Sinne aktiviert

Medien und Kommunikation

Das ist die systemtheoretische Version von McLuhans bekannter Aussage „The medium is the message". Mit anderen Worten: die Informations- und Kommunikationssysteme, die wir konstruieren, implementieren und nutzen, haben eine selektive Botschaft bzw. Wirkung für die weitere gesellschaftliche Evolution und jeden Menschen.

(4) Luhmann hat selbst kein Phasenmodell der bisherigen Ko-Evolution von Kommunikationsmedien und Gesellschaft ausgearbeitet. Nach Klaus Merten[3] könnte ein solches Modell folgendermassen aussehen (Abb. 2). Ähnlich wie bei McLuhan wird auch hier den Medieninnovationen eine zentrale Bedeutung für die gesellschaftliche Evolution zugeschrieben. Ferner wird deutlich, dass das Kommunikationssystem im Zuge der Evolution immer komplexer wird.

---

2. Niklas Luhmann: Soziologische Aufklärung 3, Opladen: Westdeutscher Verlag, 1981, S. 27.
3. Klaus Merten: Einführung in die Kommunikationswissenschaft Bd. 1, Münster 1999; LIT-Verlag, S. 201.

prognos

Abb. 2: Kommunikationstypen und Stufen der gesellschaftlichen Evolution (nach Klaus Merten)

Evolutionäre Voraussetzung	Kommunikationstypen	Gesellschaftstypen
Sprache	interaktive Kommunikation	archaische Stammesgesellschaften
Sprache Schrift	interaktive und non-interaktive Kommunikation	Hochkulturen
Sprache Schrift Massenmedien	interaktive, non-interaktive Kommunikation, Massenkommunikation	Industriegesellschaft
Sprache Schrift Medien Technik	interaktive, non-interaktive nicht-organisierte Kommunikation Medienkommunikation organisierte interaktive Kommunikation	Weltgesellschaft (Informations-/ Wissensgesellschaft)

Medien und Kommunikation

(5) Heute stehen wir nicht mehr am Anfang, sondern mitten drin im Übergang zu einer neuen Stufe der gesellschaftlichen Evolution. Sie wird wahlweise als Informations-/Wissens- oder Mediengesellschaft bezeichnet. Dabei ist bis jetzt noch recht unklar geblieben, wodurch sich diese neue Gesellschaftsform, die auch zweite Moderne genannt wird (Ulrich Beck) oder Postmoderne (Lyotard, Flusser etc.), von der ersten Moderne (bürgerliche Gesellschaft oder Industriegesellschaft) unterscheiden lässt.

Mit Moderne wird gemeinhin die ab Ende des Mittelalters sich entwickelnde bürgerliche Gesellschaft bezeichnet, in der das öffentliche Leben immer weniger durch den Bezug auf übernatürliche Autoritäten und Normen bestimmt ist, sondern durch rationale Organisations- und Lebensformen in allen gesellschaftlichen Teilbereichen, die sich nacheinander ausdifferenziert haben (Politik, Wirtschaft, Verwaltung, Wissenschaft etc.). Als zweites Bestimmungskriterium gilt der umfassende und auf immer weiteren Fortschritt ausgerichtete Einsatz von Technik als in Handlung umgesetzte Wissenschaft zur Organisation des öffentlichen und privaten Lebens, vor allem als Motor des wirtschaftlichen Fortschritts.

Rationale Organisationsformen und technologische und ökonomische Entwicklung waren und sind angesichts der steigenden Arbeitsteilung, Aufgaben- und Verfahrenskomplexität sowie wachsender Transaktionskosten, auf eine ständige Verbesserung der Informations- und Kommunikationssysteme zur Absicherung ihres weiteren Fortschritts angewiesen. Insofern ist die Entwicklung der Moderne

gleichbedeutend mit der Entwicklung von Informations- und Kommunikations-
ressourcen, die sie für ihre weitere Entfaltung benötigt.

In diesem Kontext handelt es sich bei der aufkommenden „Informations-
gesellschaft" zunächst lediglich um die Fortsetzung des bekannten Modernisie-
rungs-/Rationalisierungs- und Ökonomisierungsprozesses. Allerdings mit neuen
technologischen Mitteln, die es erlauben, nicht mehr nur physische menschliche
Arbeit und einfache Routinen menschlicher Informationsverarbeitung und
Kommunikation zu substituieren, sondern nun auch sehr viel komplexere
Anwendungen menschlicher Intelligenz. In letzter Konsequenz werden dadurch die
Informations- und Kommunikationssysteme, die ursprünglich zur Absicherung der
weiteren Entwicklung der Moderne dienten, nun zum entscheidenden
Bestimmungsmerkmal ihrer Zukunft.

In makroökonomischer Betrachtung ist davon auszugehen, dass der 5. Kondratieff-
Zyklus, der von den Basisinnovationen des ICT-Clusters getragen wird, noch eine
lange Zeit andauern wird (Moore'sches Gesetz).

Aus gesellschaftlicher Perspektive gibt es unterschiedliche Einschätzungen darüber,
welche Konsequenzen mit dieser Selbsttransformation der ersten Moderne in die
zweite Moderne (Beck) verknüpft sind und welche institutionellen Voraussetzungen
bzw. Absicherungen zu schaffen sind, damit dieser Übergang gelingt; die Gestaltung
eines Zusammenlebens von maschineller/technischer und menschlicher Intelligenz
ohne Vertrauenskrisen und ohne Verluste an informationeller Autonomie und
Urteilskraft.

Bevor ich auf diese Voraussetzungen zurückkomme, möchte ich kurz einige
Szenarien vorstellen, die kürzlich (Februar 2001) von der IST Advisory Group
(ISTAG) der Europäischen Kommission vorgelegt und vom Institut for Prospective
Technological Studies (IPTS, Sevilla) für die DG Information Society erarbeitet
wurden.

3   Aktuelle Visionen der „Ambient Intelligence"

(1) Ziel der Studie[4] ist es zu beschreiben, wie das Leben normaler Menschen
aussehen könnte, wenn sie in einem Umfeld agieren, in dem informations- und
kommunikations-technische Intelligenz nahezu überall eingebettet ist. Dafür wird
der Begriff „Ambient Intelligence" (AmI) geprägt. Es wird in 4 Szenarien eine
Vision der Informationsgesellschaft angeboten, in der den Menschen durch
intelligente Technik große Nutzerfreundlichkeit, effiziente Diensteangebote,

---

4. „Scenarios for Ambient Intelligence in 2010". Final Report compiled by K. Ducatel,
   M. Bogdanowicz, F. Scapolo, J. Leijten u. J.-C. Burgelmann; Februar 2001, JPTS-
   Seville; www.cordis.lu/ist/istag.htm

Nutzerbefähigung und Unterstützung menschlicher Interaktionen angeboten wird. Die Menschen sind überall von intelligenten intuitiven Interfaces umgeben, die in beliebige Objekte ihres Umfeldes eingebettet sind. Diese Interfaces sind untereinander und mit Hintergrundsystemen vernetzt und in der Lage, die Anwesenheit verschiedener Individuen wahrzunehmen und auf sie unterschiedlich, unauffällig, nicht-störend und oft unsichtbar zu reagieren.

(2) Die ausgearbeiteten vier Szenarien beschreiben unterschiedliche aber komplementäre Stoßrichtungen und Gestaltungspfade auf dem Weg zur „Ambient Intelligence" (Abb. 3), die sich auf zwei Dimensionen polar unterscheiden lassen. Erstens danach, ob auf der Anbieterseite eher die persönliche bzw. ökonomische Effizienz oder die soziale bzw. menschliche Zielorientierung im Vordergrund steht und zweitens ob auf der Nutzerseite eher gemeinschaftsbildende oder individualistische Motive den Ausschlag geben.

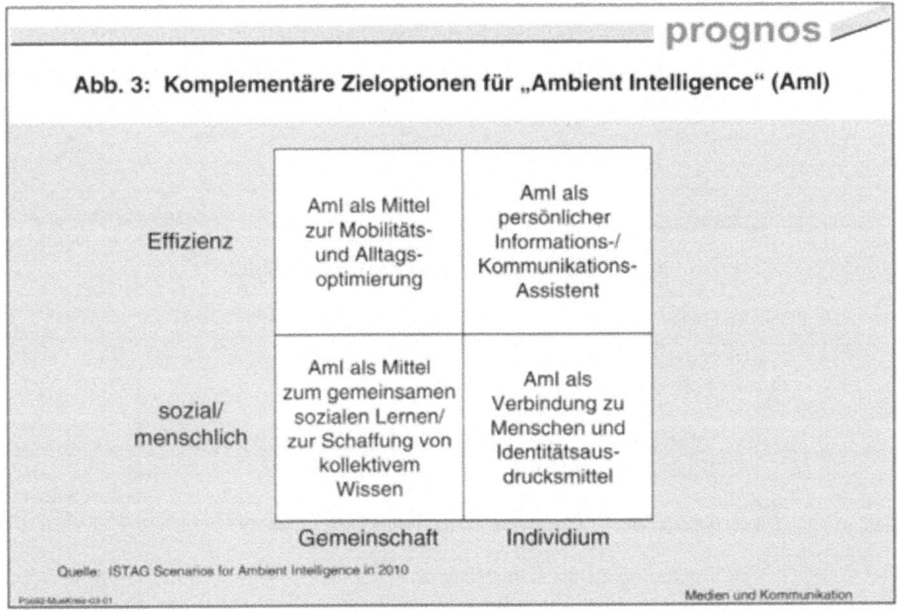

In den vier Szenarien wird beschrieben, wie „Ambient Intelligence" künftig eingesetzt werden könnte:

- als Mittel zur Mobilitäts- und Alltagsoptimierung

- als persönlicher Informations-/Kommunikationsassistent

- als Mittel zum sozialen Lernen und zur Teilhabe am kollektiven Wissen

- als Mittel für den Ausdruck einer eigenen Identität in der Verbindung zu anderen
  Menschen.

Auf die ausgearbeiteten Szenarien selber kann ich aus Platzgründen leider nicht
eingehen. Ich empfehle sie Ihnen aber zur Lektüre. Sie sind sehr anregend, machen
aber auch nachdenklich.

(3) Darüber hinaus hat sich die Studie auch damit befasst, welche Zukunfts-
technologien für die Umsetzung dieser visionären Szenarien noch zu entwickeln
sind und welche wirtschaftlichen, gesellschaftlichen und politischen Implikationen
sich aus der Vision der „Ambient Intelligence" ergeben.

Die Anforderungen an das, was die Technologien zu leisten haben, sind hoch
(Abb. 4) und nur mit viel F&E-Aufwand einzulösen. Gefordert ist eine sehr
unaufdringliche, fast unsichtbare Hardware, eine bruchlose Interoperabilität der
Kommunikationsinfrastruktur (insb. Festnetz und Mobilfunk), der ubiquitäre dezen-
trale Zugriff auf Datenbasen, intuitiv nutzbare „menschliche" Schnittstellen sowie
die Identifizierung und Authentifizierung der Kommunikationspartner und die
Sicherheit der Transaktionen.

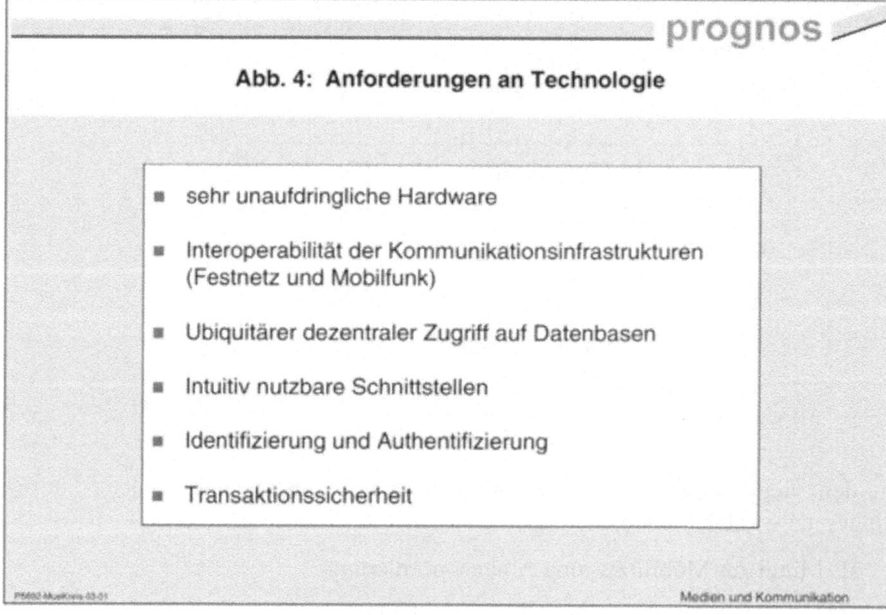

Unter soziopolitischen Gesichtspunkten ist es die größte Herausforderung, eine „Ambient Intelligence"-Landschaft zu kreieren, mit und in der es sich für normale Menschen leicht und gerne leben lässt. Auch für die soziale und organisatorische Gestaltung sind die genannten Anforderungen sehr hoch (Abb. 5). Intelligente Systeme müssen von normalen Menschen kontrollierbar sein, sie müssen menschliche Kontakte fördern, der Gemeinschaftsbildung und Kulturteilhabe dienen, das allgemeine und berufliche Wissen, die Arbeitsqualität, das Bürgerengagement und die Konsumentensouveränität verbessern sowie insgesamt auf Vertrauensbildung und langfristige Nachhaltigkeit ausgerichtet sein.

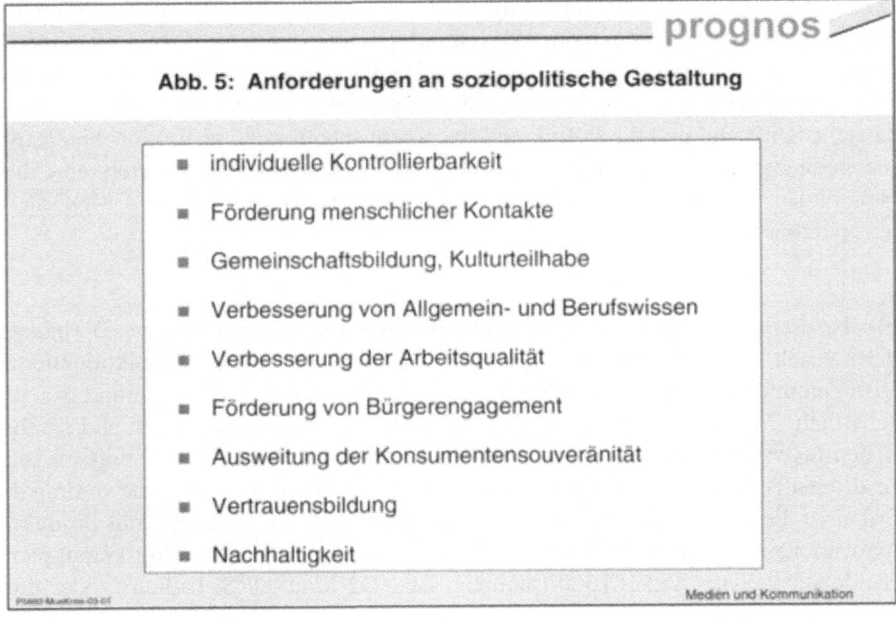

Dieser umfassende Anforderungs-/Zielkatalog für die soziale und politische Gestaltung gründet auf der Prämisse, dass diese Aspekte für die weitere Technologie- und Marktentwicklung immer wichtiger werden, je tiefer Technologien in das tägliche Leben und Arbeiten des Menschen eindringen. Daraus folgt, wenn sich „Ambient Intelligence" als künftiger Zielpfad der technologischen Entwicklung durchsetzen soll, muss diese Vision als positive Kraft für die weitere gesellschaftliche und politische Entwicklung Europas betrachtet und gestaltet werden. Nur dann wird „Ambient Intelligence" als neues Paradigma für IKT-Anwendungen auch zum Türöffner für kreative Unternehmen und neue, lukrative Geschäftsfelder.

4   Institutionelle Voraussetzungen der weiteren soziotechnischen Evolution

(1) Nach diesem Ausflug zu einer aktuellen Vision für das „Leben in der e-Society"
kehre ich zu meiner Kernfrage zurück. Welche institutionellen Voraussetzungen bzw.
Absicherungen sind erforderlich, um ein friktionsloses Zusammenleben von
maschineller/technischer Intelligenz und menschlicher Intelligenz zu gewährleisten?

(2) Warum ist diese Frage so zentral? Zunächst einmal ist daran zu erinnern, dass
evolutionäre Prozesse nur dann erfolgreich sein können, wenn drei evolutionäre
Mechanismen zusammenwirken: Variation/Innovation, Selektion und Retention/
Stabilisierung. Der wissenschaftlich-technische Fortschritt sorgt dafür, dass laufend
Innovationen erfolgen, der Marktmechanismus selektiert, welche davon durch-
setzungsfähig sind und die Politik und das Recht schaffen die institutionellen Rahmenbedingungen, die Planungs- und Erwartungssicherheit garantieren und die
Neuerungen mit den bestehenden Strukturen kompatibel und für die Menschen
akzeptierbar machen.

(3) Es ist keineswegs selbstverständlich, dass dieser evolutionäre Dreiklang
harmonisch verläuft, sondern eher unwahrscheinlich. Allein technikorientierte
Visionen und Prognosen schiessen häufig weit über das wirtschaftlich und gesell-
schaftlich „Machbare" hinaus. Sie führen leicht zu Fehleinschätzungen und erheb-
lichen unternehmerischen und politischen Risiken, die sich mit angebotsseitigen
Instrumenten allein nicht beherrschen lassen. Diese Erfahrung wird gerne verdrängt.
Dabei ist die jüngere Geschichte der Medientechnik reich gepflastert mit Produktinnovationen, die hoch gelobt wurden, sich aber am Markt als Flop entpuppten
(Bildplattenspieler, Video 2000/Datamax, Btx, D2-Mac, DRS, Iridium), oder mit
Entwicklungen, die nur mit gewaltigen Subventionen bzw. unfreiwilligen Investi-
tionen in den Markt gedrückt werden können (16:9 TV-Geräte, DAB, D-Box).

(4) Konrad Lorenz, der bekannte Verhaltensforscher hat für face-to-face-Situation
ein prägnantes Wortmodell entwickelt um zu zeigen, über welche Stufen Ver-
haltensänderungen ablaufen (Abb. 6). Es lautet: „Gesagt ist nicht gehört, gehört ist
nicht verstanden, verstanden ist nicht getan". Die Übertragung auf die Einführung
von medientechnischen Innovationen in die Gesellschaft könnte lauten: „Technik-
reife ist nicht Marktreife, Marktreife ist nicht Marktdiffusion, Marktdiffusion ist
nicht gleich Nutzungsdiffusion". Keiner dieser Übergänge ist trivial und jeder
erfordert Zeit für das Durchlaufen von Lernkurven auf der Angebots- wie auf der
Nachfrageseite.

prognos

Abb. 6: Stufen der Innovations-Diffusion

„face-to-face"-Situation	Neue Medien
■ Gesagt	■ Technikreife
≠	≠
■ Gehört	■ Marktreife
≠	≠
■ Verstanden	■ Marktdiffusion
≠	≠
■ Getan	■ Mediennutzung

Medien und Kommunikation

(5) Hinzu kommt, dass durch intelligente Informations- und Kommunikationssysteme neue Verunsicherungen erzeugt werden, die institutionell abgesichert werden müssen. Die Erwartung an ein technisches System ist, dass es funktioniert, und zwar in allen denkbaren Situationen, in denen es zum Einsatz kommt. Jeder von uns erfährt aber bereits heute laufend, dass diese Erwartung gelegentlich enttäuscht wird: im Alltag, wenn das Auto nicht anspringt, der Computer oder das Navigationssystem versagt oder aus den Nachrichten, wenn über Concorde- oder ICE- Unglücke und Virusattacken berichtet wird. Wir wissen also, dass Technik grundsätzlich imperfekt ist. Das hindert uns aber nicht, mit dieser durch Technik selbst „hergestellten Unsicherheit" (Giddens) zu leben. Wir könnten sie auch gar nicht grundsätzlich als Gesamtsystem in Frage stellen, sie gehört zu den unvermeidbaren Risiken der modernen Gesellschaft, mit denen wir nur verschieden umgehen können (fatalistisch, verdrängend, konstruktiv, kritisch-destruktiv). Lediglich aus einzelnen technischen Systemen (wie z.B. der Kernenergienutzung) lässt sich aussteigen, wenn sie ihren Vertrauenskredit verspielt haben. Ansonsten bleiben nur zwei Strategien: erstens der konstruktiv-technische Umgang mit den durch technische Imperfektion verursachten Nebenfolgen und zweitens die Institutionalisierung von Kontrollverfahren zur Vertrauensabsicherung. Beide Strategien können im Sinne von Ulrich Becks Verständnis der reflexiven Modernisierung zum Motor der weiteren gesellschaftlichen Evolution werden und eine Vielzahl neuer Produkte und Geschäftsfelder hervorbringen. Ich möchte mich zum Abschluss auf die Vertrauensbildung konzentrieren.

(6) Bereits heute haben wir unzählige Hinweise auf Verunsicherung oder sogar
Misstrauen gegenüber dem Einsatz von Informations- und Kommunikationssystemen (Abb. 7/1). Die Beispiele reichen von den unerklärlichen Systemabstürzen
beim Window-Betriebssystem bis zur Befürchtung der drohenden Informations-
verschmutzung oder (Abb. 7/2) von der Frustration beim gezielten Suchen im
Internet bis zum Misstrauen in die Leistung von Softwareagenten. Diese Liste liesse
sich beliebig verlängern.

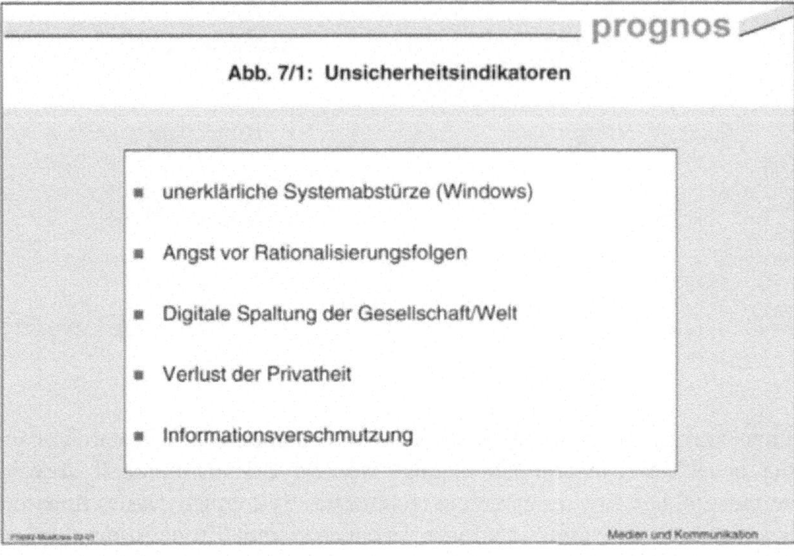

Grundsätzlich ist diese Verunsicherung des Einzelnen durch Technik nicht Neues. Um sie zu kompensieren genügte es lange Zeit, auf den Konsens der demokratischen Öffentlichkeit sowie auf die Richtigkeit der wissenschaftlichen Erkenntnisse zu verweisen. Beide Legitimationsformen funktionieren heute nicht mehr direkt. Die steigende Komplexität und Unübersichtlichkeit der Gesellschaft treibt die Verstehenshorizonte auseinander. Aus einer Öffentlichkeit werden fragmentierte und an Medien delegierte Öffentlichkeiten. Und auch die Kontrolle über die Richtigkeit der Wissenschaft und die Verlässlichkeit der Technik wird an Experten delegiert. Wir handeln mit den abstrakten und technischen Systemen also in einem Zustand weitgehend informationeller Unsicherheit, die wir nur durch Delegation an andere und Vertrauen in andere kompensieren können.

(7) Vertrauen in technische Systeme basiert nur sehr wenig auf explizitem Wissen, sondern auf einer Vielzahl von weichen Faktoren, die man in dem Begriff Erfahrung zusammenfassen kann. Vertrauensbildung ist ein zugleich komplexer und sensibler Vorgang. Ihr Erfolg ist nicht eindeutig von einem Faktor abhängig, sondern von einem Gemisch vieler sozialer, technischer und psychisch-emotionaler Faktoren. Vertrauen ist nicht leicht zu gewinnen und zu erhalten, aber leicht zu verlieren. Und Vertrauen ist auch deshalb eine sensible Ressource, weil es leicht missbraucht werden kann, ohne dass es sofort auffällt. Aber wenn sich Vertrauensenttäuschungen einstellen, kann sich rasch eine Eigendynamik entwickeln. Vertrauen ist grundsätzlich keine intellektuelle, sondern eine emotionale Leistung, eine Art moralischer Kredit.

(8) Vertrauensbildung für den Umgang mit abstrakten sozio-technischen Systemen von der Art der „Ambient Intelligence" hängt von einer Vielzahl von sozialen Faktoren ab (Abb. 8/1 und 8/2). Ich kann hier nur einige aufzählen, solche die oben bei den Unsicherheitsindikatoren noch nicht erwähnt wurden. Diese Liste von Einfluss-/Erfolgsfaktoren erfolgreicher Vertrauensbildung beschreibt zugleich den Umfang des Aufgabenkatalogs und der Herausforderungen, die wir zu bewältigen haben, wenn die gesamte erfahrbare Lebenswirklichkeit der Menschen mit elektronischen Prothesen angereichert werden soll.

(9) Welche Visionen haben wir eigentlich für eine derart gesteigerte technologie-induzierte Evolution unserer Gesellschaft? Ist es der Mensch als Prothesengott, wie Hephaistos der Schmied in der griechischen Mythologie, technisch kreativ, doch von den tanderen Göttern des Olymps verstossen? Oder ist es der Mensch als Mängelwesen, der seine anthropologischen Defizite, die im Zuge der Evolution immer deutlicher werden, durch immer neue technische Problemlösungen kompensiert und sich schlussendlich selbst überflüssig macht? Oder gibt es noch andere Visionen, z.B. der künstlerisch-kreative Mensch, der es immer wieder

vermag, das technologische Problemlösungspotenzial in nichtvorhersehbarer Weise
für ästhetische (kulturelle) und soziale Werte zu transzendieren?

prognos

Abb. 8/1: Faktoren der Vertrauensbildung

- positive Primärerfahrungen in der Kindheit

- Vermittlung positiver Einstellungen in der Primär- und
  Sekundärausbildung

- positive Berichterstattung durch die Medienöffentlichkeit

- Offenlegung des technischen Wissens

- Delegation an glaubwürdige Expertensysteme

- Erfahrungen mit den Personen in den Zugangspunkten
  zu den Systemen

Medien und Kommunikation

prognos

Abb. 8/2: Faktoren der Vertrauensbildung

- positiver Imagetransfer durch Personen mit hohem Ansehen
  (Stars)

- institutionalisierte Qualitäts- und Sicherheitskontrollen
  (Trust Center)

- öffentliche Feedback-Einrichtungen
  (z.B. Rating-Systeme)

- konstruktives Vertrauensmanagement

- Bildung von Vertrauensnetzwerken (Betreiber und Nutzer)

Medien und Kommunikation

(10) Um eine friktionsarme Ko-Evolution von intelligenten Informations- und Kommunikationssystemen, den Menschen als Bewusstseinsträger und den gesellschaftlichen Institutionen zu gewährleisten ist m.E. zweierlei dringend erforderlich: ein ganzheitliches Menschenbild, das auch die nicht-kognitiven und nicht-rationalen Dimensionen berücksichtigt und zweitens ein umfassender, breiter und dauerhafter gesellschaftlicher Diskurs darüber, wie gutes menschliches (Zusammen-)Leben in der künftigen Informations-/Wissens-Kommunikations- und Mediengesellschaft aussehen kann und soll. Vergessen wir nicht: noch sind wir es, die unsere Zukunft gestalten und nicht die Technik.

13 Vom ‚Couch Potato' zum Edutainment Individuum

Joachim Claus,
Deutsche Telekom AG, Bonn

Nach dem etwas nachdenklich stimmenden Vortrag von Herrn Professor Schrape fällt es mir schwer, Sie jetzt enthusiastisch zu stimmen. Ich hoffe, es wird mir gelingen.

Abb. 1

Vom ‚Couch Potato' zum Entertainment Individuum – hier möchte ich einfach in den Raum stellen, dass der Wandel von passiven Informationen nur konsumierenden Individuum sich ändert zu einem aktiv teilnehmenden Individuum auch im Wohnzimmer. Die Nutzung des bisher eher passiven Fernsehgerätes ist in der Zwischenzeit schon mit den heutigen noch relativ primitiven Technologien zu einem interaktiven Medium dadurch geworden, dass die entsprechenden Fernseh- und Rundfunkanstalten den Zuschauer oder den Zuhörer mit einbeziehen durch Talkshows, durch Rückkanäle, indem dass sie einfach sagen: bitte, rufen Sie uns an oder schicken Sie uns ein Fax oder senden Sie uns eine Email. Das heißt wir kommen vom bisherigen passiven informationskonsumierenden oder informationsaufnehmenden Individuum zunehmend zu einem Individuum, was aktiv an dem Austausch von Informationen teilnimmt und das wird auch im Wohnzimmer nicht halt machen. Wir werden beobachten, dass die Systeme immer weiter vernetzt werden, der Fernseher sich vernetzt über einen irgendwie gearteten Zugang zum Internet. Für meine Begriff wird hier sehr viel mit Technologien gearbeitet. Wir sollten die Zuschauer oder die Individuen aber viel mehr mit attraktiven Dienstleistungen gefangen nehmen und nicht mit Technologie überhäufen. Aber von der Technik her kommt natürlich diese Innovation. Die immer leistungsfähigeren technischen Systeme gestatten eben diese Vernetzung.

Gestatten Sie mir vielleicht einen Ausblick auf die kommende Cebit zu geben. Ich bin da kein Hellseher, aber ich stelle mal fest oder ich wage mal zu behaupten, dass die kommende Cebit, die in dieser Woche beginnen wird und vielleicht nach Abschluss der Cebit unter dem Motto stehen könnte „Blue Tooth", Information überall oder mobiles Internet oder mobile Internetdienste.

Abb. 2

Die Informations- und Kommunikationsmedien werden uns in allen Bereichen begegnen. Informations- und Kommunikationsmedien werden sowohl im Freizeitbereich als auch im Berufsleben uns begleiten. Viele von Ihnen, so wie ich selber, können heute ohne diese „Schlepptops" schon gar nicht mehr leben. Wo man ist möchte man Zugang zu seiner Mailbox haben und möchte mit dem Kollegen, dem Vorgesetzten, den Nachgeordneten verbunden sein, um seinen entsprechenden alltäglichen Geschäften nachzugehen. Mit dem Wandel dieser sehr alltäglichen

Mediennutzung bedingt dies allerdings auch, dass die Leistungsmerkmale dieser Systeme deutlich verbessert werden. Das haben wir eben in dem vorigen Vortrag auch gehört. Was sind die Erfolgsfaktoren, die wir realisieren müssen. Diese neuen Technologien, die uns hier zur Verfügung stehen, werden auch Änderungen im sozialen Umfeld unbedingt nach sich ziehen. Ich möchte hier nur ein Beispiel nennen. Wenn wir heute an junge Menschen denken, Schüler im sehr jugendlichen Alter. Dieses Beispiel sind etwa die SMS-Nachrichten, die einen enormen Aufschwung genommen haben. Wenn Sie heute die Kids beobachten, die aus der Schule kommen, die sitzen in der Straßenbahn oder in der U-Bahn oder gehen auf der Straße und sind ständig am Drücken. Das, was gestern der Gameboy war, ist heute das Mobiltelefon und das Zusenden von SMS-Nachrichten, sei es für Verabredungen, für kurze Hinweise, für Informationen.

Interaktive Dienste werden in den Alltag einziehen und Herr Prof. Schrape hat als eines der Erfolgsfaktoren hier genannt den positiven Umgang in der Kindheit. Ich glaube, wenn man unsere Kindern heute betrachtet, dann kann man feststellen, dass wahrscheinlich unsere Jugend hier in Mitteleuropa mit diesen Innovationen mindestens eine positive Erfahrung macht. So hoffe ich, dass wir dann in Zukunft Herr Prof. Schrape, wenigstens einen Faktor haben, der schon einmal positiv aussieht. Ob wir die anderen auch alle positiv gestalten, hängt vieles von uns selber ab.

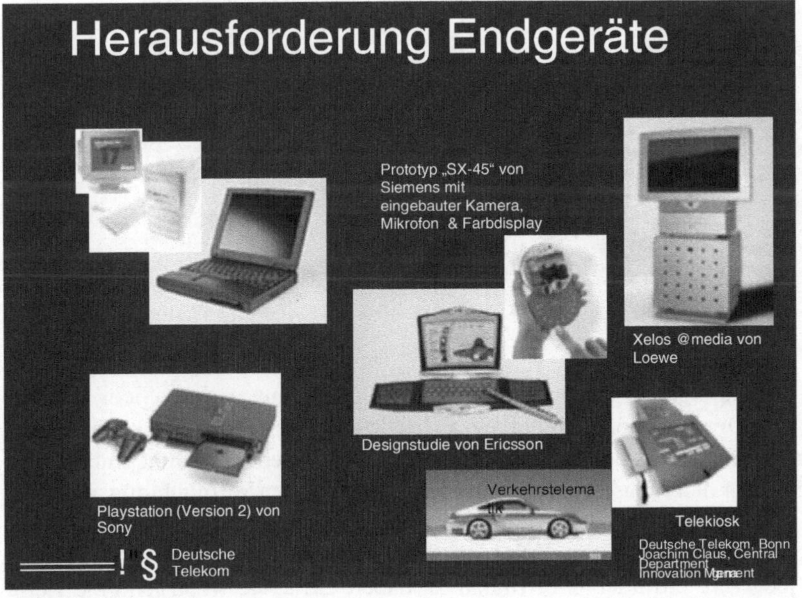

Abb. 3

Die Systeme, um vom ‚Coach Potato' weg zu einem Edutainment-Experten zu werden, erfordern, dass eben die Systeme interaktiv werden, dass die Systeme nutzungsfreundlicher werden, dass wir Schnittstellen zwischen den technischen Systemen und dem Individuum, dem Menschen, so gestalten, dass man sehr viel natürlicher mit diesen Dingen umgehen kann. Dazu gehören dann Technologien wie etwa die Spracherkennung und Technologien wie zukünftig etwa auch Gestikerkennung, Gesichtserkennung usw., damit mein TV-Gerät, wenn ich nach Hause komme, mich gleich entsprechend begrüßt sowie es adäquat wäre, dass es sagt: „Lieber Joachim, in deiner Mailbox liegt gerade etwas, aber du hast jetzt, nachdem du gerade aus dem Büro kommst, wahrscheinlich sowieso etwas ganz anderes vor, ich schicke dir gerade mal hier die letzten Informationen über die Golfergebnisse von Tiger Woods."

Sie sehen, hier müssen wir auch zu neuen Technologien übergehen.

Abb. 4

Moderne Technologien verändern unsere Welt. Diese aus meiner Sicht in zwei wesentlichen Dimensionen, einmal, was den Mensch in seiner häuslichen oder Freizeitumgebung angeht in Richtung Verbesserung der Lebensqualität und was das Individuum oder den Mensch in Richtung seiner beruflichen Verpflichtung angeht in Richtung Produktivitätsverbesserung. Im Bereich der Lebensqualität ist es im Wesentlichen die Möglichkeit, Informationen, die man für sein privates Umfeld benötigt, jederzeit und überall verfügbar zu haben. So etwa, wenn ich eine Reise buche oder vorsehe, dass ich mich meiner Gattin verreise, dass ich mir vielleicht schon anschauen kann, welche besonderen Sehenswürdigkeiten werden an dem jeweiligen Urlaubsort geboten. Das kann ich natürlich auch aus dem Baedeker herauslesen, aber es ist vielleicht viel einfacher, dieses aus dem Internet herauszulesen, um gleich festzustellen, welche konkreten Touren werden denn etwa angeboten zu diesen vielleicht historischen Städten, die man besuchen möchte. Welche Ausflüge sind möglich usw.?

Auf der Seite der Produktivität haben wir von Herrn Prof. Schrape schon einiges gehört. Wir haben mit der Möglichkeit des schnellen Zugangs zu Informationen jeglicher Art heute eine Möglichkeit geschaffen, dass Entscheidungen im Businessbereich schneller getroffen werden können, dass sie qualifizierter getroffen werden können, dass sie begründbarer sind und, was auf der anderen Seite für den Konsumenten natürlich auch gilt, der Konsument ist durch diese Technologien heute wesentlich besser informiert als dies in der Vergangenheit der Fall war, d.h. auch in unserem Geschäftsleben müssen wir darauf Rücksicht nehmen, dass unsere Kunden ein besseres Know How mitbringen.

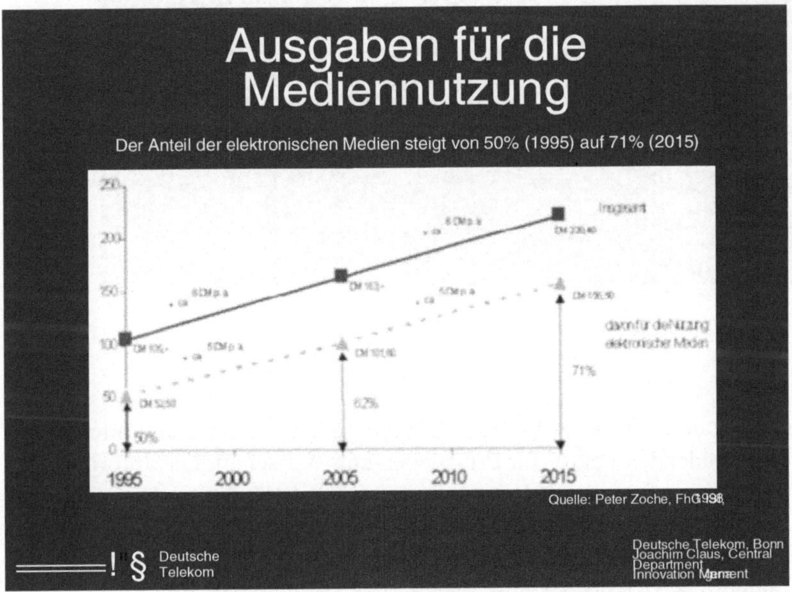

Abb. 5

Der Anteil der elektronischen Mediennutzungen hat sich in den vergangenen Jahren deutlich vergrößert. In einer Studie des Dr. Zoche von der Fraunhofer Gesellschaft in Karlsruhe ist das mal langfristig ermittelt worden. So hat also der normale

Konsument im Jahr 95 etwa 100 DM pro Jahr ausgegeben für Mediennutzung und
dieses steigt jährlich mit etwa 6 DM pro Jahr an, d.h. im Jahr 2000 liegen wir etwa
mit 130 Mark und man rechnet mit 2005 etwa 163 Mark ansteigend bis auf ca.
230 DM und dann natürlich in Euro ausgedrückt, weil wir bis dahin natürlich weg
sind von der DM. Davon ein Anteil der elektronischen Medien etwa 50% im Jahr
1995 ansteigend auf ca. 62% im Jahr 2005 und gar 71% im Jahr 2015, d.h. der Anteil
der Nutzung elektronischer Medien steigt deutlich an.

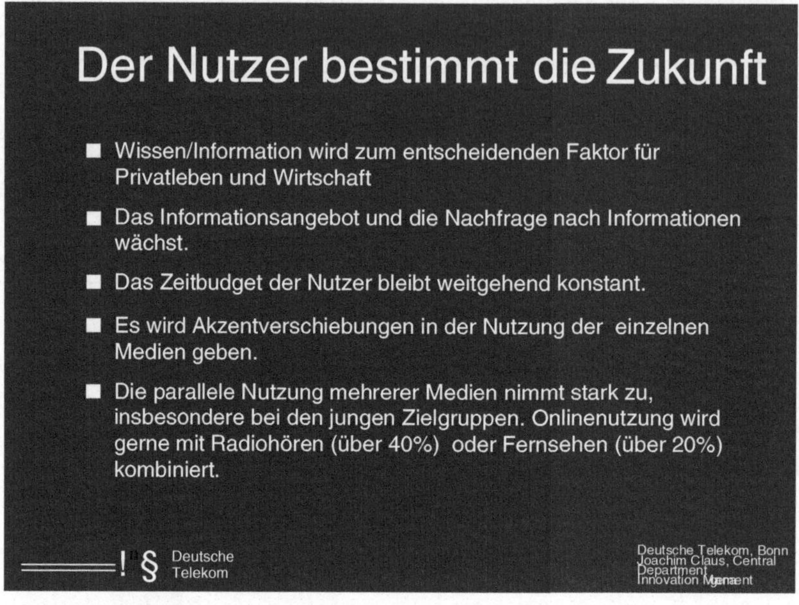

Abb. 6

Hierbei bestimmt der Nutzer im Wesentlichen die Zukunft. Wissen und Information
wird zum entscheidenden Faktor für Privatleben und Wirtschaft. Das Informationsangebot und die Nachfrage nach Informationen wächst ständig, insbesondere das
Angebot. Das Zeitbudget, und das ist vielleicht eines der kritischen Punkte, der
Nutzer bleibt weitgehend konstant. Der Tag hat 24 Stunden. Das lässt sich heute
noch nicht ändern. Der Nutzer selbst, wenn er denn in seinen Bemühungen, die
vielfältige Information für sich persönlich nutzbar zu machen, ist auf bestimmte
Zeiten beschränkt. Es wird eine Akzeptanzverschiebung in der Nutzung der
einzelnen Medien geben. Ich werde darauf noch kurz eingehen. Vieles werden wir
beobachten, dass sich parallele Nutzung mehrerer Medien ergeben, also nicht nur
unisono das TV-Gerät oder das Rundfunkgerät oder der PC, sondern dass hier
insbesondere auch eine Parallelnutzung auftreten wird.

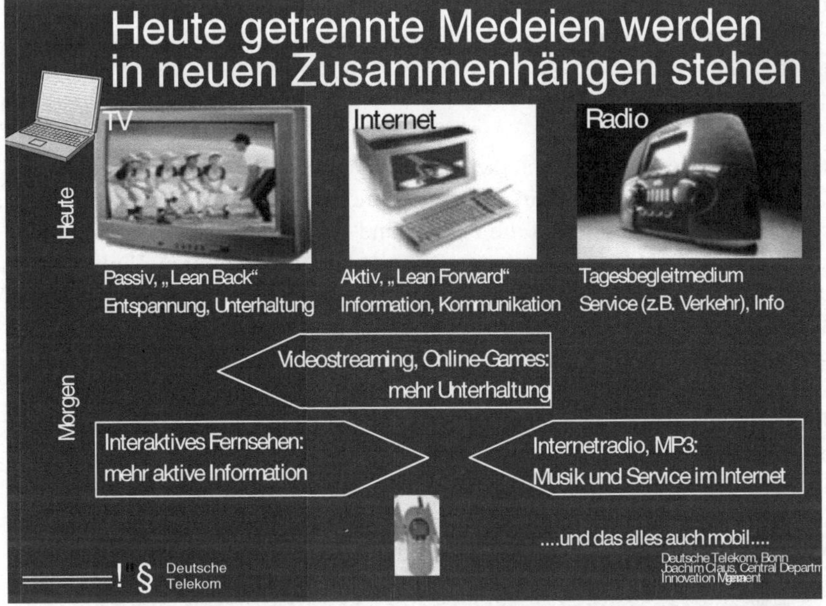

Abb. 7

An diesem Bild möchte ich das etwas verdeutlichen. Wenn wir in der Vergangenheit
bis heute noch das TV-Gerät als das passive Leanback oder Entspannungs- und
Unterhaltungsgerät haben, dass wir den PC als das aktive Gerät bezeichnen, an das
ich mich aktiv ransetze, um dann bestimmte Informationen etwa aus dem Netz
herauszuholen oder in das Netz abzulegen. Oder das traditionelle Medium Rundfunk
als Hintergrundinformationsinstrument sehe, dann wird sich das in der Zukunft
deutlich verschieben durch die Angebote, und zwar bedingt durch technologischen
Fortschritt sind diese Angebote möglich, d.h. im Internet ist Videostreaming
möglich. Über das Internet können wir Musik herunterladen. Das Thema MP3 oder
Napster ist Ihnen in den letzten Wochen und Monaten sicherlich mehrfach in der
Presse begegnet. Die Kids haben ihre MP 3 Files heute abgespeichert auf dem
Walkman und die Firma Siemens hat mit ihrem SL45 einen Riesenerfolg gelandet.
Das Endgerät oder das Handy, mit dem man sich gleichzeitig MP3 Files runterladen
kann.

Das Fernsehen auf der anderen Seite wird interaktiv werden. Es wird ein vernetztes
Medium. Es wird Informationen über das Internet mit einbeziehen, so dass ich
während einer Rundfunksendung jederzeit auch auf Hintergrundinformationen
zurückgreifen kann. Umgekehrt die Rundfunkanstalten natürlich auch über ihre
Sendungen sofort ein Feedback erhalten. Was denkt der Zuschauer über bestimmt
Sendungen und was man hier nicht vergessen darf, die Medien, die Werbewirtschaft

hat natürlich ein riesiges Interesse zu wissen, wie kommen ihre eigenen Produkte, ihre Produktdarstellungen an und wie kann damit ein sehr viel direkteres Marketing aufgebaut werden?

Die Nutzergruppen legen dabei unterschiedliche Schwerpunkte. Wir können heute bereits feststellen, dass man im Grunde genommen nicht mehr die Nutzergruppen klassifizieren kann nach: hier sind die Kinder und Jugendlichen, dort sind Schüler und Studenten, dort sind die Berufstätigen mit einem bestimmten Einkommen, Berufstätige mit höheren Einkommen usw., sondern wir müssen heute, wenn wir in der Informations-, Medien- und Kommunikationsindustrie tätig sind andere Nutzergruppencluster bilden, und wir gehen dann so vor, dass wir die Nutzer klassifizieren in diejenigen, die sozusagen passive Nutzer sind. Das ist das eine Ende, dass sind sozusagen die „Coach Potatos" und am anderen Ende sind das dann die Informationshungrigen Edutainment-User.

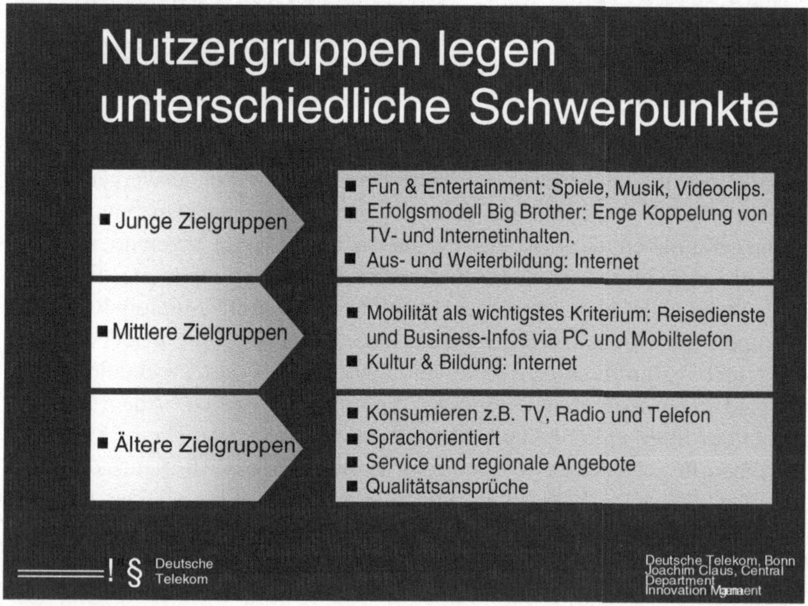

Abb. 8

Dennoch kann man feststellen, dass in Bezug auf die Alterstruktur sich bestimmte Schwerpunkte herausbilden. So sind es insbesondere die jungen Zielgruppen, die sich für Entertainment, Fun, Spiele, Musik, Videoclips interessieren. Hier: Erfolgsmodelle etwa wie Big Brother, wozu man stehen kann wie man will. Aber es ist ein Erfolg gewesen, mindestens in den jüngeren Kreisen. Wir haben hier eben

eine enge Kopplung von TV, von Entertainment, von Inhalten und was man auch
nicht vergessen darf, Aus- und Weiterbildung. Hier spielt das Internet auch bei der
jungen Zielgruppe eine sehr wesentliche Rolle.

Wenn man in die Zielgruppe der mittleren Lebensalterschichten schaut, dann ist hier
ein ganz wesentliches Kriterium Zugang zu Inhalten und der Mobilität, also auch auf
Reisen die Informationen über Geschäfte zu erhalten ist von großer Bedeutung. Das
Mobiltelefon als Synonym für Information everywhere. Natürlich auch hier Internet,
und zwar insbesondere dann, wenn es um Bildung, Weiterbildung, aber auch um
Fragen von Kultur geht. Bei älteren Menschen spielen die Neuen Medien eine etwas
untergeordnete Rolle. Hier steht nach wie vor das Unterhaltungsprogramm TV und
Radio, aber auch das gute alte Telefon im Vordergrund. Es ist vieles sprachorientiert.
Es sind hier insbesondere Service und regionale Angebote für ältere Menschen von
großer Bedeutung und – das ist wichtig – die Geräte, die man für ältere Menschen
anbietet, müssen den entsprechenden Ansprüchen dieser älteren Menschen genügen.
Sie müssen sich leicht bedienen lassen. Sie dürfen nicht zu kleine Tasten haben, so
dass der Nutzer immer erst seine Lesebrille und dann möglicherweise noch die
Bedienungsanleitung suchen muss.

Dies gibt insgesamt eine starke Herausforderung für die Gestaltung der Endgeräte.
Wir werden auch in Zukunft den Fernseher als wahrscheinlich eines der beliebtesten
Unterhaltungsmedien sehen oder wir sehen dies so. Wir sehen den alleinstehenden
PC nach wie vor als das Schwerpunktendgerät für die geschäftliche Anwendung. Es
werden sich aber daneben sehr viele neue Anwendungs- oder Endgeräte herausstel-
len, etwa persönliche digitale Agenten oder Assistents, also PDAs, Smart Phones,
eben weiterentwickelte Mobiltelefone, mit denen es möglich ist, auf vielerlei Art
dann Zugang zu den verschiedenen Informationsangeboten zu erhalten.

Im Bereich der Mobilität, der Verkehrstelematik werden wir dramatische Änderungen vor uns sehen. Das, was wir heute beobachten mit dem Navigationsgerät ist
erst der Anfang. Glauben Sie mir, in fünf Jahren werden sich unsere Autos unter-
halten, nämlich Informationen untereinander austauschen, d.h. wenn ich mich auf
der Autobahn in der einen Richtung bewege und es kommt mir ein Fahrzeug
entgegen, dann wird das meinem Auto sagen, pass auf, in zwei Kilometern ist ein
Unfall, fahr mal jetzt schon etwas langsamer. Und das geht dann alles vollauto-
matisch.

Für die Jugendlichen werden selbstverständlich nach wie vor Spiele einen hohen
Stellenwert haben. Sony's Play Station 2 ist ausverkauft.

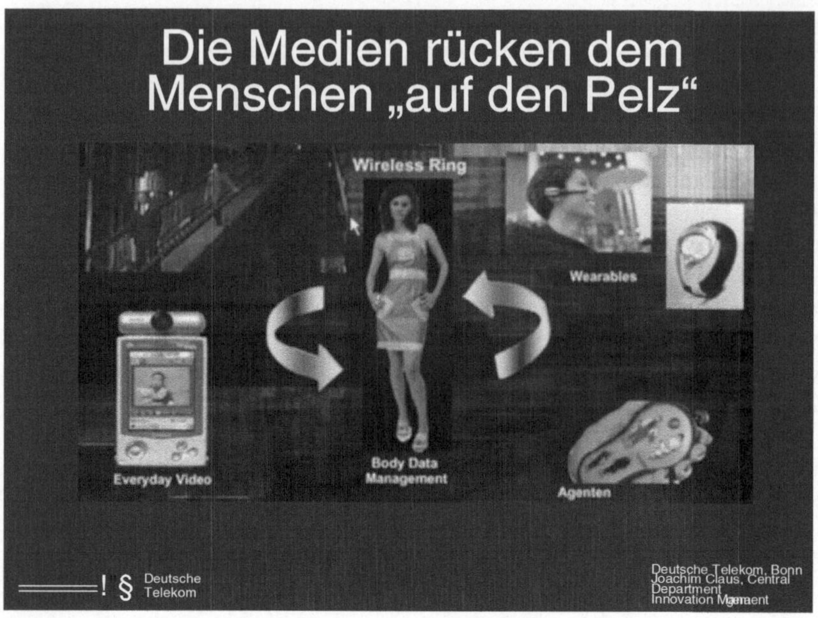

Abb. 9

„Die Medien rücken dem Menschen auf den Pelz", so habe ich das hier mal dargestellt. Sie sehen hier oben rechts sogenannte Wearables oder ein Mikrofon und einen Hörer, eine typische Anwendung für Blue Tooth. Das Mobilfunkterminal, das Handy, bleibt im Aktenkoffer oder in der Hosentasche und ich kann dennoch mit meinem Kommunikationspartner sprechen. Ich werde vielleicht eine Armbanduhr haben, die mit dem Netz verbunden ist oder unten links ein PDA mit Videobild und Videokamera, der es mit erlaubt, aktuelle Informationen abzurufen oder auch Videokonferenzen von unterwegs abzuhalten. Sie haben an mir selber schon gemerkt, dass in der einen Seite das Telefon klingelt, während ich in der anderen Tasche mein PDA steckt oder ich hier auch meinen PC mitgebracht habe, auf dem meine Notizen für diesen Vortrag stehen. Ich habe dann hier noch meine digitale Kamera, damit ich nachher gleich die Bilder von dieser Veranstaltung hier in mein Büro senden kann. Dies ist alles wunderschön, nur ich möchte hier einschränkend sagen, was mich hier besonders ärgert an allen diesen wunderschönen elektronischen Geräten, sind in meinem Aktenkoffer die vielen Ladegeräte und Akkus, die ich da mitschleppen muss. Da bleibt also der herstellenden Industrie noch einiges zu tun, und ich glaube, wer hier einen kleinen und noch leistungsfähigen Akku herstellt, der wird einen riesigen Markterfolg haben.

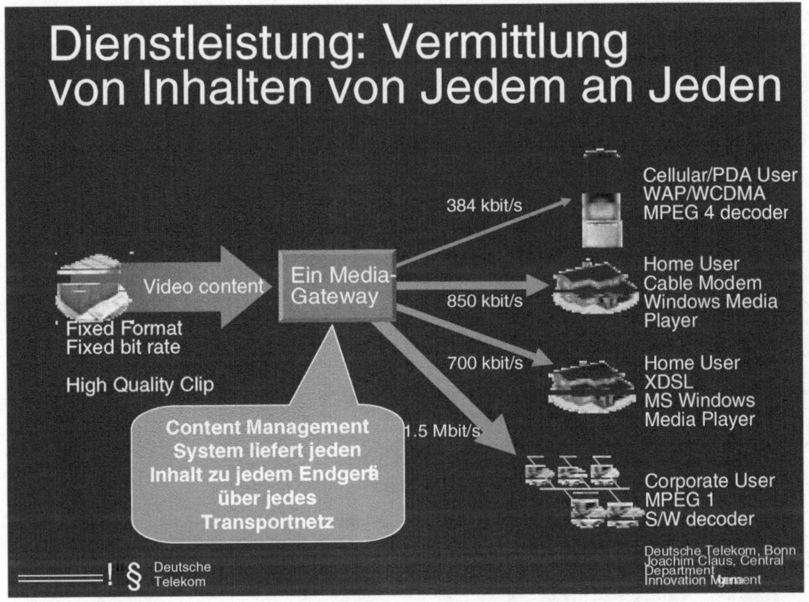

Abb. 10

Dienstleistungen für uns als Deutsche Telekom und Unternehmen, was sich diesen verschiedenen Märkten wie Telekommunikationstechnik, Informationstechnik, Medien und Unterhaltungstechnik, aber auch der Sicherheit in all diesen Bereichen verschrieben hat. Eine der Dienstleistungen ist hier, dass wir Informationen jeglicher Art bereitstellen wollen. Im linken Teil dieses Bildes ist hier dargestellt ein Inhalte-, ein Content-Center oder das wird Video, Audio, Information sein, ein hochqualitatives Informationszentrum. Wir stellen uns vor, dass es eine Art Mediagateway-System geben wird, das ein intelligentes Inhaltemanagement, Contentmanagement, vorsieht und dieses Mediagateway wird dann in der Lage sein, die Informationen so aufzubereiten, dass sie über die verschiedensten Wege, sei es über cellulare Mobilfunksysteme, sei es über Kabel-TV oder Kabel-Modem, sei es über DSL-Anwendungen, über TDSL zu unseren Wohnungen oder sei es für den Businessuser über Glasfaser oder Hochgeschwindigkeitspipelineverbindungen, in die entsprechenden Endgeräte verteilt werden. Diese Informationen werden mediengerecht oder gerätegerecht aufbereitet, so dass sie dann unmittelbar dem Konsumenten am Ende zur Verfügung stehen.

Als Schlusswort möchte ich von meiner Seite sagen: Ich sehe der technischen Gestaltung hier mit großem Vertrauen entgegen. Ich bin sicher, dass wir die andiskutierten sozialen Probleme, die sich mit der Wandlung in die Informations-gesellschaft ergeben werden, lösen, dass wir in der Lage sind, diese zu lösen. Und

dass wir mit der aktiven Nutzung der Möglichkeiten, die in dieser Wissensgesellschaft stecken, eine riesige Chance haben und ich wage zu behaupten, dass wir
in Mitteleuropa durch unsere verschiedensten Kulturen, die hier aufeinander treffen,
also Südeuropa bis Nordeuropa, West- bis Osteuropa, das wir hier eine hervor-
ragende Chance haben. Lassen Sie es uns nutzen.

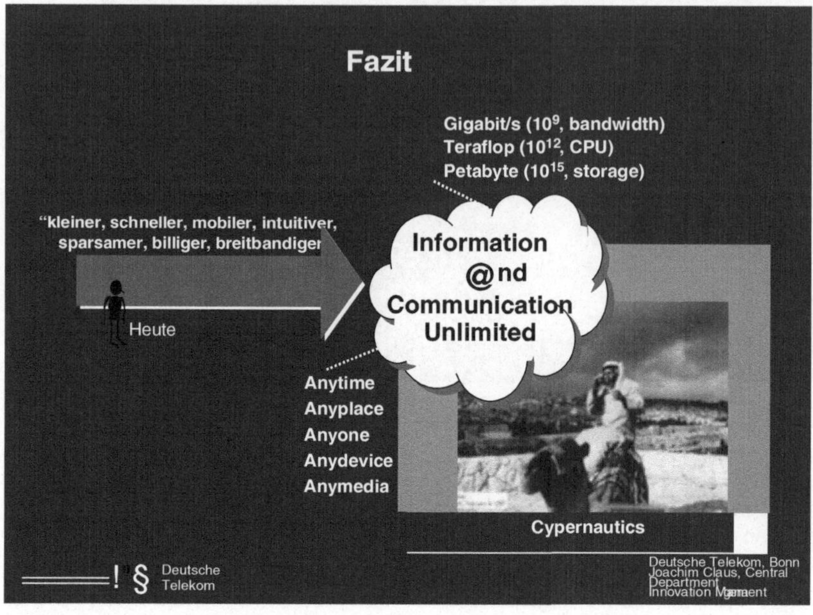

Abb. 11

14 E-communities: Soziale Identifikation mit virtuellen Gemeinschaften

Dr. Sonja Utz,
Vrije Universiteit Amsterdam

Mindestens 40 Millionen Menschen sind weltweit bereits Mitglied einer e-community (Giesen; 2000). Laut der ARD/ZDF-Online-Studie 2000 nutzen 24% der deutschen Internetnutzer mindestens einmal wöchentlich Gesprächsforen, Newsgroups oder Chats. Weitere sieben Prozent beteiligen sich an Multi-user-Spielen (van Eimeren & Gerhard, 2000). Was fasziniert Menschen an diesen e-communities, an virtuellen Gemeinschaften? Was genau verbirgt sich hinter diesem Begriff? Handelt es sich dabei tatsächlich um Gemeinschaften, d.h. existiert eine Bindung an das entsprechende Online-Forum?

Diese Fragen stehen im Mittelpunkt dieses Beitrags. Zuerst wird eine sozial-psychologisch geprägte Arbeitsdefinition virtueller Gemeinschaften vorgestellt. Es folgt ein Überblick über verschiedene Formen von Online-Diensten, in denen theoretisch virtuelle Gemeinschaften entstehen können. Dann wird der Frage nachgegangen, ob bzw. wann es sich bei e-communities tatsächlich um Gemeinschaften handelt, und durch welche Faktoren die Bindung an diese Gemeinschaften beeinflußt wird. Welche Konsequenzen die Partizipation in virtuellen Gemeinschaften für Individuum und Gesellschaft hat, wird ebenfalls aufgezeigt. Der Beitrag schließt mit einer Prognose der zukünftigen Entwicklungen.

Virtuelle Gemeinschaften – Definition und Formen

Nach Fernback und Thompson (1995) sind virtuelle Gemeinschaften „social relationships forged in cyberspace through repeated contact within a specific boundary or place (e.g. a conference or a chat line) that is symbolically delineated by topic of interest." Virtuelle Gemeinschaften sind im Gegensatz zu traditionalen Gemeinschaften wie der Dorfgemeinschaft nicht an einem bestimmten geographi-schen Ort festzumachen. Es handelt sich vielmehr um Interessengemeinschaften, d.h. das gemeinsame Interesse bestimmt die Mitgliedschaft. Damit sind die Grenzen virtueller Gemeinschaften weniger scharf gezogen als die traditionaler Gemein-schaften. Dennoch entstehen sie nicht vage irgendwo im Cyberspace, sondern innerhalb eines bestimmten Forums, z.B. einer Newsgroup oder einem Chat. Nicht jeder Chat ist aber automatisch eine virtuelle Gemeinschaft. Ein weiteres Definitionsmerkmal muß hinzukommen: die Existenz sozialer Beziehungen.

Bevor darauf eingegangen wird, wie bei computervermittelter Kommunikation (cvK) soziale Beziehungen entstehen können, werden kurz die zentralen Kennzeichen von cvK sowie die häufigsten Online-Dienste und damit die virtuellen Orte, an denen potentiell virtuelle Gemeinschaften entstehen können, beschrieben.

Allen Online-Diensten ist gemeinsam, dass die Kommunikation in ihnen computervermittelt erfolgt. CvK ermöglicht es Menschen, von überall in der Welt miteinander zu kommunizieren. Auch Menschen mit sehr ausgefallenen und seltenen Interessen haben so eine Möglichkeit, Gleichgesinnte zu treffen. Der Vorteil der Überwindung räumlicher Grenzen geht mit einem weiteren Kennzeichen cvK einher: der Anonymität.

In textbasierter cvK fehlen zunächst sämtliche nonverbalen Informationen, da nur der eingetippte Text übertragen wird. Technisch ist zwar auch die Übermittlung von Ton und Bild möglich, der Großteil der cvK ist jedoch nach wie vor rein textbasiert. Geschlecht, Altersgruppe oder Kleidung des Kommunikationspartners sind nicht ersichtlich, aber auch prozessuale Informationen wie Mimik, Gestik oder Tonfall fallen weg. Die frühe cvK-Forschung (z.B. das reduced social cues-Modell; Kiesler, Siegel & McGuire, 1984) betrachtete textbasierte cvK daher als unpersönlich, sachlich und aufgabenorientiert. Neuere Forschung zeigt, dass der Mangel an nonverbalen Kontextinformationen von den Nutzern durch den Einsatz von Kommunikationsstrategien wie Smileys oder Emoticons kompensiert werden kann (Walther, 1992, 1996; Utz, 2000).

Dass für viele Nutzer die Vorteile von cvK die Beschränkungen des Mediums aufwiegen, zeigt sich an der Vielzahl von Online-Diensten, die in den letzten Jahrzehnten entstanden sind. Diese können in Online-Dienste mit zeitversetzter (asynchroner) oder zeitgleicher (synchroner) cvK unterschieden werden. Bei zeitversetzter cvK müssen die Teilnehmer nicht gleichzeitig in das System eingeloggt sein. Eine Email beispielsweise kann man sofort lesen, aber auch Stunden, Tage oder gar Wochen später. Zeitversetzte Kommunikation bietet sich daher bei Kommunikation über verschiedene Zeitzonen hinweg an. Die Teilnehmer haben viel Zeit, um ihre Botschaften zu formulieren und sich in gewünschter Weise darzustellen (selektive Selbstpräsentation; Walther, 1996).

Bei zeitgleicher cvK müssen die Kommunikationspartner gleichzeitig eingeloggt sein. Die Nachrichten erscheinen nach Sekundenbruchteilen, also nahezu zeitgleich mit dem Tippen, auf dem Bildschirm der Kommunikationspartner. Der Kommunikationsverlauf ähnelt demnach dem in einem Gespräch. Die Inhalte sind flüchtig, scrollen schnell aus dem Bildschirm und werden in der Regel auch nicht gespeichert. Wer den Blick vom Bildschirm löst, verpaßt, was die anderen Teilnehmer in dieser Zeit tippen.

Im folgenden werden ausgewählte asynchrone und synchrone Online-Dienste kurz charakterisiert (vgl. Tabelle 1). Für eine ausführlichere Darstellung siehe Krol (1995) oder Schade (1997).

Tabelle 1: Online-Dienste, in denen virtuelle Gemeinschaften entstehen können

• **Zeitversetzte Kommunikation**	• **Zeitgleiche Kommunikation**
• Newsgroups	• Chats
• Mailinglisten	• MUDs (multi-user dungeons)
• e-communities im WWW	

Newsgroups

Newsgroups gab es schon, bevor verschiedene Teilnetze zu dem, was heute gemeinhin als „das Internet" bezeichnet wird, verschmolzen sind. Die ersten Newsgroups entstanden im USENET, das 1979 an der University of North Carolina erfunden wurde. Nach dem WWW und Email stehen Newsgroups auf Platz drei der Rangliste der am häufigsten genutzten Internetdienste (Smith, 1999). Newsgroups sind Diskussionsforen zu bestimmten Themen. Das Prinzip ist vergleichbar mit schwarzen Brettern (Newsboards). Ähnlich wie es dort verschiedene Rubriken gibt („Job-Angebote", „zu verkaufen") gibt es verschiedene Kategorien, nach denen Newsgroups hierarchisch unterteilt sind. In Gruppen mit dem Namensbestandteil „rec" (recreational) geht es um Freizeitbeschäftigungen, in „comp" (computer) um computerbezogene Themen, in „sci" (scientific) findet man wissenschaftliche Diskussionen. Innerhalb dieser sogenannten Topleveldomains gibt es jeweils weitere, hierarchisch gestaffelte, Kategorien. Hinter „de.rec.reisen.misc" verbirgt sich beispielsweise eine deutschsprachige Newsgroup (de) zu einem Freizeitthema (rec), nämlich Reisen (reisen), in der verschiedene (misc) Themen diskutiert werden können, die nicht von den anderen de.rec.reisen-Diskussionsgruppen abgedeckt werden. Jeder kann eine Nachricht, „Posting" genannt, in einem solchen Diskussionsforum anbringen. Die Postings wiederum werden nach „Threads", einzelnen Themen, und nicht nach der Reihenfolge ihres Eintreffens sortiert (s. Abb. 1).

Die Zahl der Newsgroups läßt sich nicht präzise feststellen, da ständig neue Newsgroups hinzukommen und nicht alle Newsserver alle Newsgroups anbieten. Schätzungen gehen von 25.000 bis 30.000 Newsgroups aus (www.suchfibel.de). Noch schwerer ist es, die Anzahl der Nutzer zu bestimmen, da in Newsgroups das sogenannte „Lurking", das passive Lesen ohne selbst Beiträge zu schreiben, möglich und weit verbreitet ist. Smith (1999) schätzt, dass auf einen aktiven Nutzer etwa 20 passive Nutzer kommen.

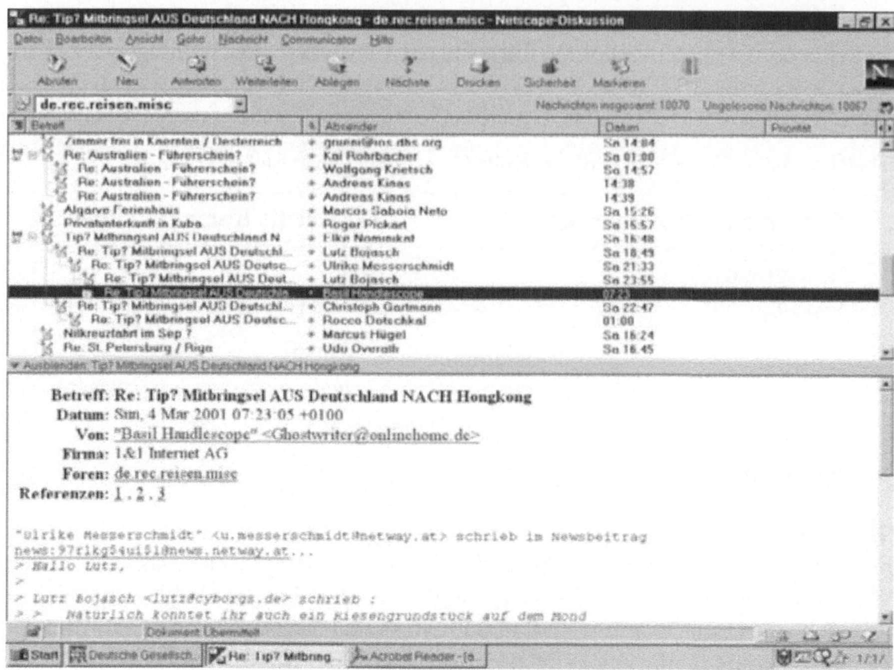

Abb. 1: Ausschnitt aus der Newsgroup de.rec.reisen.misc

Mailinglisten

Mailinglisten sind wie Newsgroup asynchrone cvK-Formen. Auch sie sind in der Regel stark themenbezogen. Allerdings werden die Nachrichten nicht auf einem Newsserver abgelegt, wo sie jeder Interessierte lesen kann, sondern per Email ausschließlich an Mitglieder der Mailingliste geschickt. Um Mitglied einer Mailingliste zu werden, muß man sie abonnieren (Fachausdruck: „subscribe"). Dennoch sind auch in Mailinglisten nicht alle Mitglieder aktiv, viele Mitglieder sind primär am Erhalt und nicht am Geben von Informationen interessiert. Stegbauer und Rausch (in press) geben an, dass etwa 70% der Teilnehmer passiv bleibt. Laut dem Mailinglistenverzeichnis liszt gibt es weltweit über 80.000 Mailinglisten (www.liszt.com). Diese Zahl ist eher als Untergrenze zu betrachten, da es auch viele lokale, auf einen bestimmten Mitgliederkreis beschränkte Mailinglisten gibt (z.B. Stipendiaten, Mitglieder eines Berufsverbandes), die nicht öffentlich zugänglich sind. Auch die Mitgliederzahl schwankt je nach Zielgruppe und regionaler Begrenztheit der Mailingliste. Stegbauer und Rausch (in press) untersuchten sechs Mailinglisten mit jeweils zwischen 87 und 240 Mitgliedern, die deutschsprachige Mailingliste von Internetforschern (gir-l, German Internet Research - list) zählt 760 Mitglieder.

Chats

Chats stellen die wohl bekannteste Form von synchroner cvK dar. Chats ähneln einer Party, auf der Menschen in Gruppen über Themen, die sie interessieren, plaudern (Krol, 1995). Bereits 1988 wurde der Internet Relay Chat (IRC) entwickelt. Um daran teilnehmen zu können, mußte man sich eine spezielle Software, den sogenannten IRC-Client zulegen. Chats werden in einzelne, kleinere Gruppen, die Kanäle (Channels) aufgeteilt, um die Echtzeit-Kommunikation nicht zu unübersichtlich werden zu lassen. Im IRC finden sich überwiegend themenzentrierte Chat-Kanäle. Die Themen sind am Titel des Kanals erkennbar, ein Operator wacht über die Einhaltung des Themas und die Regeln des jeweiligen Chats. Auch heute wird der IRC noch von vielen Personen genutzt, es existieren über 50.000 verschiedene Kanäle (www.ircchat.de). Bekannter sind mittlerweile Webchats, die Teilnahme an ihnen erfordert keine spezielle Software, nur einen Web-Browser. Webchats sind meist weniger themenorientiert, sondern mehr eine Plattform zum Austausch von Small Talk und Schließen von Bekanntschaften. Viele dieser Webchats tragen demnach auch Namen wie FLIRT-chat, Friends-online, ars amandi oder Erotik-Chat (www.webchat.de). Webchats sind meist graphisch ansprechender als die klassischen IRC-Chats. Die neueste Entwicklung sind 3D-Chats, in denen die Chatter Figuren, die sogenannten Avatare, als Symbol für ihre Person wählen und damit durch die Räume der virtuellen Chatlandschaft wandern können (z.B. www.moove.de).

MUDs

MUDs, die Abkürzung steht für multi-user dungeons, sind Abenteuerrollenspiele im Internet. Obwohl es mittlerweile auch graphische MUDs gibt, sind die meisten nach wie vor rein textbasiert. MUDs gibt es seit 1978, sie gehören damit zu den ältesten Online-Diensten. Die Spieler schlüpfen in eine Rolle, beispielsweise die eines Zwergs oder einer Elfe, und bewegen sich durch die virtuellen Welten mit dem Ziel, Aufgaben zu lösen, Abenteuer zu bestehen und Monster zu töten. Ab einer gewissen Spielstufe können die Spieler als sogenannte „Wizards" die virtuelle Welt durch Programmieren weiterentwickeln. MUDs vereinen damit mehrere Aspekte: sie sind Spiele, aber auch Rollenspiele, sie bieten die Möglichkeit, mit den Mitspielern zu chatten, können aber auch als ein großes gemeinsames Programmierprojekt betrachtet werden. Weltweit gibt es über 1700 MUDs. Die Spielerzahlen variieren von einigen wenigen Spielern bei neu gegründeten MUDs bis zu 10.000 (Schiano, 1997). Der Durchschnitt liegt vermutlich bei etwa hundert Spielern. MUDs gehören damit nicht zu den bekanntesten Online-Diensten, sie werden hier dennoch beschrieben, da sie aufgrund ihrer Etabliertheit und Vielseitigkeit Gegenstand mehrerer der im folgenden vorgestellten Forschungsarbeiten sind (vgl. auch Utz, 1999b).

E-communities im WWW

Der neueste Trend sind jedoch die sogenannten e-communities im WWW. Diese integrieren auf ihrer Web-site verschiedene Online-Dienste und Kommunikations-formen. Neben genereller Information findet man Newsgroups, Clubs, Chats, die Möglichkeit, Instant messages, SMS oder Email zu verschicken (s. Abb. 2). Ähnlich wie Webchats es auch technisch weniger versierten Internetnutzern ermöglichen, an einem Chat teilzunehmen, ohne erst einen IRC-Client zu installieren, erleichtern e-communities der breiten Masse den Zugang zu einer Vielfalt von synchronen und asynchronen Kommunikationsformen. Diese e-communities weisen demzufolge auch höhere Mitgliedszahlen auf als beispielsweise eine Newsgroup oder eine Mailingliste. So sind in 4students.de, einer Community für Studierende, über 33.000 Mitglieder registriert, die community des Fernsehsenders pro Sieben zählt mehr als 124.000 Mitglieder. Die Mitglieder organisieren sich aber wiederum innerhalb der übergeordnenten community in einzelnen Clubs oder Foren.

E-communities sind meist themen- oder zielgruppenorientiert (z.B. Senioren, Studierende, Frauen, Selbsthilfegruppen). Viele von ihnen sind kommerziell aus-gerichtet (vgl. Hagel & Armstrong, 1998), sie werden häufig von Firmen, Zeitungen oder Fernsehsendern angeboten (z.B. www.puschkin.de, www.allegra.de).

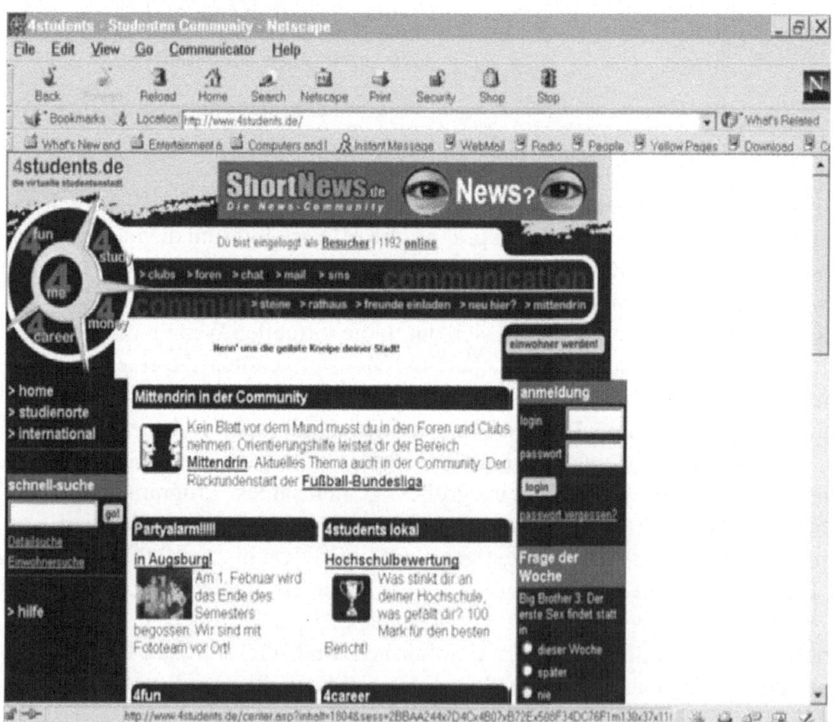

Abb. 2: Ausschnitt aus der e-community 4students.de

Bindung an virtuelle Gemeinschaften

Die genannten Online-Dienste erfüllen zwei der drei Definitionskriterien für virtuelle Gemeinschaften: Sie stellen (mehr oder weniger eng definierte) Interessengemeinschaften dar, und die Kommunikation in ihnen erfolgt computer-vermittelt. Dennoch ist nicht jede Newsgroup, jeder Chat oder jede Mailingliste eine virtuelle Gemeinschaft. Um es mit Fernbacks (1999, S. 216) Worten zu sagen: „Without the personal investment, intimacy, and commitment that characterizes our ideal sense of community, some on-line discussion groups an chat rooms are nothing more than a means of communication among people with common interests." Erst soziale Beziehungen machen aus einem Online-Dienst eine virtuelle Gemeinschaft.

Aus sozialpsychologischer Sicht sind soziale Beziehungen in zwei Kategorien zu unterteilen: interpersonale Beziehungen und soziale Identifikation. Interpersonale Beziehungen sind beispielsweise Freundschaften zwischen einzelnen Gemein-schaftsmitgliedern. Soziale Identifikation bezeichnet die Bindung an eine Gruppe, beispielsweise eine virtuelle Gemeinschaft, an sich. Menschen identifizieren sich mit dem Ziel und Zweck der Gruppe. Wenn es um die Frage geht, ob virtuelle Gemeinschaften wirklich Gemeinschaften oder nur „Pseudo-communities" (Benigner, 1987) sind, ist die soziale Identifikation mit der virtuellen Gemeinschaft die entscheidende Variable. Nach der Selbstkategorisierungstheorie (Turner et al., 1987) resultiert soziale Identifikation in Orientierung an den Gruppennormen. Hoch mit der virtuellen Gemeinschaft identifizierte Mitglieder werden sich auch für ihren Erhalt einsetzen. Beruht die Bindung an die Gemeinschaft im wesentlichen auf Freundschaften zu einigen Mitgliedern, ist es gerade im Internet sehr einfach, gemeinsam mit diesen Mitgliedern eine andere virtuelle Gemeinschaft aufzusuchen, sobald es Probleme gibt. Wenn sich die Mitglieder mit der virtuellen Gemeinschaft identifizieren, wird diese auch weiterbestehen, wenn einzelne Mitglieder die community verlassen, da das gemeinsame Ziel bestehen bleibt.

Identifizieren sich Personen tatsächlich mit virtuellen Gemeinschaften? Hindern oder fördern die spezifischen Bedingungen, die in der cvK-Situation herrschen, den Aufbau sozialer Identifikation?

Sowohl anekdotische Berichten (Rheingold, 1993) als auch qualitative Beschrei-bungen (Baym, 1995) legen den Schluß nahe, dass in Online-Diensten wirkliche Gemeinschaften entstehen. Auch empirische Daten sprechen dafür, dass sich Menschen mit virtuellen Gemeinschaften identifizieren. Zum einen gibt es indirekte Indikatoren für die Bindung an virtuelle Gemeinschaften, z.B. die Dauer der Mitgliedschaft. Wenn es sich tatsächlich nur um Pseudo-communities handelt, deren Mitglieder sich bei kleinen Schwierigkeiten einfach zur nächsten community weiterklicken (Fernback & Thompson, 1995), sollten die Mitgliedschaftszeiten relativ kurz sein. Empirische Untersuchungen beweisen das Gegenteil. In Studien an MUDs lagen die Mittelwerte der Mitgliedschaft in der Regel bei etwa 20 Monaten (Bruckman, 1992; Curtis, 1992; Parks & Roberts, 1998). In einer neueren Studie

(Utz, in press) wurde eine mittlere MUD-Erfahrung von 46 Monaten berichtet (185 Befragte, internationale Stichprobe). In einer Studie an Newsgroups (Parks & Floyd, 1996) gaben die Befragten im Durchschnitt an, seit zwei Jahren an der Newsgroups zu partizipieren, McKenna und Bargh (1998) berichten Werte von 14 bzw. 18 Monaten für die Teilnahme an Newsgruppen für stigmatisierte Personen. Ein weiterer indirekter Indikator ist freiwilliges Engagement für die e-community. Der Internet-Provider AOL beschäftigt 12.000 Mitarbeiter. Allerdings engagieren sich weitere 14.000 Personen freiwillig beispielsweise als Gastgeber (Hosts) von Diskussionsforen (Giesen, 2000).

Die soziale Identifikation mit virtuellen Gemeinschaften wurde jedoch auch in mehreren Studien gemessen. In drei Studien an MUDdern (zus. Utz, in press) lag der Mittelwert der Skala zur Messung der sozialen Identifikation jeweils über dem Skalenmittelpunkt, d.h., die Mehrheit der MUDder identifiziert sich durchaus mit den virtuellen Gemeinschaften. Ähnliche Befunde gibt es für Newsgroups (McKenna & Bargh, 1998) und Chats (Sassenberg, in press).

Identifikation mit virtuellen Gemeinschaften ist offensichtlich nicht nur möglich, sondern auch weit verbreitet. Welche Faktoren begünstigen die Identifikation mit einer virtuellen Gemeinschaft?

Nach der Selbstkategorisierungstheorie stellt die Kategorisierung als Gruppenmitglied eine Voraussetzung für soziale Identifikation dar. Menschen kategorisieren sich als Mitglied einer Gruppe, wenn die wahrgenommenen Unterschiede innerhalb der Gruppenmitglieder kleiner sind als die zu den Nichtmitgliedern. Das heißt, die Gruppenmitglieder müssen eine Reihe von Gemeinsamkeiten aufweisen und sich gleichzeitig von anderen Gruppen unterscheiden.

Nach dieser Theorie spielt die subjektive Wahrnehmung eine große Rolle. Zudem sind ftf-Kontakte keine notwendige Voraussetzung für die soziale Kategorisierung und damit auch die soziale Identifikation. Wichtiger sind Gemeinsamkeiten. Übertragen auf virtuelle Gemeinschaften bedeutet das, dass soziale Identifikation mit virtuellen Gemeinschaften durchaus möglich und eventuell sogar stärker ist als mit ftf kommunizierenden Gruppen, da virtuelle Gemeinschaften Interessengemeinschaften sind. Damit werden die Gemeinsamkeiten der Mitglieder explizit betont, eine wichtige Voraussetzung für soziale Identifikation ist gegeben. Personen suchen sich im Internet gezielt die Online-Foren, die ihren persönichen Interessen entsprechen, daher ist auch von einer Bereitschaft, sich mit dieser Gruppe zu identifizieren, auszugehen. Demnach sollten sich Personen eher mit Online-Diensten identifizieren, bei denen der Themenbezug eine zentrale Rolle spielt. Belege für diese These finden sich in einer Studie von Sassenberg (in press). Dabei wurden wenig themenbezogene (off-topic) und stark themenbezogene (on-topic) chats miteinander verglichen. Wie aus Abbildung 3 ersichtlich wird, identifizierten sich die Mitglieder der on-topic Chats deutlich stärker mit ihrem Chat als die Mitglieder der off-topic Chats.

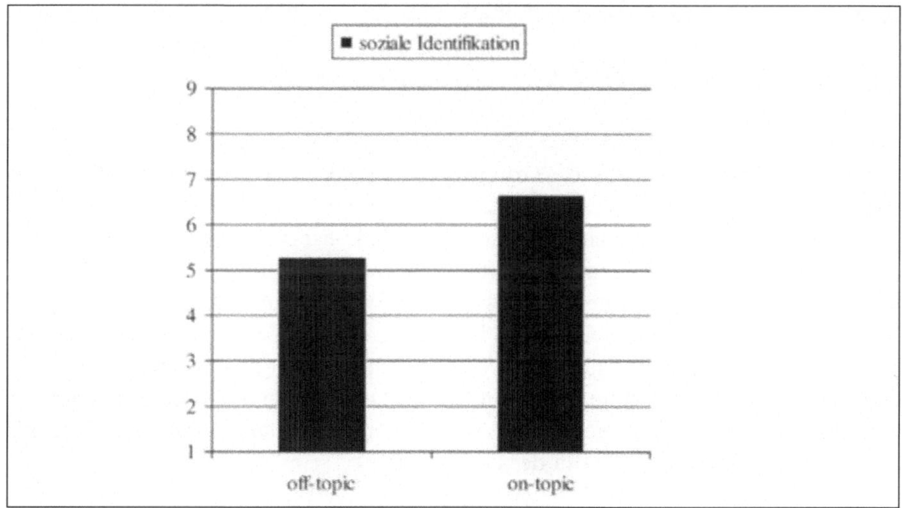

Abb. 3: Soziale Identifikation mit Chats mit niedrigem (off-topic) vs. hohem (on-topic) Themenbezug (Daten s. Sassenberg, in press)

Forschung zur Wirkung von Anonymität im Kontext von cvK (Reicher, Spears & Postmes, 1995) hat ergeben, dass die Anonymität die Wahrnehmung von Gemeinsamkeiten und damit auch die soziale Identifikation begünstigen kann. Wenn Personen davon ausgehen, in den Online-Foren Gleichgesinnte anzutreffen, führt die Anonymität der cvK dazu, dass Unterschiede zwischen den Gemeinschaftsmitgliedern zunächst nicht bemerkt werden. Die Gemeinsamkeiten werden überschätzt, soziale Identifikation kann entstehen. Diese Annahmen wurde in einer Feldstudie an MUDdern bestätigt (Utz, 1999a). Im Gegensatz zu interpersonalen Beziehungen, die in cvK erst mit der Zeit aufgebaut werden, kann die soziale Identifikation vom ersten Besuch der virtuellen Gemeinschaft an sehr hoch ausgeprägt sein.

Themenbezug und Anonymität sind Kennzeichen des spezifischen Online-Dienstes bzw. der cvK an sich. Allerdings spielen auch Faktoren auf seiten der Person eine Rolle für die soziale Identifikation. In Studien an MUDdern stellte sich wiederholt heraus (Utz, 1999a; Utz, in press), dass sowohl die Einstellung gegenüber cvK allgemein als auch speziell zu MUDs die soziale Identifikation beeinflußt. MUDder, die dem sozialen Potential von cvK skeptisch gegenüber stehen, also nicht glauben, dass es möglich ist, über cvK Beziehungen aufzubauen, identifizieren sich auch weniger mit der virtuellen Gemeinschaft. MUDder, die MUDs vor allem als ein Computerspiel, weniger als eine Gemeinschaft, betrachten, zeigen ebenfalls geringere Identifikationswerte.

Diese Logik läßt sich durchaus auf andere Formen virtueller Gemeinschaften übertragen. Newsgroups können beispielsweise als pure Informationsquelle verstanden werden, ähnlich einer Zeitung oder dem Fernsehen. Es ist zu vermuten, dass die soziale Identifikation mit Newsgroups höher ist, wenn sie als eine Gemeinschaft von Gleichgesinnten wahrgenommen werden.

Die Frage, ob es sich bei den Gruppen die in verschiedenen Online-Diensten entstehen, um wirkliche Gemeinschaften oder nur um „Pseudo-communities" (Benigner, 1987) handelt, kann also nicht pauschal beantwortet werden. In Online-Foren können wirkliche Gemeinschaften entstehen, dies muß aber nicht der Fall sein. Von seiten des Online-Dienstes ist die Wahrscheinlichkeit, dass sich die Mitglieder mit der Gemeinschaft identifizieren, größer, wenn eine starke Themenorientierung vorhanden sind. Auf seiten der Mitglieder spielen Einstellungen und Motive eine Rolle. Wenn der Online-Dienst als Gemeinschaft erlebt wird und die Personen offen gegenüber den neuen Kommunikationsmedien sind, identifizieren sie sich stärker mit der Gemeinschaft.

Konsequenzen

Welche Auswirkungen hat die Partizipation an virtuellen Gemeinschaften für Individuum und Gesellschaft? Zwei Positionen werden in der Diskussion dieser Frage vertreten. Skeptiker befürchten, dass cvK auf Kosten von ftf-Kontakten geht und Internetnutzer zunehmend vereinsamen (Kraut, Lundmark, Patterson, Kiesler, Mukopadhyay & Scherlis, 1998; Nie & Erbring, 2000). Auf Gesellschaftsebene wird eine weitere Fragmentierung in kleine und kleinste Interessengruppen befürchten (van Alstyne & Brynjolfsson, 1996) sowie nachlassendes gesellschaftliches Engagement (Fernback & Thompson, 1995; Wellman & Gulia, 1999). Auf der anderen Seite werden mit den neuen Medien auch große Hoffnungen verbunden. Sie ermöglichen es jedem, insbesondere Angehörigen von Minoritäten, Gleichgesinnte zu finden. Bestehende Unterschiede im Zugang zu Informationen sollten aufgehoben werden, ebenso wie Unterschiede zwischen verschiedenen Bevölkerungsgruppen oder Kulturen vermindert werden können.

Viele Studien zur Internetnutzung differenzieren allein nach der Nutzung verschiedener Dienste (Email, WWW), ohne spezifisch nach der Mitgliedschaft in virtuellen Gemeinschaften zu fragen. Studien, in denen dies getan wurde, zeichnen eher ein optimistisches Bild. Virtuelle Gemeinschaften stellen eher eine Ergänzung als einen Ersatz von ftf-Kontakten dar (Döring, 1996; Heintz & Müller, 1999; Rainie & Kohut, 2000, Utz, 1999a). On-line und off-line Kontakte lassen sich ohnehin nicht als zwei getrennte Welten betrachten. Zum einen migrieren Online-Kontakte auch in andere Settings, d.h. die Teilnehmer telefonieren, schreiben sich Briefe oder treffen sich ftf (Heintz & Müller, 1999; Parks & Floyd, 1996). Zum anderen kommunizieren viele Menschen heute auch mit Familienmitgliedern und Freunden zusätzlich über cvK (Hamman, 1999; Rainie & Kohut, 2000).

Werden Mitglieder virtueller Gemeinschaften mit Personen mit ähnlichen demographischen Merkmalen, aber ohne Erfahrung mit virtuellen Gemeinschaften verglichen, läßt sich kein Rückgang von gesellschaftlichem oder politischen Engagement feststellen (Utz, 1999a; Utz & Jonas, 2001). Im Gegenteil, für Mitglieder stigmatisierter Gruppen, z.B. Homosexuelle, lassen sich sogar positive Auswirkungen der aktiven Partizipation an virtuellen Gemeinschaften ausmachen. McKenna und Bargh (1998) berichten, dass Newsgroups für Homosexuelle emotionale Unterstützung bieten, die den Mut zum Coming Out erhöht und zu geringerer gesellschaftlicher Entfremdung führt.

Ausblick

Wie wird die Entwicklung weitergehen? Der Trend zur Integration verschiedener Online-Dienste auf Websites, den e-communities, wird sich vermutlich fortsetzen. Auch wenn es immer Nutzer geben wird, die sich spezielle Programme für das Lesen von Newsgroups oder die Teilnahme am IRC installieren, werden gerade Internetneulinge die einfacher zu bedienenden, graphisch ansprechenderen Produkte im WWW nutzen. Trotz fortschreitender technischer Möglichkeiten zur Übertragung von Bild und Ton wird textbasierte Kommunikation jedoch die effizienteste Form der cvK in Gruppen bleiben.

E-communities werden mehr und mehr selbstverständlicher Bestandteil des Alltags werden. Schon heute suchen 78% der 14 bis 19jährigen deutschen Internetnutzer mindestens einmal wöchentlich Diskussionsforen oder Chats auf (van Eimeren & Gerhard, 2000). Aber auch Frauen, Personen mit mittlerem Bildungsabschluß oder Senioren, Bevölkerungsgruppen, die bislang wenig Kontakt mit den neuen Medien hatten, verfügen zunehmend über einen Internetanschluß (van Eimeren & Gerhard, 2000) bzw. organisieren sich in eigenen e-communities (z.B. www.webgrrls.com für Frauen, www.seniorennet.de).

On- und offline Kontakte stellen keine getrennten Welten dar, sondern vermischen sich zusehend. Ähnlich wie das Telefon die Menschen nicht davon abgehalten hat, ihre Häuser zu verlassen und sich ftf zu treffen, wird auch das Internet einfach ein weiteres Kommunikationsmedium sein. E-communities werden eine Ergänzung, aber keine Bedrohung von ftf-Kontakten darstellen. Auch gesellschaftliches Engagement wird nicht nachlassen, sondern zum Teil auch über e-communities organisiert werden. Insgesamt sind e-communities als ein Ausdruck des Trends zu zunehmender Individualisierung zu verstehen (Beck, 1997; Giddens, 1990). Menschen wählen sich Beruf, Freunde, Lebenspartner, Wohnort und eben auch Gemeinschaften nach ihren eigenen Interessen und Wünschen aus. E-communities ermöglichen von einem Ort aus Zugang zu jeder gewünschten Gemeinschaft und stellen somit eine Befreiung von räumlichen und (bei asynchronen Formen) zeitlichen Grenzen dar.

Literatur

Beck, U. (1997) (Hrsg.). Individualisierung und Integration. Wiesbaden: Opladen.

Benigner, J.R. (1987). Personalization of mass media and the growth of pseudo-community. Communication Research, 14, 353-371.

Bruckman, A. (1992). Identity workshop: Emergent social and psychological phenomena in text-based virtual reality. [On-line]. Available: FTP: Hostname: ftp.lambda.moo.mud.org Directory: /pub/MOO/papers File: identity-workshop.rtf [15.1.96].

Curtis, P. (1992). MUDding: Social Phenomen in text-based virtual realities. Intertrek, 3, 26-34.

Döring, N. (1996). Führen Computernetze in die Vereinsamung? Öffentliche Diskussion und empirische Daten. Gruppendynamik, 27, 289-307.

Fernback, J. (1999). There is a there there. Notes toward a definition of cybercommunity. In S.G. Jones (Ed.), Doing Internet Research (pp. 203-220). Thousand Oaks: Sage.

Fernback, J. & Thompson, B. (1995). Virtual communities: Abort, retry, failure? Computer-mediated communication and the American collectivity: The dimensions of community within cyberspace. [On-line] Available: http://www.well.com/user/hlr/texts/Vccivil.html [30.1.01]

Giddens, A. (1990). The consequences of modernity. Oxford: Polity Press.

Giesen, P. (2000, 23.12.) Driehondertvijftig miljoen vrienden. Volkskrant, S. 13

Hagel, J. III & Armstrong, A.G. (1997). Net gain – Profit im Netz. Wiesbaden: Gabler.

Hamman, R.B. (1999). Computer-networks linking network communities: A study of the effects of computer network use upon pre-existing communities. [On-line] Available: http://www.socio.demon.co.uk/mphil/short.html [12.2.01]

Heintz, B. & Müller, C. (1999). Fallstudie „Die Sozialwelt des Internet". [On-line]. Available: http://www.soz.unibe.ch/ii/virt_d.html#the [12.2.01]

Kiesler, S., Siegel, J. & McGuire, T. (1984). Social psychological aspects of computer-mediated communication. American Psychologist, 39, 1123-1134.

Kraut, R., Lundmark, V., Patterson, M., Kiesler, S., Mokopadhyay, T. & Scherlis, W. (1998). Internet paradox. A social technology that redueces social involvement and psychological well-being? American Psychologist, 53, 1017-1031.

Krol, E. (1995). Die Welt des Internet. Handbuch & Übersicht. Bonn: O'Reilly.

McKenna, K.Y.A. & Bargh, J.A. (1998). Coming out in the age of the Internet: Identity „demarginalization" through virtual group participation. Journal of Personality and Social Psychology, 75, 681-694.

Nie, N.H. & Erbring, L. (2000). Internet and society. [On-line] Available: http://www.stanford.edu/group/siqss/Press_Release/Preliminary_Report [20.10.00]

Parks, M.R. & Floyd, K. (1996). Making Friends in Cyberspace. Journal of Communication, 46, 80-97.

Parks, M.R. & Roberts, L.D. (1998). „Making MOOsic": The development of personal relationships on-line and a comparison to their off-line counterparts. Journal of Social and Personal Relationships, 15, 517-537.

Rainie, L. & Kohut, A. (2000). Tracking Online Life: How Women Use the Internet to Cultivate Relationships with Family and Friends. [On-line]. Available: http://www. pewinternet.org/reports/index.asp [6.5.00]

Reicher, S.D., Spears, R. & Postmes, T. (1995). A social identity model of deindividuation phenomena. In W. Stroebe & M. Hewstone (Eds.), European Review of Social Psychology (vol. 6, pp. 161-197). Chichester: Wiley.

Rheingold, H. (1993). Virtual communities. Homesteading on the electronic frontier. New York: Addison Wesley.

Sassenberg, K. (in press). Common bond and common identity groups on the Internet: Attachment and normative behavior in on-topic and off-topic chats. Group Dynamics: Theory, Research, and Practice.

Schade, O. (1997). Dienste im Internet. In B. Batinic (Hrsg.), Internet für Psychologen (S. 49-88). Göttingen: Hogrefe.

Schiano, D.J. (1997). Convergent methodologies in cyber-psychology: A case study. Behavior Research Methods, Instruments, & Computers, 29, 270-273.

Smith, M. (1999). Invisible crowds in cyberspace. Mapping the social structure of the Usenet. In M.A. Smith & P. Kollock (Eds.), Communities in cyberspace (pp. 195-219). London: Routledge.

Stegbauer, C. & Rausch, A. (in press). Passive participants in mailing lists. In B. Batinic, U.-D. Reips & M. Bosnjak (Eds.), Online social sciences. Hogrefe & Huber.

Turner, J.C., Hogg, M.A., Oakes, P.J., Reicher, S.D. & Wetherell, M.S. (1987). Rediscovering the social group: A self-categorization theory. Oxford: Blackwell.

Utz, S. (1999a). Soziale Identifikation mit virtuellen Gemeinschaften – Bedingungen und Konsequenzen. Lengerich: Pabst.

Utz, S. (1999b). Untersuchungsformen in MUDs. In B. Batinic, A. Werner, L. Gräf & W. Bandilla (Hrsg.), Online Research. Methoden, Anwendungen und Ergebnisse (S. 305-318). Göttingen: Hogrefe.

Utz, S. (2000). Social Information Processing in MUDs. The development of friendships in virtual worlds. Journal of Online Behavior, 1 (1). [On-line] Available: http://www. behavior.net/JOB/v1n1/utz.html [15.11.2000]

Utz, S. (in press). Interaktion und Identität in virtuellen Gemeinschaften. In G. Bente & A. Petersen (Hrsg.), Digitale Welten. Göttingen: Hogrefe.

Utz, S. & Jonas, K.J. (2001). Virtuelle Gemeinschaften – Ergänzung oder Ersatz traditioneller Bindungen bei jungen Erwachsenen. Manuskript unter Begutachtung.

Van Alstyne, M. & Brynjolfsson, E. (1996). Electronic communities: Global village or cyberbalkans? Paper presented at the 17th International Conference on Information Systems, Cleveland. [On-line] Available: http://www.si.umich.edu/~mvanalst/7selected.html [31.1.00]

Van Eimeren, B. & Gerhard, H. (2000). ARD/ZDF-Online-Studie 2000: Gebrauchswert entscheidet über Internetnutzung. Media Perspektiven, 8, 338-349.

Walther, J.B. (1992). Interpersonal effects in computer-mediated interaction: A relational perspective. Communication Research, 19, 52-90.

Walther, J.B. (1996). Computer-mediated communication: Impersonal, interpersonal, and hyperpersonal interaction. Communication Research, 23, 1-43.

Wellman, B. (1999). The network community: An introduction. In B. Wellman (Ed.), Networks in the global village: Life in contemporary communities (S. 1-47). Boulder: Westview Press.

Wellman, B. & Gulia, M. (1999). Virtual communities as communities. Net surfers don't ride alone. In M.A. Smith & P. Kollock (Eds.), Communities in Cyberspace (pp. 167-194). London: Routledge.

15 Silbermedia – fit für die e-society. Ein Bildungs- und Kommunikationsangebot für ältere Menschen

Dr. Sibylle Meyer
Berliner Institut für Sozialforschung GmbH

Silbermedia ist ein Bildungs-, Kommunikations- und Unterhaltungsangebot, zugeschnitten auf die spezifischen Bedürfnisse der Zielgruppe 50+. Das Silbermedia-Konzept wurde vom Berliner Institut für Sozialforschung gemeinsam mit der Deutschen Telekom AG/T-Nova-Berkom GmbH entwickelt und wird seit dem letzten Jahr vom BIS als kommerzielles Dienstleistungsangebot in Berlin angeboten, konzeptuell weiterentwickelt und für andere Institutionen und Unternehmen zur Verfügung gestellt.

Ziel von Silbermedia ist die Stärkung der Medienkompetenz, die Förderung der PC- und Internet-Qualifikation sowie die Anregung von Kommunikation und Interaktion. Silbermedia ist zugleich eine e-community, die Interessierte rund um den PC zusammenführt, über die spezifischen Möglichkeiten der I+K-Technologien für die Zielgruppe 50+ informiert, intelligente Freizeitangebote arrangiert und Kontakte zwischen Technikinteressierten anregt. Anliegen von Silbermedia ist es auch, zwischen Technikkonsumenten und Technikanbietern zu vermitteln und die Bedürfnisse und Interesen der Verbraucher für die (Weiter-)Entwicklung neuer Technologien einzubringen.

Das BIS hat in den letzten zwei Jahren mit diesem Konzept über 4000 ältere Menschen an PC und Internet herangeführt, Medienkompetenz bei ihnen aufgebaut und sie für die Multimedia-Welt motiviert. Die meisten unserer Kunden werden durch unser enabling-Angebot veranlaßt, sich längerfristig mit PC und Internet-Welt zu beschäftigen. Ca. 70% investieren nach Teilnahme an unseren Kursen und Veranstaltungen in I+K-Produkte und Dienste: sie kaufen entsprechendes Equipment für zu Hause, entwickeln Interesse für Software, kaufen CDs aus dem Bildungs- und Hobbybereich und beschäftigen sich zunehmend mit den Möglichkeiten des Internet.

Silbermedia ist eine Initiative des BIS-Berliner Institut für Sozialforschung. Das BIS hat sich spezialisiert auf die Erforschung Neuer Techologien aus sozialwissenschaftlicher Perspektive, die Durchführung von Modellversuchen, sowie die Evaluationen von Prototypen. Im Zentrum steht dabei der Mensch als Nutzer von technischen Geräten und Systemen sowie der Privathaushalt als räumliche und soziale Einheit. Ein weiterer Schwerpunkt unserer Arbeit zielt auf die Entwicklung von Ideen und Konzept für innovative Dienstleistungen im Privathaushalt.

Das BIS ist Projektnehmer von Bundes- und Landesministerien sowie der EU, arbeitet für Stiftungen und Forschungseinrichtungen und ist Partner für die Industrie. Das Leistungsspektrum umfaßt

- Untersuchungen der Technikakzeptanz

- Anforderungsanalysen aus Perspektive der Techniknutzer,

- Usability Tests von Endgeräten, Benutzeroberflächen etc.,

- Evaluation von Prototypen

- Begleitforschung von Modellprojekten

- Marktstudien

- Befragungen zur Kundenzufriedenheit und After Sale Studien

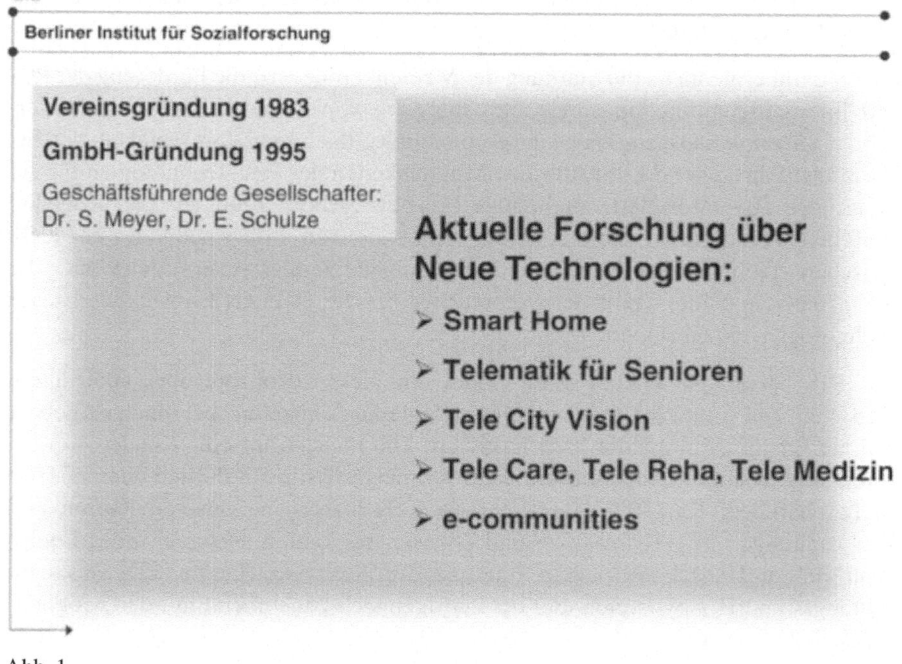

Abb. 1

Ein wichtiger Forschungsbereich des BIS richtet sich auf den sozialen und demographischen Wandel und dessen Implikationen für Neue Technologien. Hier arbeitet das BIS zusammen mit sozialwissenschaftlichen und technischen Disziplinen an der Erforschung der Bedürfnisse und Bedarfe der Zielgruppe 50/55+ sowie der Entwicklung von Produkten und Dienstleistungen.

Die aktuelle Bevölkerungsprognose des statistischen Bundesamtes zeigt, daß bereits heute die Zielgruppe 55+ ca. 27.360 000 Mio. Personen ausmacht, fast jeder dritte Bundesbürger ist gegenwärtig über 55 Jahre alt. Aktuelle Prognosen gehen davon aus, daß im Jahr 2030 annähernd jeder zweite über 55 Jahre alt sein und bis zum Jahr 2050 die Lebenserwartung sich um weitere 4 Jahre erhöhen wird (Statistisches Bundesamt, 2000). Erstmals in der Geschichte wird mehr als die Hälfte der Bevölkerung 70 Jahre oder älter; für immer mehr Menschen eröffnet sich nach dem Ausscheiden aus der Erwerbstätigkeit eine Lebensphase von 20 Jahren oder mehr. Das Alter ist zu einem eigenständigen Abschnitt im Lebenslauf geworden, für den der Einzelne mehr und mehr individuelle Gestaltungsoptionen gewinnt.

Die sozialwissenschaftlichen Studien über die Zielgruppe 50/55+ zeigen übereinstimmend, daß ältere Menschen keine homogene Gruppe darstellen, sondern sich erheblich unterscheiden aufgrund ihrer materiellen, gesundheitlichen, geistigen und sozialen Gegebenheiten: Auf der einen Seite wächst die Gruppe der sog. „jungen Alten“, die sich durch Kompetenz in unterschiedlichen Lebensbereichen und vielfältige Ressourcen auszeichnen. Auf der anderen Seite dürfen diejenigen nicht übersehen werden, deren Leben durch finanzielle, gesundheitliche, soziale und psychische Faktoren eingeschränkt ist und die der Hilfe von Familie, Freunden oder sozialen Diensten bedürfen.

Insgesamt gesehen sind die Lebensverhältnisse der Zielgruppe 55+, insbesondere ihre Einkommenssituation, weitaus positiver als in früheren Generationen. Dies macht die Zielgruppe der 55jährigen und älteren zunehmend interessant für Produkte und Dienstleistungen aus dem Telekommunikations- und Computerbereich. Der „silver market“, in den USA seit längerem von Marketingspezialisten der führenden Unternehmen aus dem Telekommunikations-, Computer- und Online-Branche entdeckt, gewinnt zunehmend auch an Bedeutung für die entsprechenden Firmen in Europa und der Bundesrepublik.

Das frei verfügbare Pro-Kopf-Einkommen (Einkommen nach Abzug aller Fixkosten) liegt bei den über 55jährigen Deutschen mit monatlich 638 DM um 39% über dem Vergleichswert der 14- bis 29-jährigen und um 30% über dem der 30- bis 49jährigen. Zwar ist das durchschnittliche Haushaltseinkommen deutscher Senioren geringer als das jüngerer Altersgruppen, dafür ist aber in der Mehrheit der Fälle Vermögen vorhanden, Lebensversicherungen wurden ausbezahlt und bei vielen entfällt auf Grund der Eigentumsverhältnisse die Mietbelastung (Media Perspektiven, 2000). 48% der bundesdeutschen Kaufkraft steckt im Portemonnaie der 55+ Generation!

Ein knappes Drittel der 60-69jährigen (29%) hat monatlich zwischen 200 bis unter 500 DM zur freien Verfügung. 23% können 500 bis unter 1000 DM entbehren, ein gutes Fünftel kommt monatlich auf über 1000 DM. Nur 14% liegen unter 200 DM frei verfügbarem Einkommen, und 12 % haben gar kein Geld übrig. Nach

Schätzungen des IfD-Allensbach hätte die Zielgruppe „Senioren" monatlich insgesamt 15 Mrd. DM zum ausgeben.

Die Gruppe der über 55jährigen verfügt damit über das höchste frei verfügbare Einkommen sowie die meiste frei verfügbare Zeit und sollte schon allein deshalb als Konsument von großem Interesse sein. Dies haben Reiseveranstalter, Anbieter von Wellness, Beauty und auch von Mode längst erkannt. Als Konsument von technischen Geräten und Systmen, insbesondere von Neuen Technologien werden sie von der Industrie noch viel zu wenig wahrgenomen. Gründe hierfür sind die gegenwärtig (noch) geringe Nutzung von Computern und Internet sowie die geringen Nutzung von Mobilfunk.

Charakteristik der Zielgruppe 50/55+

Abb. 2

In denn aktuellen Studien über die Internetnutzung in Deutschland wird die Gruppe der 50jährigen und älteren aus diesem Grunde unter dem Thema „digital devide" diskutiert (Booz, Allen & Hamilton, 2000): Sie sind eine der Gruppen von denen befürchtet wird, daß sie den Anschluß an die e-society nicht schaffen werden. Dies bestätigt auch eine aktuelle Repräsentativstudie zur privaten Internetnutzung in Deutschland, die eine annähernd gleich geteilte Zweiklassengesellschaft konstatiert: 25,9 Mio. private Online Nutzer und 7,35 Offliner mit Beschaffungsabsicht stehen 36,7 Mio. Offlinern ohne Beschaffungsabsicht gegenüber (TNS Emnid, 2001). Unter diesen Desinteressierten finden sich besonders häufig Personen über 50 Jahren. Hier setzt Silbermdia an.

Silbermedia – Ziele

Abb. 3

Die Ziele von Silbermedia sind:

Silbermedia ist entstanden aus einer Initiative des Alt Bundespräsidenten Dr. Roman Herzog „fit für das Informationszeitalter", die 1998 führende Unternehmen aus der Telekommunikations- und Medienbranche aufforderte, Projekte zu entwickeln und umzusetzen, die den Anschluß Deutschland an die Mediengesellschaft unterstützen. Die Deutsche Telekom AG beteiligte sich an dieser Initiative und entwickelte gemeinsam mit dem BIS das Modellprojekt „Senioren ans Netz". Im Zentrum stand das Vorhaben, Senioren mit den Möglichkeiten der I+K-Technologien zur Kommunikation und Interaktion anzuregen und die in das Projekt eingebundenen Probanden in eine e-community zu integrieren.

Die Förderung der Kommunikation und Interaktion wurde auf 3 Ebenen realisiert:

• virtuelle Kommunikation im Internet:
  Zentrum des Projektes bildete der „Senioren-Treff im Internet", ein web-Angebot, auf das 300 Senioren in der gesamten Bundesrepublik Zugriff hatten. Das web-Angebot wurde von einer Redaktion betreut, die neue Informationsbeiträge recherchierte und aktualisierte. Die Redaktion moderierte weiterhin verschiedene themenbezogene newsgroups und führte moderierte chats durch.

Das Angebot wurde in der Modellphase fortlaufend evaluiert und aufgrund der Ergebnisse optimiert.

- Bildkommunikation im gesamten Stadtgebiet Berlin:
  Das Modellprojekt stattete 100 Senioren mit Bildtelefonen aus (T-View der Deutschen Telekom), damit sie miteinander und mit einer, eigens für das Projekt eingerichteten Bildtelefon-Zentrale kommunizieren konnten. In das Gesamtkonzept eingebunden waren weiterhin 11 Berliner Freizeiteinrichtungen und Seniorenwohnanlagen, die per PC-Konferenzschaltung miteinander, mit dem Computer Treff sowie den 100 Senioren zuhause kommunizieren konnten.

- face to face Kommunikation im Berliner ComputerTreff:
  Eingerichtet wurde weiterhin ein ComputerTreff, der allen Berlinerinnen und Berlinern während der Modellphase kostenlos zur Verfügung stand. Der Computer-Treff fungierte als Anlaufstelle für Fragen rund um PC und Internet sowie für Kommunikation und Kontakt: Schnupper- und Einstiegskurse, Gleichgesinnte kennenlernen, Anregungen zu Aktivitäten rund um den PC.

Modellprojekt „Senioren ans Netz"

> **Offline Bildungsangebote**

> **Online Kommunikationsangebote**

> **Vernetzung von Privathaushalten (Bildtelefon)**

> **Vernetzung von Initiativen (Telekonferenz)**

> **Unterstützung von Seniorengruppen (technischer Support, Animation, teach the teachers)**

Abb. 4

Das Modellprojekt war ein großer Erfolg. Wir konnten zeigen, daß es tatsächlich gelingen kann, Senioren, die sich vor Beginn des Projektes persönlich nicht kannten, zu einer virtuellen community – und im Laufe des Projektes zu einer realen community – zusammen zu bringen: Es entstanden nicht nur viele online Freundschaften im Bundesgebiet, sondern zahlreiche Senioren, die sich zunächst per Bildleitung oder chat begegneten, trafen sich später in unserem ComputerTreff „real" und lernten sich dort kennen. Das Modellprojekt konnte somit zeigen, daß die I+K-Technologien nicht zu einer „Vereinsamung" älterer Menschen beitragen – eine These, die in den Sozialwissenschaften und der politischen Diskussion lange dominierte –, sondern „Kommunikationsanregungen" bieten und Kommunikation fördern. Nicht zuletzt deshalb wurde unser Modellprojekt innerhalb der Initiative „fit für das Informationszeitalter" von Dr. Roman Herzog besonders gewürdigt.

Wesentlich für das Gelingen war das Zusammenspiel folgender Faktoren:

- Aufbau der e-community „Seniorenen-Treff im Internet", d.h. Bereitstellung einer Kommunikations- und Informationsplattform für die Zielgruppe.

- Einbeziehung einer qualifizierten Redaktion für die web-Angebote: Information, moderierte newsgroups, moderierter chat, support.

- Integration einer Informations- und Wissensbörse in die e-community: Die Vermittlung zwischen Angebot und Nachfrage von Wissen aus unterschiedlichen Bereichen.

- Aufbau einer Kommunikationszentrale für die Bildkontakte: ein bildgestütztes Callcenter fungierte als Kommunikationsbörse, animierte neue Kontakte, reduzierte Berührungsängste gegenüber den Neuen Technologien und half über Nutzungsbarrieren hinweg.

- Bereitstellung von technischem Support: sowohl internetbasiert als auch direkt in unserem SeniorenTreff konnten sich die Projektteilnehmer Rat und Unterstützung in allen Fragen rund um PC- und Internet-Technologie holen.

- Bereitstellung von enabling-Angeboten im PC- und Internet-Bereich: Schnupperkurse, Maustraining, Internet-Einstiegskurse.

Die Förderung der Deutschen Telekom AG für das Modellprojekt „Senioren ans Netz" lief im März 2000 aus. Damit endete auch die Phase, in der die aufgebauten Dienste, seien sie webbasiert oder real, kostenlos zur Verfügung gestellt werden konnten. Die Frage, die sich nun dem BIS stellte, war: „Können wir das geschaffene Angebot weiterführen?" Oder anders formuliert: „Wie kann der e-community-Gedanke weiterentwickelt und kommerzialisiert werden"?

Dies war die Geburtsstunde von „Silbermedia. Neue Technologien für ältere Menschen".

Silbermedia – Konzept

> **Alte Ressourcen – Neues Lebensgefühl**

> **Aktive Lebensgestaltung:**
> **rein ins Netz – raus aus dem Haus**

> **Steigerung der Lebensqualität durch**
> **Medienkompetenz**

> **Edutainment: Interesse, Lust und Laune**

> **Kommunikation und Kontakt:**
> **virtuell und face-to-face**

Abb. 5

Silbermedia verfolgt drei Ziele: zunächst geht es uns um die Stärkung der Medienkompetenz und das Fit-machen der Zielgruppe 50/55+ für die Multimedia Welt. Weiterhin will Silbermedia Kommunikation fördern und Kontakte vermitteln, d.h. der e-community-Gedanke ist weiterhin zentraler Bestandteil unseres Angebots. Last not least geht es um Unterhaltung und Freizeitspaß, denn unsere Zielgruppe setzt sich mit der Multimedia-Welt – im Unterschied zu jüngeren Zielgruppen – nicht mehr aus beruflichen Erfordernissen auseinander, sondern lernt für den Alltag, die Freizeit und das ehrenamtliche Engagement.

- Unsere Aufgabe ist es von daher, zunächst zu motivieren, sich mit der „fremden" Welt der Technik und der modernen Medien zu beschäftigen und zu vermitteln, welchen konkreten Nutzen die Beschäftigung mit dem Computer und dem Internet für den einzelnen verspricht. Unser Slogan dabei ist: „Keine Angst vor Mäusen". Mit speziellen Angeboten für die Einsteiger bauen unsere Trainer Schritt für Schritt die Ängste im Umgang mit PC und Internet ab und stärken das Vertrauen in die „Maschine", die „fremde Maus" und das „unsichtbare Netz".

Silbermedia – Schulungen

> ➤ **Stufenweiser Kursaufbau**
>
> ➤ **Individuelle Betreuung durch qualifizierte Dozenten**
>
> ➤ **Lernkontrolle**
>
> ➤ **Übungsaufgaben für zu Hause**
>
> ➤ **Zertifikate**
>
> ➤ **Der Silbermedia-Führerschein**
>
> ➤ **Qualitätssicherung durch das BIS**

Abb. 6

- Ist diese Einstiegshürde genommen, bieten wir PC- und Internet-Kurse in Kleingruppen und als Einzelunterricht an. Gleichzeitig stellen wir kostenlose Übungsmöglichkeiten in unserem Computer-Treff zur Verfügung. Unsere Anfänger-Schulungen zielen darauf, Grundzusammenhänge von Hard- und Software zu vermitteln und die Benutzung des Computers nachvollziehbar zu machen. Wichtig ist auch die Klärung von Begrifflichkeiten und die Übersetzung der für viele englischen Begriffe. Wichtig ist eine kleinteilige Vorgehensweise, die komplexe Bedienprozeduren in kleinste Schritte übersetzt sowie eine langsame und geduldige Vermittlung der Inhalte.

Silbermedia - Computer-Treff

Abb. 7

- Flankiert werden unsere Schulungen durch das Angebot, in unserem ComputerTreff jederzeit kostenlos zu üben. Der Silbermedia-Treff ist eines unserer Alleinstellungsmerkmale: Der Treff steht den Senioren von Montag bis Freitag von 9.00 bis 18.00 Uhr kostenlos zur Verfügung. In dieser Zeit steht einer unserer professionellen oder ehrenamtlichen Trainer bereit, um Fragen zu beantworten und und um Tipps und Tricks weiter zugeben. Sowohl Senioren mit als auch ohne eigenen PC nutzen regelmäßig den Treff um Hausaufgaben aus den Kursen zu erledigen, zu üben oder um Problemstellungen zu bearbeiten, die sie zu Hause alleine nicht lösen können. Abgerundet wird unser Angebot durch regelmäßige thematischen Veranstaltungen: „Computer zum Kaffee, Internet zum Tee"; Gehen Sie mit uns auf „Surf-Safari!"; „Computer-Spiele leicht gemacht".

- Für diejenigen, die ihre anfänglichen Berührungsängste verloren und die ersten Steps unseres enabling-Programms genommen haben, bieten wir Lerneinheiten für zu Hause an und stellen Übungsaufgaben für Anfänger und Fortgeschrittene zur Verfügung. Nur durch ständiges Üben und Wiederholen des Erlernten wird der Umgang mit dem Computer gefestigt. Das Erfolgserlebnis, Hausaufgaben zu bewältigen, wenn auch mit Unterstützung, ist außerordentlich wichtig. Von hohem Stellenwert ist hier wiederum der ComputerTreff als Lernort, an dem die Senioren sich jederzeit Unterstützung und Rat holen können.

- Ist auch der Schritt der selbständigen Beschäftigung mit PC- und Internet zu Hause geschafft, bieten wir webbasierte Kommunikations-, Informations- und Beschäftigungsmöglichkeiten: chat, foren, newsgroups.

Silbermedia – Der Club

> Selbst aktiv werden

> Gemeinsam Ideen umsetzen

> Neue Freunde finden

> Vorträge, Diskussionen

> Exkursionen, Führungen

> Sammelbestellungen, Rabatte

> Ausflüge, Reisen

Abb. 8

- Der Silbermedia-Club ist vor allem Plattform für Kontakte und gemeinsame Aktivitäten. Im Club geht es darum, neue Freunde zu finden und selbst aktiv zu werden. Um diese Aktivitäten zu animieren, bieten wir für die Clubmitglieder Vorträge, Workshops und Diskussionen an. Der Club will neue Technologien und deren Nutzen für den Alltag zu einem anschaulichen Erlebnis machen. Dazu gehören Themen rund um Computer und Internet, aber auch Technik im Wohnbereich, in der Bildung, Verwaltung oder Verkehr. Darüber hinaus organisieren wir Exkursionen und Führungen in Ausstellungen und Museen und vermitteln Ausflüge ins Berliner Umland.

- Das Engagement unserer Clubteilnehmer zeigt uns, wie groß da Interesse an diesem „real-community-Angebot" ist: inzwischen treffen sich die Clubangehörigen auch ohne unser Zutun, und überlegen sich gemeinsam, wie sie ihr neues Wissen in gemeinsames Engagement umsetzen können.

Gemeinsam Lernen macht Spaß

Abb. 9

Aus der Evaluation des Silbermedia-Konzeptes und seiner Umsetzung in Berlin lassen sich folgende Punkte abschließend zusammenfassen:

- Die Erschließung der Zielgruppe 50/55+ für die Multimedia Welt ist möglich. Sie erfordert jedoch ein spezifisches enabling-Programm, das als wesentlichen Bestandteil kommunikative Elemente enthält.

- Das enabling-Programm sollte zunächst darauf zielen, Hemmschwellen gegenüber PCs und Internet zu senken und den Anwendernutzen der Neuen Medien zu verdeutlichen. Erst wenn der Verbraucher den Mehrwert des Netzes für sich selbst erkannt hat, wird er in die Internetwelt dauerhaft einsteigen. Der Nutzen des web erschließt sich für die Zielgruppe nicht unmittelbar. Das enabling-Programm sollte deshalb auch eine gewisse Animation für das web übernehmen und zunächst den tatsächlichen Nutzen heraus arbeiten. Darüber hinaus ist ein zielgruppenspezifisches Routing durch das Netz sinnvoll. Das enabling-Programm sollte interessante Angebote herausgreifen und auf qualifizierte Dienste und Anbieter hinweisen.

Fazit der letzten zwei Jahre

> ➢ **Zielgruppe 55+ kann für e-society gewonnen werden**
>
> ➢ **Voraussetzung:**
> **maßgeschneiderte Angebote für die Bedürfnisse der Zielgruppe**
> **- jung bleiben**
> **- mithalten können**
> **- geistig fit bleiben**
> **- neue Freunde finden**
> **- Interesse und Spaß**

Abb. 10

- Die Moderation für das web sollte sich dabei nicht allein auf den Inhalt, sondern auch auf Design und Benutzerführung richten: gerade die Gestaltung der Seiten ist für die Ziegruppe 50/55+ oft unübersichtlich und verwirrend, die Navigation unkonfortabel und nur auf den advanced user abgestimmt. Die spezifischen Bedürfnisse, Sehgewohnheiten und Designvorlieben älterer Menschen sind für die meisten web-designer irrelevant oder schlicht unbekannt. Hier liegen auch wichtige Forschungs- und Beratungskapazitäten unserer Arbeit: Silbermedia ist für das BIS und seine Auftraggeber aus Forschung und Industrie zum wichtigen Testbed für die Zielgruppenabstimmung ihrer Angebote geworden.

- Auch die Inhalte der enabling-Programme selbst müssen an den Bedürfnissen und Vorlieben der Zielgruppe ansetzen und diese in den Kursen, e-Learning-angeboten, foren oder newsgroups verankern. Es reicht auch nicht, ein neues Angebot als „Senioren-Portal" oder „seniorenspezifisch" zu labeln, die tatsächliche Abstimmung von Content und Vorgehensweise auf die Bedürfnisse der Zielgruppe muß gelingen. Wir setzen hier auf einen Mix aus Bildung und Information, virtueller Kommunikation und realem Kontakt, Unterhaltung und Spaß. Diesen Silbermedia Mix werden wir weiter optimieren.

- Unsere Evaluationsergebnisse belegen, daß die Senioren in der enabling Phase unter sich bleiben wollen. Dies stellt eine interessante und konzeptuell ernst zu nehmende Besonderheit dar. Senioren fühlen sich vom Lerntempo in „normalen" PC- oder Internet-Kursen häufig überfordert. Das gemeinsame Lernen mit Gleichaltrigen in Kursen, die pädagogisch und inhaltlich auf die Altersgruppe zugeschnitten sind, ist deutlich attraktiver als in generationengemischten Gruppen. Seniorenspezifische Angebote sind gerade hier sinnvoll; obwohl man insgesamt davor warnen muß, Senioren-Ghettos zu schaffen. Senioren wollen alles andere sein als Senioren – alt sind immer nur die anderen.

- Der Lernerfolg in den von uns entwickelten Silbermedia-Kursen ist sehr hoch. 70% aller Kunden, die zu uns kommen, hatten bisher keine PC-Praxis und sogar 95% keinen Kontakt zu Internet. Alle Kunden, auch diejenigen, die erst mit 80 Jahren die Multimedia-Welt für sich entdecken, schließen die Kurse erfolgreich ab, nur wenige benötigen zusätzlichen Einzelunterricht. 90% unserer Kunden steigen längerfristig in die Multimedia Welt ein: vom Maustraining zur eigenen homepage, von der ersten e-mail zum Internet-chatt zur ersten newsgroup und zum Engagement in e-communities.

- Ein für die Hersteller interessanter (Neben-)Effekt unseres Programms dürfte es sein, daß die Senioren in technisches Equipment rund um die Multimeia Welt investieren: 70% unserer Kunden schaffen sich PCs oder Laptops mit Internetzugang für zu Hause an, viele kaufen Handies und Organizer. Sind die Berührungsängste gegenüber der online Welt erst abgebaut, wächst auch das Interesse für die neuesten Entwicklungen im PC- und Telekommunikationsbereich (mobile Internetzugänge per Psion, Webpads, Screenphones, TV-Anwendungen etc.) sowie Trends im Home-Bereich (Smart Home-Applikationen aller Art, Internetanbindung der Haustechnologie etc.). Unsere PC- und Internet-Kurse führen also nicht nur zur Anschaffung des in der Schulung erprobten Equipments, sondern auch zum Einstieg in andere Teilsegmente des Telekommunikationsmarktes.

Silbermedia - Keine Angst vor Mäusen

Abb. 11

- Last not least, da Kommunikation und Kontakt ein zentrales Bedürfnis der Zielgruppe, müssen die Angebote hier ansetzen. Die Zielgruppe 50/55+ ist also für e-communities nicht verloren, vielmehr sind gerade community-Angebote sowohl im web als auch face-to-face attraktiv, binden die Zielgruppe und vermitteln Anschluß an die e-society insgesamt. Jedoch müssen auch diese communities auf die Bedürfnisse und Vorlieben der Älteren abgestimmt sein. Das BISA hat mit Silbermedia ein Konzept entwickelt, das in kommerzielle Dienstleistungsangeboten umgesetzt bzw. in bestehende Angebote integriert werden kann.

16 Identity + Internet = Virtual Identity?

Dr. Nicola Döring,
Technische Universität Ilmenau

Meine Damen und Herren, was passiert denn, wenn wir uns ins Netz einloggen, wenn wir Mitglieder werden von Online-Communities oder anderen Netzaktivitäten nachgehen? Wer sind wir dann, wenn wir im Netz agieren? Was passiert mit unserer Identität? Das ist die Kernfrage des Vortrages. Und ich möchte Ihnen eine differenzierte Auseinandersetzung mit dem Begriff der *„virtuellen Identität"* nahe bringen. Diese Bezeichnung geistert ja durch die Medien, aber sie wird auch in der Fachliteratur verwendet.

1   Die These der Selbst-Maskierung

Sehr verbreitet ist die These, dass wir durch virtuelle Identitäten unser wahres Selbst *maskieren*, eine beliebige Rolle spielen, andere Menschen auch bewusst täuschen (siehe Abb. 1).

Abb. 1: Die Realität des Cybersex? (Quelle: unbekannt)

Oft wird das Netz für Kontaktaufnahme und Geselligkeit genutzt. Dementsprechend geht es darum, beliebt und attraktiv zu sein. Hier verwandeln sich die Netznutzer dann reihenweise in Traumfrauen und Traummänner. Mit der realen Identität hat das oft nicht viel zu tun. Cybersex und Cyberromantik stehen unter einem großen Fragezeichen: Wen habe ich jetzt eigentlich kennen gelernt, in wen habe ich mich jetzt verliebt? Es gibt mittlerweile im Netz nicht nur *Kontakt-Foren*, sondern auch *Selbsthilfe-Foren*, denen es um die nicht selten schmerzlichen Konsequenzen der Netzromantik geht (siehe Abb. 2).

```
I started chatting in a chat room for my favorite musical
group. I became a "regular" and subsequently met a man
there. I wasn't looking for a relationship but we really
hit it off. To make a long story short, I ended up
spending a small fortune to fly to Australia to meet him.
(I live in the eastern US).

It turns out everything this man had me believing was a
total lie. He was at least 10 years older than his
pictures, horribly overweight and the personality was
totally opposite of his online presence. He was rude,
selfish, inconsiderate and had the manners of a
rattlesnake. I was so much in love with this man and I'm
still hurting over the whole thing.
```

Abb. 2: Erfahrungsbericht von der Safer-Dating-Website (Quelle: www.saferdating.com)

Erfahrungsberichte von der Safer-Dating-Website zeigen, dass Identitäts-Verstellung im Netz eben nicht einfach pure Spielerei ist, sondern durchaus ernsthafte Folgen haben kann: Finanzielle Verluste sind die eine Seite, Enttäuschung und Kummer die andere. Was passiert auf *interpersonaler Ebene* mit Vertrauen, mit Intimität, wenn Personen solche Erfahrungen machen. Das betrifft ältere Menschen, aber genau so auch Kinder und Jugendliche, für die die erste Liebe vielleicht immer häufiger eine Cyberliebe ist (vgl. Döring, 2000a).

Identitäts-Maskierung im Netz stellt jedoch nicht nur ein Risiko für die einzelnen Nutzerinnen und Nutzer dar, sondern ist auch auf *gesellschaftlicher Ebene* ein Problem, wenn kriminelle Motive dahinter stecken. Das plakativste Beispiel in diesem Zusammenhang sind die Aktivitäten jener Erwachsenen, die es mit sexueller Motivation darauf anlegen, als „Gleichaltrige" das Vertrauen von Kindern zu gewinnen (siehe Abb. 3).

```
<petra>     hallooo!
<tim>       hi, petra. wie alt bist Du?
<petra>     13 und du?
<tim>       ich bin 14 was machste grad?
<petra>     oooch nix besonders
<tim>       haste lust mich anzurufen?
```

Abb. 3: Ausschnitt aus einem Chat-Gespräch (Quelle: www.webchat.de)

In einem Chat ist zunächst nicht nachprüfbar, ob jemand, der sich als „Tim" ausgibt, wirklich 14 oder nicht vielleicht 54 Jahre alt ist.

Aus der Perspektive der Identitäts-Maskierung ist es ein heikles und gefährliches Unterfangen, sich auf Netzkontakte einzulassen. Vorsichtsmaßnahmen werden empfohlen. John Suler, Psychologe an der Rider University, hat Internet-Nutzer gefragt, wie sich im Chat testen, ob ihr Gegenüber wirklich eine echte Frau ist oder nicht vielleicht – wie in Abbilderung 1 gezeigt – eine „Fälschung". Es stellte sich heraus, dass in der Praxis nicht selten eine Art *Wissenstest* zur Enttarnung von Fakes eingesetzt wird. So fragt man im Falle der Geschlechts-Überprüfung etwa nach frauenspezifischem Spezialwissen über Wäschegrößen, Monatshygiene oder Kosmetik (Suler, 1999). Vergleichbar wären Alters-Tests durchführbar, die etwa auf zeitgeschichtliche Ereignisse, besondere gesundheitliche Probleme oder auf aktuelle Jugendkulturen abheben.

Eine härtere Methode der Identitätsprüfung begnügt sich nicht mit dem Online-Diskurs, sondern greift auf *Belege aus der Offline-Welt* zurück. Man überprüft Telefonnummern, Privat- und Dienstadressen, tätigt Anrufe.

Noch radikaler wäre es, Online-Aktivitäten von vornherein auf ein Minimum zu reduzieren und insbesondere Bedürfnisse nach Sozialkontakt und Geselligkeit lieber Face-to-Face auszuleben. So kritisiert z.B. der Freizeitforscher Horst Opaschowski in seiner Studie „Generation @" (1999), dass virtuelle Identitäten beliebig gewechselt werden und dieses „Identitäts-Hopping" letztlich zu *Identitäts-Verlusten* führt.

2 Die Gegenthese der Selbst-Enthüllung

Wo es eine starke These gibt, ist die Gegenthese nicht weit. Die Gegenthese lautet: Virtuelle Identitäten dienen nicht der Maskierung, sondern gerade der *Erkundung und Enthüllung* der eigenen Persönlichkeit. Wir sind alle facettenreich und wenn sich in unterschiedlichen Netzzusammenhängen unterschiedliche Facetten zeigen, ergibt sich insgesamt ein vollständigeres und authentischeres Bild der eigenen Person als in vielen Offline-Kontexten, die uns nicht zuletzt anhand von Äußerlichkeiten auf eng umschriebene Rollen festlegen. Wenn man einer Person erstmals im Netz begegnet, hat sie die Möglichkeit, Aspekte ihres Selbst zum Ausdruck zu bringen, die ihr im Face zu Face-Kontakt kaum zugebilligt werden. Fiktionale Elemente in die Identitätskonstruktion einzuflechten ist dabei nicht von vornherein als Unehrlichkeit abzutun, sondern kann eben auch als Strategie verstanden werden, bestimmte *authentische Bedürfnisse und Emotionen* zu artikulieren (siehe Abb. 4).

Abb. 4: Unechte Biografie, aber echter Spaß beim Cyberflirt (Quelle: unbekannt)

Wenn es im Zuge des Kennenlernens Irritationen gibt, z.B. weil der virtuelle Eindruck von dem Eindruck am Telefon oder beim persönlichen Treffen deutlich abweicht, dann heißt das nicht automatisch, dass der Online-Eindruck der falsche ist. Es könnte auch bedeuten, dass der Face-to-Face-Eindruck unvollständig oder irreführend ist (Bahl, 1997). So berichten Netznutzer immer wieder, dass sie virtuellen Geschlechtertausch nutzen, um gerade jene Selbst-Aspekte auszuleben, die ihnen aufgrund traditioneller Geschlechter-Steoretype in Offline-Kontexten nicht zugebilligt werden (Bruckman, 1993). Auch das drastische Herauf- oder Heruntersetzen des nominellen Alters ist nicht selten ein Versuch, sich jenseits von rigiden Altersstereotypen und Alternsnormen im Netz als Person zu positionieren.

Sherry Turkle, Psychotherapeutin und Soziologieprofessorin am MIT, hat in qualitativen Beobachtungs- und Befragungsstudien die Erfahrungen vieler Netzaktiver zusammen getragen und mit der aktuellen Selbst- und Identitäts-Theorien verknüpft (Turkle, 1995). In Soziologie und Sozialpsychologie besteht weitgehend Konsens, dass die traditionelle Vorstellung der stabilen, *homogenen Identität*, die sich im Jugendalter ausbildet und dann lebenslang hält, überholt ist. In unserer heutigen Gesellschaft sind wir mit so vielfältigen Anforderungen und Umwelten konfrontiert, dass wir eben auch unsere Denk- und Handlungsmuster ausdifferenzieren zu mehreren eigenständigen Teil-Identitäten. Man spricht in diesem Zusammenhang auch – und das ist gar nicht pathologisch gemeint – vom *„multiplen Selbst"*. Wahre Identität ist nicht einfach vorhanden oder wird maskiert, sondern Identität ist ein ständiger *Konstruktions- und Rekonstruktionsprozess*, eine Arbeit an einem Patchwork, dessen Teile durch Verhalten und biografische Reflexion immer wieder ergänzt und reorganisiert werden (Keupp, 1997).

Wenn man dies zugrunde legt kann der Umgang mit virtuellen Identitäten ein willkommenes *Experimentierfeld* sein, auf dem man vielleicht unter etwas sichereren und nicht ganz so konsequenzenreichen Bedingungen Identitätsarbeit leisten kann (Bruckman, 1992). Eigene soziale Verhaltensmuster können variiert und aufgebrochen werden – erst im Netz, und dann vielleicht auch im realen Leben (McKenna & Bargh, 1998). Die Erfahrung, sich im Netz mit jemandem anfreunden zu können, den man bei einem Kennenlernen per Face-to-Face-Kontakt gar nicht beachtet oder sogar abgelehnt hätte, trägt dazu bei, die eigenen Filter im Kopf zu hinterfragen. Mehr oder minder spielerische Identitätsarbeit im Netz lässt sich aus dieser Perspektive als Steigerung der Selbsterkenntnis und als *Identitäts-Gewinn* verbuchen.

3 Kritik beider Thesen zur virtuellen Identität

Der Diskussions- und Forschungsstand zu virtuellen Identitäten ist also durch Selbstmaskierungs-Kritik und Selbsterkundungs-Lob geprägt. Wie kommt diese Polarisierung zustande? Drei Faktoren sind ausschlaggend: Das stillschweigend zugrundegelegte *Menschenbild*, die Auswahl der untersuchten *Netzdienste* sowie die betrachteten *Nutzungskontexte* (siehe Abb. 5).

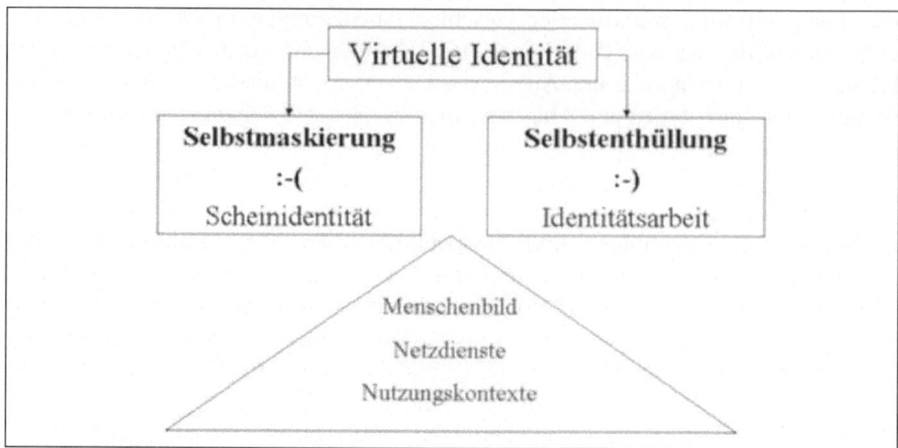

Abb. 5: Ursachen für die polarisierte Bewertung virtueller Identität

Beginnen wir mit der Frage nach dem *Menschenbild*: Aus Sicht der Selbst-
maskierungs-These haben Netznutzer/innen überwiegend egoistische und böse
Absichten: Sie wollen andere Menschen hintergehen und ausnutzen, im günstigsten
Fall suchen sie oberflächliche Unterhaltung. Gern werden Kriminalfälle heran-
gezogen. Aus Sicht der Selbstenthüllungs-These dagegen verfolgen Netznutzer/
innen ehrenwerte psychosoziale Ziele: Sie wollen sich und andere besser verstehen,
setzen computervermittelte Kommunikation manchmal geradezu therapeutisch ein
und reflektieren ihre Netzerfahrungen ebenso gründlich wie sozialkritisch. Entsprechende Informationen stammen hier häufig aus Interviews mit netzbegeisterten
Psychologiestudenten.

Vor dem Hintergrund, dass Netznutzung sich in immer größeren Bevölkerungs-
kreisen verbreitet (zur soziodemografischen Zusammensetzung der Netzpopulation
siehe Döring, 1999, S. 142ff.) scheint es jedoch unangemessen, entweder ein
kriminalistisches oder ein psychologistisches Menschenbild zugrunde zu legen. Eine
weniger polarisierte und dramatisierte Einschätzung der Risiken und Chancen
virtueller Identitäten würde resultieren, wenn anstelle von Einzelfällen und
Sondergruppen repräsentative Ausschnitte der Netzpopulation betrachtet würden,
bei denen keine besondere kriminelle oder psychologische Prägung, sondern
vielmehr ein breites Spektrum von Nutzungsmotiven zu erwarten ist.

Extremisiert ist der bisherige Diskurs auch durch eine enorme Einengung der
betrachteten Netzdienste. Dass Menschen sich – beginnend mit der Namenswahl –
in ihren virtuellen Selbstdarstellungen völlig frei entfalten, beliebige und ggf. auch
wechselnde Informationen über sich lancieren können, ist in erster Linie eine Option

der Chat-Kommunikation als der kontextärmsten und flüchtigsten Variante persönlichen Austauschs im Netz (zur Beschreibung der Chat-Kommunikation siehe Döring, 1999, S. 95ff.). Das Chatten ist aber nur *ein* Netzdienst neben vielen anderen. Tatsächlich spielt im Netzalltag die Email- und WWW-Kommunikation eine weitaus gewichtigere Rolle; sie wird von über 90% der Netzaktiven praktiziert, während nicht einmal jede zweite Person im Netz jemals chattet (Döring, 1999, S. 153ff.). Und Selbstdarstellung in Emails und auf persönlichen Webseiten folgt ganz anderen Prinzipien als die Selbstdarstellung im Chat: So sind persönliche Homepage mit Text- und Bildmaterial ausgestattet und liefern in der Regel den vollen Namen und eine Kontaktadresse (Döring, 1999, S. 285ff.). Der Aufwand, der mit der Erstellung einer persönlichen Homepage einhergeht, legt es nicht nahe, die Inhalte je nach Lust und Laune täglich zu verändern oder diverse Homepages gleichzeitig zu betreiben.

Um virtuelle (d.h. netzbasierte) Selbstdarstellung angemessen zu beurteilen, dürfen also nicht nur MUDs und Chats betrachtet werden, sondern müssen auch alle anderen computervermittelten Kommunikationsdienste einbezogen werden und zwar proportional zu ihrer Nutzungshäufigkeit und Verbreitung.

Schließlich darf auch nicht vernachlässigt werden, wie und in welchen *sozialen Nutzungskontexten* diese Netzdienste zum Einsatz kommen. So sind Pauschalaussagen über spielerische oder experimentelle Identitätskonstruktionen „beim Chatten" unsinnig, solange nicht spezifiziert wird, wer in welchem sozialen Arrangement und mit welcher Zielsetzung mit wem chattet. Beteiligt sich etwa eine 20jährige Studentin *per Chat* an einem Flirt-Forum, in dem sie niemanden kennt, so ergreift sie unter einem vielsagenden Spitznamen vielleicht die Gelegenheit, ungewohnte und sexuell gewagte Selbstinszenierungen zu erproben, deren Implikationen ihr selbst noch nicht klar genug sind, um damit gleich das unmittelbare soziale Umfeld zu konfrontieren (vgl. Döring, 2000b). Beteiligt sich dieselbe Studentin dagegen *per Chat* an einer virtuellen Seminarsitzung im Rahmen ihres Fernstudiums, so wird sie – nachdem alle Seminarteilnehmer/innen sich in der vorgeschalteten Präsenzphase bereits persönlich kennengelernt haben – unter ihrem realen Namen die Rolle der Seminarteilnehmerin einnehmen und hoffen, dass die anderen sie identifizieren und wiedererkennen.

4   Ein integratives Modell des Identitäts-Managements

Insgesamt ist es nicht überzeugend zu postulieren, dass Menschen sich im Netz durchgängig alltagsfremd verhalten – sei es in positiver oder negativer Hinsicht. Vielmehr sind die spezifischen Möglichkeiten des *Eindrucks- und Identitäts-*

Managements, wie sie bei der computervermittelten Kommunikation bestehen, anderen Varianten des Selbst-Ausdrucks an die Seite zu stellen. Das selektive und adressatenangepasste Darstellen von Selbst-Aspekten ist selbstverständlicher Bestandteil des Sozialverhaltens und kein spezielles Netz-Phänomen (Leary, 1995). Allerdings wird Selbstdarstellung im Internet zum Thema, weil in manchen Kontexten die Gestaltungsspielräume der Identitätskonstruktion besonders groß sind und weil computervermittelte Formen der Selbstdarstellung noch einen gewissen Novitätswert besitzen.

Betrachtet man *persönliche Homepages*, die eine sehr umfassende und kompakte Darstellung personenbezogener Bild- und Textinformationen erlauben, so ergeben sich zahlreiche Fragen für das Identitäts-Management: Wie viele und welche privaten und beruflichen Informationen soll ich unterbringen? Zeugnisse, Arbeitsproben, Kinderfotos, Urlaubsbilder – das Spektrum ist groß und feste *Normen* haben sich hier nur teilweise etabliert. So geben Organisationen oftmals eine bestimmte Struktur und auch ein Corporate Design für die persönlichen Homepages ihrer Mitarbeiter vor. Es besteht aber die Möglichkeit, von dieser offiziellen Homepage auf eine weitere private Seite zu verlinken oder diese separat zu betreiben. Selbständige sind ohnehin keinen institutionellen *Gestaltungs-richtlinien* unterworfen, sondern müssen sich selbst fragen, wie sie auf der Homepage etwa ihrer professionelle Identität angemessen präsentieren. Eine besondere Herausforderung für das Identitäts-Management auf der persönlichen Homepage ergibt sich dadurch, dass der *Adressatenkreis* offen ist und sowohl Unbekannte als auch Bekannte die eigene Homepage aufsuchen, wobei Kunden, Kollegen, Freunde und Familienangehörige darunter sein können. Es ist bislang noch wenig erforscht, wie mit diesen Herausforderungen am besten umzugehen ist. Noch befinden wir uns in einem Stadium des allgemeinen Experimentierens, das durch Evaluationsstudien begleitet werden sollte.

Ein kreatives Spiel mit der eigenen Identität verbietet sich in Kontexten, in denen man das Gegenüber kennt oder formale Beziehung unterhält (siehe Abb. 6).

```
Hallo Nicola,
Danke für die Info!
Herzliche Grüße
HS


--
Dipl.-Psych. Hannah Schuster
Mensch-Umwelt-Beziehungen (MUB)
Departement der Umweltnaturwissenschaften (D-UMNW)
Eidgenoessische Technische Hochschule Zuerich (ETH-Z)
ETH Zentrum HAD
CH-8092 Zuerich
Tel: 0041 1 632 63 27
Fax: 0041 1 632 10 29
mailto:schuster@uns.umnw.ethz.ch
URL: http://www.uns.umnw.ethz.ch/mscb/index.htm
```

Abb. 6: Selbstdarstellung in einer beruflichen E-Mail

Berufliche Email enthalten nicht zufällig oft sehr ausführliche identifizierende Informationen, die den Wechsel in andere Medien erleichtern, Wiedererkennbarkeit und Authentifizierbarkeit sichern. Mit Ausnahme von Werbebotschaften besteht im beruflichen E-Mail-Wechsel selten Anlass, von Identitätsschwindel auszugehen.

Abschließend ist also festzuhalten, dass der Begriff der virtuellen Identität *entmystifiziert* und mit anderen Formen des Identitäts-Managements in Zusammenhang gebracht werden sollte. Die Netzwelt steht eben nicht für sich, abgekoppelt von sonstigen „real life", sondern sie ist Teil unserer sozialen Wirklichkeit und in vielfältiger Weise mit anderen medialen Kontakten und Face-to-Face-Begegnungen verknüpft (Suler, 2000). Wie die Online-Identitätskonstruktion ausfällt, und ob Sender und Empfänger im Einzelfall Positiv- oder Negativ-Effekte bemerken, hängt vor allem von drei Faktoren ab:

- *Medien-Kompetenz*: Kann ich einen intendierten Eindruck im Netz effektiv durch die Gestaltung meiner Emails, Chat-Botschaften oder Homepage erzielen?

- *Medien-Merkmale*: Welche sozialen und technischen Vorgaben (z.B. Art und Anzahl der Formularfelder für die Erstellung eines persönlichen Profils; öffentliche Protokollierung des Nutzerverhaltens und Erstellung von Nutzer-Rankings) macht mir ein Netzforum hinsichtlich meiner virtueller Selbstdarstellung?

- *Mediennutzungs-Situation*: Habe ich das für den aktuellen Kommunikations-anlass angemessene Medium gewählt und entscheide ich mich ggf. zum bewussten Medienwechsel?

Eine derart differenzierte Analyse des Identitäts-Managements in der E-Society hat erst begonnen.

5 Literatur

Bahl, Anke (1997). *Zwischen On- und Offline. Identität und Selbstdarstellung im Internet.* München: KoPäd.

Bruckman, Amy (1992). *Identity Workshop. Emergent Social and Psychological Phenomena in Text-Based Virtual Reality.* [Online-Dokument] URL http://www.cc.gatech.edu/~asb/papers/

Bruckman, Amy (1993). *Gender-Swapping on the Internet.* [Online-Dokument] URL http://www.cc.gatech.edu/~asb/papers/

Döring, Nicola (1999). *Sozialpsychologie des Internet. Die Bedeutung des Internet für Kommunikationsprozesse, Identitäten, soziale Beziehungen und Gruppen.* Göttingen: Hogrefe.

Döring, Nicola (2000a). Romantische Beziehungen im Netz. In Caja Thimm (Hrsg.), *Soziales im Netz. Sprache, Beziehungen und Kommunikationskulturen im Netz* (S. 39-70). Opladen: Westdeutscher Verlag.

Döring, Nicola (2000b). Cybersex aus feministischen Perspektiven: Viktimisierung, Libe-ralisierung und Empowerment. *Zeitschrift für Frauenforschung & Geschlechterstudien,* Heft 1+2/00, 24-50.

Keupp, Heiner (1997). Diskursarena Identität: Lernprozesse in der Identitätsforschung. In Heiner Keupp & Renate Höfer (Hrsg.), *Identitätsarbeit heute. Klassische und aktuelle Perspektiven der Identitätsforschung* (S. 11-39). Frankfurt/Main: Suhrkamp.

Leary, Mark (1995). *Self-Presentation. Impression Management and Interpersonal Behavior.* Boulder, CA: Westview Press.

McKenna, Katelyn & Bargh, John (1998). Coming out in the age of the Internet: Identity 'de-marginalization' from virtual group participation. *Journal of Personality and Social Psychology, 75* (3), 681-694.

Opaschowski, Horst (1999). *Generation@ - Die Medienrevolution entläßt ihre Kinder: Leben im Informationszeitalter.* Hamburg: British American Tobacco.

Suler, John (1999). *Do Boys just wanna have fun? Gender-Switching in Cyberspace.* [Online-Dokument] URL http://www.rider.edu/users/suler/psycyber/genderswap.html

Suler, John (2000). *Identity Management in Cyberspace.* [Online-Dokument] http://www.rider.edu/users/suler/psycyber/identitymanage.html

Turkle, Sherry (1995). *Life on the Screen: Identity in the Age of the Internet.* New York: Simon and Schuster.

Kontakt:

Dr. Nicola Döring
Technische Universität Ilmenau,
Institut für Medien- und Kommunikationswissenschaft
Adresse: PF 10 05 65, D-98684 Ilmenau
E-Mail: nicola.doering@tu-ilmenau.de
WWW: www.nicoladoering.de oder www.nicoladoering.net

17 In der e-Society wird Arbeit neu definiert

Prof. Ulrich Klotz
Hochschule für Gestaltung, Offenbach

Vorbemerkung: Seitdem dieser Vortrag auf dem e-Society-Kongreß des Münchner Kreises gehalten wurde, ist vor allem in der sogenannten „New Economy" viel passiert. Was seinerzeit noch mit reichlich hochfliegenden Erwartungen insbesondere auf dem Börsenparkett verbunden war, ist inzwischen weithin in Enttäuschung umgeschlagen, aus der DotCom-Euphorie wurde eine regelrechte DotCom-Depression. Solche Achterbahnfahrten an den Börsen sind allerdings nichts Ungewöhnliches, im Gegenteil: Das Aufkommen neuer Schlüsseltechnologien löste auch in der Vergangenheit regelmäßig Überinvestitionskrisen aus. Als beispielsweise im 19. Jahrhundert die neue Technologie Eisenbahn die Transportkosten für Menschen und Material dramatisch senkte, folgte einer phänomenalen Boomphase ein ebensolcher Börsencrash – langfristig jedoch sorgte die Basistechnologie der damaligen „New Economy" für einen gesamtwirtschaftlichen Produktivitätsschub ohne gleichen, der letztlich in einen Jahrzehnte anhaltenden Wirtschaftsaufschwung mündete. Insofern gilt auch heute: wer bei populären Schlagworten wie „New Economy" nur an Aktienmärkte denkt und sich von Börsenkapriolen blenden lässt, läuft Gefahr, langfristig wirkende Veränderungen zu übersehen, die die rasche Fortentwicklung von Informationstechnik und insbesondere Netzwerktechnologien nach sich zieht. Neue Netzwerktechniken werden in unser tägliches Leben, in unsere Kultur eingewoben wie zuvor bereits das Telefon, das Radio und das Fernsehen. Betrachtet man Computer, digitale Netze und insbesondere das Internet als den „Buchdruck der Neuzeit", so ist zu vermuten, dass wir derzeit erst am Beginn folgenreicher Veränderungen stehen – mit dem neuen Medium entsteht eine neue Gesellschaft – also weit mehr als nur eine „New Economy".

Etwa seit Mitte der 1980er Jahre zeichnet sich ab, dass mit Hilfe der Technologie, die die sozio-ökonomische Entwicklung des ausgehenden 20. Jahrhunderts maßgeblich prägte, viele Tätigkeiten von den Zwängen befreit werden können, die die Industrialisierung mit sich brachte.

Damit einhergehend wandelt sich insbesondere das erst im Verlauf dieses Prozesses gewachsene, heutige Verständnis von Arbeit als räumlich und zeitlich festgelegte, kontinuierlich abzuleistende Erwerbsarbeit. Arbeit zerfällt in viele Formen, Grenzen zwischen Arbeits- und Freizeit, Wohn- und Arbeitsort, Lernen und Arbeiten, abhängiger und selbständiger Beschäftigung, Produzenten und Konsumenten sowie zwischen Betrieben und Branchen werden zunehmend unscharf.

Überall dort, wo Kategorien wie Arbeitszeit, Arbeitsort, Arbeitsleistung und Arbeitsplatz verschwimmen, zerbröselt auch das Fundament eines Gebäudes aus Vereinbarungen, Normen, Regeln, Gesetzen, Organisationsformen, Strukturen und Institutionen, das unsere Verhaltensmuster und Wertesysteme stärker prägt als uns bewusst ist. Institutionen wie etwa die Gewerkschaften, deren Handeln sich auf die industriell geprägte Definition von Arbeit bezieht, werden so schleichend ihrer angestammten „Geschäftsgrundlagen" beraubt und vor neue Herausforderungen gestellt.

Die Neue Ökonomie …

Obgleich die Geschäfte mit immateriellen Werten wie Informationen und Dienstleistungen inzwischen alles andere weit übertreffen, verfügt die traditionelle Wirtschaftslehre noch nicht einmal über Begriffe für die Ressourcen, auf denen der Wertschöpfungsprozess basiert, geschweige denn über brauchbare Modelle und Erklärungsansätze für diese Art von (Informations-)Ökonomie. Dimensionen, auf deren Kombinationen die klassische Ökonomie basiert – Stück, Gewicht, Zeit, Preis usw. – versagen bei Informationsarbeit und immateriellen Gütern weitgehend.

In den USA etabliert sich daher seit Mitte der 1990er Jahre das Schlagwort „New Economy"; zahlreiche Synonyme wie „digitale Ökonomie", „Netzwerkökonomie", „Internet-Ökonomie", „Wissensökonomie" (um nur einige Buchtitel zu nennen) lassen erahnen, dass es bei „alter" und „neuer" Ökonomie nicht um alte und neue Wirtschaftszweige geht, sondern um Bereiche, für die unterschiedliche ökonomische Regeln gelten. Im Kern geht es um ein auf digitalen Netzen basierendes Marktmodell, bei dem spezielle Eigenschaften digitalisierter Güter eine Schlüsselrolle spielen. Genau genommen sind dabei aber viele Regeln so neu nicht, neu hingegen ist die Tatsache, dass immer grössere Teile des wirtschaftlichen Geschehens mit nie da gewesener Geschwindigkeit hiervon erfasst werden.

… mit neuen Regeln

Im Gegensatz zu materiellen Gütern können Informationen transferiert, verschenkt, verkauft oder getauscht werden, ohne dass sie ihren ursprünglichen Besitzer verlassen. Bits und Ideen kann man verkaufen und gleichzeitig behalten: Bei digitalisierten Gütern sind Original und Kopie nicht voneinander zu unterscheiden. Informationsprodukte müssen nur ein einziges Mal konzipiert, entwickelt und gestaltet werden, um von allen jederzeit verwendbar zu sein – sie können über Netzwerke praktisch ohne Mehraufwand millionenfach kopiert und verteilt werden. Bei immateriellen Gütern zählt nur der Entwicklungsaufwand, die Grenzkosten der Vervielfältigung und Verteilung von digitalisiertem Wissen sind praktisch Null.

In einer Informationsökonomie wird Wert vor allem durch die Anwendung von Wissen vermehrt. Eine Wertschöpfung, in der Mehrwert nicht über Volumen geschaffen wird, unterscheidet sich in zentralen Aspekten von materieller Produktion, bei der sich die Produktionsfaktoren – (manuelle) Arbeit, Rohstoffe und Kapital – im Prozess verbrauchen – um mehr zu produzieren, muss man mehr von ihnen einsetzen. Im Gegensatz dazu ist Wissen eine Ressource, die sich nicht erschöpft, sondern durch ihren Gebrauch sogar noch vermehrt.

Grenzen des Wachstums sind für immaterielle Güter, bislang jedenfalls, nicht erkennbar. Je mehr Menschen Wissen verarbeiten, je produktiver die IT-Systeme sind, desto mehr Rohstoff und Aufgaben für andere Wissensarbeiter entstehen dabei – Arbeit erzeugt vor allem immer neue Arbeit. Somit führt steigende Produktivität für viele Informationsarbeiter nicht zu kürzeren Arbeitszeiten, sondern – im Gegenteil – zu verschwimmenden Grenzen zwischen Arbeit und Freizeit, man ist sowohl hier wie dort mehr und mehr beschäftigt – vor allem mit Informationen.

Netzwerkeffekte und die Ökonomie der Aufmerksamkeit

Der Wert von Informationsprodukten bemisst sich nach anderen Regeln als der Wert von materiellen Gütern, bei denen es beispielsweise einen direkten Zusammenhang zwischen Seltenheit und Wert gibt. Bei Software und manch anderen Informationswerkzeugen ist es – wenn auch nicht immer – genau umgekehrt: Ihr Wert nimmt zu, je häufiger es sie gibt. Je schneller sich ein Computerprogramm verbreitet, desto eher wird es zum (De facto-)Standard und zur Ausgangsbasis für Folgegeschäfte.

Netzwerkeffekte, bei denen der Wert eines Produktes mit jeder installierten Einheit steigt, können rasch zur Bildung ungewöhnlich lukrativer Monopole führen, wie es etwa Microsoft und Intel illustrieren. Deshalb gehen immer mehr IT-Firmen dazu über, ihre digitalen Erzeugnisse zu verschenken – durch kostenlose Produkte lässt sich schnell eine kritische Masse an Kunden erreichen. Ist so ein Standard geschaffen, hat es die Konkurrenz extrem schwer, Zugang zum Markt zu erlangen und um so profitabler lassen sich dann komplementäre Services vermarkten. Paradebeispiele sind Firmen wie Netscape und RealNetworks, die mit Gratisprodukten binnen weniger Monate auf Weltmarktanteile von 80 Prozent und explodierende Börsenwerte kamen.

Auch Mobiltelefone und PCs werden derzeit in den USA zu Hunderttausenden verschenkt. Das ist zwar oft nur eine Neuauflage des alten AT&T-Modells: kostenlos verteilte Telefone ermöglichten die Benutzung eines neuartigen Kommunikations-dienstes. Neu hingegen ist das Tempo: Mitunter werden heute via Internet Weltmärkte und Monopolstellungen binnen weniger Wochen erobert.

Inzwischen gibt es netzbasierte Services jedweder Art zum Nulltarif sowie erste Angebote, bei denen Internet-Provider ihren Kunden für Online-Stunden kein Geld berechnen, sondern sogar bezahlen. Diese – ähnlich dem Free-TV – werbefinanzierten Geschäftsmodelle lassen erkennen, was in der Informationsökonomie wirklich knapp und teuer wird. Charakteristisch für die Informationsgesellschaft ist es nicht, dass Information einen besonderen Wert annähme. Charakteristisch ist vielmehr deren nicht mehr zu bewältigende Flut. Zum Engpass wird die Kapazität zur Aufnahme und Verarbeitung der Fülle von Signalen, Symbolen und Reizen. Weil aber Information, die keine Beachtung findet, keinen ökonomischen Wert hat, bestimmt sich ihr Wert nicht aus sich selbst, sondern aus der Ressource, die sie in Anspruch nimmt: Information verbraucht die „Aufmerksamkeit" ihrer Empfänger. Wenn infolge der IT zunehmend mehr Informationen angeboten werden (können), als wir je aufzunehmen in der Lage sind, dann wird Aufmerksamkeit zum knappsten aller Faktoren in der Informationsgesellschaft, denn sie ist – wie die Zeit – nicht vermehrbar. Je grösser die Informationsflut, desto höher wird Aufmerksamkeit bewertet und honoriert. Einschaltquoten, Auflagenhöhen, Besucher-, Zugriffs- und Zitatzahlen sind Masse für die Einkünfte an Aufmerksamkeit, die sich durchaus in bare Münze verwandeln lassen.

Steigende Werbeetats und Starhonorare, explodierende Werte von Markennamen oder vielbesuchten Internetseiten sind nur einige Indizien dafür, dass die neue Theorie von der „Ökonomie der Aufmerksamkeit" einen durchaus realen Hintergrund hat. Dazu zwei Beispiele:

Der US-Basketballstar Michael Jordan kassiert für Sportschuhwerbung von der Firma Nike pro Jahr rund zwanzig Millionen US-Dollar – mithin doppelt so viel wie die zwölftausend asiatischen Näherinnen, die diese Schuhe herstellen. Die Kabel-TV-Firma AT-Home bezahlte für die Internet-Suchmaschine Excite 6,7 Mrd. US-Dollar – zum Vergleich: Der Autokonzern Ford kaufte Volvo für 6,45 Mrd. US-Dollar.

Neue Definition von Arbeit

Industrieproduktion erfordert den Transport des Produktionsfaktors Mensch zu den Produktionsstätten; Computernetze hingegen bringen den Produktionsfaktor Information zu den Menschen. Bei vielen Formen von Informationsarbeit wird der Zwang zum kasernierten Arbeiten aufgehoben: Arbeit bezeichnet dann wieder das, was man tut, und nicht, wohin man geht. Das starre Regime von Ort und Zeit – ein Grundpfeiler der industriellen Arbeitskultur – wird damit zur Disposition gestellt. Wie jeder Wandel, so hat auch diese Entwicklung Licht- und Schattenseiten: Gil Gordon, einer der Pioniere der Telearbeit, sagt es lakonisch: „Die gute Nachricht: Die Leute können überall und jederzeit arbeiten – die schlechte Nachricht: Die Leute können überall und jederzeit arbeiten."

Mit den neuen Unternehmensmodellen breiten sich überall Arbeitsformen aus, die wir heute noch „atypisch" nennen: Teilzeitarbeit, Leiharbeit, befristete Arbeit,

Telearbeit, Honorarvertragsarbeit und andere Formen der (Schein-)Selbständigkeit. Schon heute sind nur noch knapp zwei Drittel aller Arbeitsverhältnisse so genannte „Normalarbeitsverhältnisse".

Experten schätzen, dass binnen kurzem auf jeden Beschäftigten der unter „normalen" Bedingungen vollzeit arbeitet, schon ein Beschäftigter kommen wird, für den die frühere Regel zur Ausnahme geworden ist.

Industriearbeiter – die Bauern des 21. Jahrhunderts?

Obwohl der absolute Wert der industriellen Produktion weiterhin steigt, sinkt die relative Bedeutung dieses Bereichs. Ähnlich wie zuvor die Agrararbeit werden industriell geprägte Tätigkeiten langfristig zu einer Restgrösse schrumpfen. Der grosse Produktivitätsschub steht den meisten Industriezweigen noch bevor, da man bislang das wahre Potential der IT vielfach noch gar nicht erkannt hat.

Die Situation erinnert an die Einführung der Elektrizität. Anfänglich wurde diese nur dazu genutzt, um in den Fabriken Dampfmaschinen durch Elektromotoren zu ersetzen, die Produktivitätseffekte blieben gering. Erst in den 1920er erkannte man das wahre Potential dieser neuen Technik und schuf völlig neu konzipierte Fabriken, in denen die Produktivität geradezu explodierte. Ähnlich verhält es sich mit dem Computer, der lange Zeit nur als eine Maschine zur schnelleren Erledigung bereits existierender Abläufe gesehen wurde. Vor allem während der durch zentralistische Datenverarbeitung geprägten Ära beklagte man jahrelang das „Produktivitäts-Paradox": massiv steigende IT-Aufwendungen führten sogar zu sinkender Produktivität insbesondere im Bürobereich. Erst jetzt erkennen immer mehr Manager, dass sich mit Hilfe der IT betriebliche Prozesse vollkommen neu strukturieren lassen, wenn man den Computer nicht mehr als eine programmierbare Maschine betrachtet, sondern als ein Medium, mit dessen Hilfe Menschen auf neue Weise zusammenwirken können.

Die meisten Arbeiten, die routinemässig genug sind, um gemessen zu werden, kann man früher oder später auch an technische Systeme übertragen. Übrig bleiben dann Tätigkeiten, die sich den tradierten Formen von „Regulierung – dem Paradigma der industriell geprägten Arbeitsgesellschaft" – weitgehend entziehen. Da sich darüber hinaus die Preise digitalisierter Güter nicht nach durchschnittlichen Produktionskosten berechnen lassen, sondern sich an der Zahlungsbereitschaft der Nutzer orientieren, steht in der Informationsökonomie das Einkommen von Informationsarbeitern nicht mehr in Beziehung zur investierten Arbeitszeit, sondern es hängt ab von ihrem Geschick, ihrer Originalität und ihrer Schnelligkeit, neue Probleme zu identifizieren, sie auf kreative Weise zu lösen und überzeugend zu kommunizieren. Damit einhergehend verlieren herkömmliche Karrierewege, formale Ausbildungsabschlüsse, standardisierte Berufsbilder und fixierte Stellenbeschreibungen allmählich an Bedeutung. Was im Industriezeitalter Energie, Spezialisierung und Austauschbarkeit waren, werden in der neuen Ära Zeit, Lernen und Anpassungsfähigkeit sein. Eine vielerorts beobachtbare Folge dieser Entwicklung ist wachsende Ungleichheit in der Einkommensverteilung.

Neue Unternehmensbewertung führt zu neuen Arbeitsformen

Zwar ist die Einsicht, daß die Mitarbeiter wesentlich über Erfolg oder Mißerfolg jedes Unternehmens entscheiden, weithin unbestritten, gleichwohl hat diese Erkenntnis in der Unternehmenspraxis bislang kaum adäquaten Niederschlag gefunden. Noch immer werden Mitarbeiter in den gängigen Rechnungs- und Bilanzierungssystemen vorwiegend als Kostenfaktor beziehungsweise als Aufwand in der Erfolgsrechnung betrachtet. Waren früher Boden, Maschinen und rohe Arbeitskraft die dominierenden Produktionsfaktoren, so sind es in der Informationsökonomie die Fähigkeiten der Mitarbeiter, geistiges Eigentum und andere „weiche" Faktoren, wie Kundenbeziehungen, Innovationsfähigkeit, Organisationsklima usw. Entscheidend in den wissensbasierten Firmen sind nicht die Kosten eines Mitarbeiters, sondern der Mehrwert, den dieser zu kreieren vermag. Das wiederum ist davon abhängig, inwieweit das Unternehmen die Talente seiner Mitarbeiter zur Entfaltung und diese mit den Wünschen der Kunden, den Fähigkeiten der Zulieferer und den sonstigen Wandlungen des Umfelds in Übereinstimmung zu bringen vermag.

Angesichts der Tatsache, dass die klassischen Steuerungs- und Bewertungssysteme in den „people-based businesses" der Informationsökonomie ihre Aussagekraft verlieren, arbeiten inzwischen eine Reihe von Consultingfirmen an der Entwicklung neuartiger Konzepte und Methoden der Unternehmensbewertung, die dem sogenannten „Humankapital" größeren Rang einräumen. In der Konsequenz dürften diese Ansätze, sofern sie sich auf breiter Front durchsetzen, langfristig einen tief greifenden Wandel in der Unternehmensführung nach sich ziehen – möglicherweise von ähnlicher Bedeutung wie seinerzeit das Konzept der „wissenschaftlichen Betriebsführung" von Frederick W. Taylor.

Mit Verbreitung der Informationstechnik bildet sich eine neue Ökonomie heraus, die sich mehr auf die Produktion von Ideen gründet als ihre Vorgängerin, die auf die Herstellung von Objekten zu möglichst geringen Kosten ausgerichtet war. Damit wandelt sich auch die Aufgabe und der Aufbau von Organisationen. Zum wichtigsten Wettbewerbsvorteil einer Organisation wird ihre Fähigkeit, aus vorhandenem Wissen neues Wissen zu erzeugen, also Ideen und Innovationen. Innovationen entstehen aber nicht nach Plan oder auf Befehl, sondern erfordern ein ganz anderes Klima, als es die industriegesellschaftlichen Managementformen zu bieten vermögen.

Erfolgreiche Unternehmen der Informationsökonomie sind deshalb völlig anders aufgebaut als die hierarchisch organisierten Unternehmen der Industriegesellschaft. Weil zum Beispiel bei Dienstleistern diejenigen, die vor Ort den direkten Kundenkontakt haben, über die wertvollsten Informationen verfügen, ist die

Aufgabe der Führung dann nicht mehr Planung, Anweisung und Kontrolle, sondern Unterstützung und Koordination. Die heute noch vorherrschende Organisationsform – die funktionelle Hierarchie – wird früher oder später verschwinden, da in ihr sowohl die Entfaltung von Wissen und individuellen Fähigkeiten wie auch die organisationsinterne Kommunikation massiv behindert wird. Hierarchien sind die Systeme mit der geringsten Anpassungsfähigkeit, denn in einer hierarchischen Organisationen richtet sich Loyalität vielfach auf den jeweiligen Vorgesetzen, nicht aber auf die Organisation und ihre Ziele. Wo sich aber der Wert einer Aufgabe dadurch definiert, inwieweit sie dem Vorgesetzten nützt, wird häufig Opportunismus zum Qualifikationsersatz – um Karriere zu machen, reicht es völlig, stets nur das zu tun, was dem Vorgesetzen gefällt. Solche Organisationen gehen früher oder später ihrer eigenen Selbstdarstellung auf den Leim und scheitern aufgrund ihrer mangelnden Fähigkeit, Umfeldveränderungen rechtzeitig wahrzunehmen und angemessen auf diesen Wandel zu reagieren.

Mit den neuen Unternehmensformen wandelt sich auch das Verhältnis der Menschen zu ihrer Arbeit. Während industriell geprägte Arbeit meist als eine Last begriffen wird, bieten die neuen Arbeits- und Organisationsformen oftmals mehr Raum zur persönlichen Entfaltung und Identifikation. Neue Unternehmensmodelle und Arbeitsformen eröffnen neue, zum Teil deutlich bessere Durchsetzungsmöglichkeiten für Forderungen an die Gestaltung von Arbeit und Einkommen.

Arbeit ohne Arbeitsplatz

In der Informationsökonomie kann über alle Grenzen hinweg nicht nur mit Produkten, sondern auch mit Arbeit gehandelt werden. Arbeit wird zur Ware, die in immer kürzeren Zeitabständen neu verteilt wird – man betrachte nur etwa die zahlreichen Internet-Auktionen, in denen Arbeit(skraft) weltweit versteigert wird. Der Call-Center-Mitarbeiter in Dublin konkurriert (oder kooperiert) direkt mit seinem amerikanischen Kollegen, der Programmierer in Erlangen mit dem in Seattle, Bangalore oder Moskau. Für Tätigkeiten, bei denen der Arbeitsort keine Rolle mehr spielt, verlieren nationale Grenzen, Regelungen und Institutionen an Einfluss, zumal auch sprachliche und kulturelle Barrieren dank „Modern Talking" immer durchlässiger werden.

Fazit: Arbeit bleibt, aber nicht der stabile Arbeitsplatz. Arbeit wird künftig wieder mehr begriffen werden als etwas, was man tut, und nicht als etwas, was man hat. Das Denken in der traditionellen Kategorie „Arbeitsplatz" wird aufgegeben werden müssen. Es wird ersetzt durch ein Denken in Fähigkeiten, die Menschen in die Lage versetzen, ihren Lebensunterhalt zu verdienen.

„Das System lebenslanger Lohnarbeit ist wohl nur eine Episode in der Menschheitsgeschichte. Das Paket, das mit Beginn der Industrialisierung geschnürt wurde

– soziale Sicherheit und gesellschaftliche Einbindung nur über die abhängige Arbeit – wird jetzt wieder aufgeschnürt.

Dazu bedarf es eines durch vielfältige soziale Brücken aktiv geförderten Umbaus der Gesellschaft und nicht der Bewahrung eines Auslaufmodells. Mit dem Wandel von Arbeits- und Entlohnungsformen und mit wachsendem Anteil elektronischer, kaum greifbarer Transaktionen erodieren auch die staatlichen Steuer- und Abgabensysteme. Somit könnte eines Tages auch eine weitere Errungenschaft der Industrialisierung in Frage gestellt werden: die Koppelung von Einkommen und Abgaben an die Produktion. Wenn die durchaus vorhandene gesellschaftliche Arbeit nicht mehr in ausreichendem Umfang in bezahlte Erwerbsarbeit bisherigen Typs transformiert werden kann, wird man über neue Mechanismen für eine gerechtere Verteilung der mit immer produktiveren Systemen geschaffenen Werte nachdenken müssen.

Transformation des Industrialismus

Martin Baethge vom Göttinger SOFI benennt zentrale Probleme: Obwohl die Potentiale der neuen Technologie in den alten Arbeitsformen nicht ausgeschöpft werden können, hält sich das industrielle Arbeitsmodell hartnäckig, weil das institutionelle Arrangement der Akteure des Korporatismus (also Verbände und Gewerkschaften) ausserordentlich erfolgreich war und mächtig ist. Unsere ökonomischen Probleme wurzeln in einer offensichtlichen Lernschwäche der deutschen Gesellschaft, die den Normen, Verhaltensweisen und Routinen des Industrialismus verhaftet ist. Im „Bündnis für Arbeit" muss der Korporatismus beweisen, ob er seine eigene Transformation in die nachindustrielle Welt schafft".
Noch allerdings schimmert bei beschäftigungspolitischen Konzepten, wie sie derzeit in der „Alten Welt" erörtert werden, im Kern oft ein Wirtschaftsverständnis durch, dessen Denkmuster der Welt industrieller Herstellung und Verteilung materieller Güter entstammen. Unter den veränderten Bedingungen der Informationsökonomie jedoch sind Versuche, Probleme von heute mit Vorstellungen von gestern zu lösen, ein Spiel auf schrumpfendem Terrain. Wer ein Spiel spielt, ohne zu merken, dass sich aufgrund technischer Entwicklungen dessen Regeln geändert haben, verliert mit jeder Strategie. Wohlstand und soziale Stabilität setzen ökonomischen Erfolg voraus und dieser wiederum hängt mehr denn je von einem klugen Umgang mit Technologie ab.

Zwar können etwa die vielfältigen Möglichkeiten, die vorhandene Arbeit anders zu verteilen, durchaus helfen, zusätzliche (Arbeits-)Plätze zu schaffen, auf denen Menschen ihren Lebensunterhalt verdienen. Was wir aber auf Dauer brauchen, ist neue Arbeit und einen Wandel in der Einstellung zu neuen Arbeitsformen. Neue Arbeit entsteht nicht durch Verteilung, sondern durch Innovation.

Gewerkschaften im Strukturwandel

In welch radikaler Weise neue Medien eine Gesellschaft formen, aber auch, warum sie anfänglich stets verkannt werden, hat vor allem Marshall McLuhan mit grosser Weitsicht beschrieben, seine Werke erleben derzeit gerade eine Renaissance: „Die Ausbreitung neuer Medien führte stets auch zum Untergang sozialer Formen und Institutionen und zur Entstehung neuer – vor allem die Teile der Gesellschaft, die die langfristigen Wirkungen des neuen Mediums zu spät erkannten, mussten dies mit ihrem Untergang bezahlen."

Im „Globalen Dorf" (McLuhan) sind Arbeitslosigkeit und Sozialabbau weniger eine Folge des Strukturwandels, als viel mehr eine Konsequenz unterlassenen Strukturwandels. Alle Versuche, der Neuen Ökonomie weiterhin das zeitliche und räumliche Korsett des Industrialismus anzulegen, tragen mit dazu bei, dass man sich langfristig der eigenen Gestaltungsmöglichkeiten beraubt, weil dann genau das passiert, was man eigentlich verhindern wollte.

Nicht der Strukturwandel in der Arbeitswelt ist die Ursache für Mitgliederverluste der Gewerkschaften, sondern eher ihre mangelnde Fähigkeit, sich rasch genug dem Strukturwandel anzupassen, denn in den vergangenen Jahrzehnten nahm die Gesamtzahl der Erwerbstätigen in Deutschland nicht ab, sondern (bis 1992) ständig zu. Wie bei jedem Unternehmen, das Marktanteile verliert, so ist auch hier der Mitgliederschwund letztlich Ausdruck von Mängeln in der Führungsqualität.

Die Art und Weise, wie z.B. Gewerkschaften bislang auf den Strukturwandel reagierten, zeigt, wie sehr sich der Kultur einer jeden Organisation die verinnerlichten Erfolgsrezepte der eigenen Vergangenheit widerspiegeln. Wie in vielen Unternehmen, so bewirkten auch hier die meisten Versuche, die eigene Organisation zu reformieren, eher das Gegenteil des Erhofften: Man perfektionierte den bestehenden (anachronistischen) Zustand, weil man diejenigen, die bislang schon Schlüsselrollen innehatten, auch mit der Organisation der eigenen Veränderungsprozesse betraute.

Inzwischen besteht die Gefahr, dass sich die Gewerkschaften ausgerechnet auf jene klassisch industriell geprägten Konzepte, Aufgabenfelder und Klientel zurückziehen, die unter den Bedingungen der Neuen Ökonomie ihre Wirkung und Bedeutung verlieren. Auch hier gilt: Im Erfolg liegt die Gefahr – vieles, was in der Vergangenheit Erfolge und Stärke brachte, erweist sich unter neuen Bedingungen als besonders hinderlich und schwächend. Waren in der Ära der kolonnenhaften, gleichförmigen Industriearbeit noch Einstimmigkeit und Geschlossenheit wichtig für die Durchsetzung sozialer und politischer Ziele, so kommt es jetzt viel mehr darauf an, innere Vielfalt – die essentielle Voraussetzung für Lern- und Entwicklungsfähigkeit – zu tolerieren und aktiv zu fördern.

Ob das neue Jahrhundert den weiteren Niedergang oder den Wandel der Institutionen des Industrialismus mit sich bringen wird, ist noch offen. Auf jeden Fall werden sich mit der Auflösung des klassischen Betriebs und der Verschiebung sozialer Bezüge vom Arbeitsplatz in die übrige Lebenssphäre neue Formen gemeinschafts-orientierten Handelns und neue Quellen der Identitätsbildung entwickeln. Menschen, die in neuen Formen arbeiten, entwickeln neuen Bedarf an Sachwaltern und Ratgebern, denn in der Informationsgesellschaft entsteht nicht weniger, sondern anderer Bedarf an sozialer Sicherung, Kommunikation und sozialer „Heimat".

Wenn Arbeit neu definiert wird und die Kategorie „Arbeitsplatz" allmählich unbrauchbar wird, ist es ohnehin zeitgemäss, stärker „Employability" (Beschäftigungsfähigkeit) statt „Employment" zu fördern, um Menschen zu dauerhaftem Lebensunterhalt zu verhelfen.

Darüber hinaus können Gewerkschaften künftig auch verstärkt als Dialog-plattformen agieren, in denen nicht nur die abhängig Beschäftigten ein Forum finden, sondern alle – die Erwerbstätigen ebenso wie die Arbeitsuchenden. Zeitgemässe Vorbilder finden sich heute in elektronischen Netzwerken, in denen Menschen oft weltweit die unterschiedlichsten Themen diskutieren, sich Meinungen bilden, Erfahrungen austauschen, Ratschläge geben und gemeinsam Ideen entwickeln. Neue Unternehmensmodelle und Arbeitsformen eröffnen neue, zum Teil sogar deutlich bessere, Durchsetzungsbedingungen für soziale Forderungen an die Gestaltung von Arbeit und Einkommen. Denn sicherlich wird mit der Neuen Ökonomie nicht die alte Notwendigkeit zu politischer Orientierung und Organisation überflüssig. Im Gegenteil, es spricht so manches für die Annahme, dass mit dem Strukturwandel die Ungleichheiten in der Welt, die Gegensätze zwischen Arm und Reich, noch dramatisch zunehmen werden. Auch in Zukunft brauchen viele Menschen Unterstützung und Organisationen – aber morgen eben andere als gestern.

Literatur

Georg Franck, Ökonomie der Aufmerksamkeit, München/Wien 1998; Michael H. Goldhaber, Die Ökonomie der Aufmerksamkeit, in: telepolis, 4/5 1998, S. 117–136.

Thomas W. Malone/Robert J. Laubacher, The Dawn of the e – lance Economy, in: Harvard Business Review, 9/10 – 1998 Gerd Mutz, Die Organisation gesellschaftlicher Arbeit in der Neuen Arbeitsgesellschaft, in: Werner Fricke (Hrsg.): Jahrbuch für Arbeit und Technik 1999/2000, Bonn 1999, S. 70–90

Martin Baethge, Transformation des Industrialismus – Konturen der Dienstleistungs-beschäftigung im 21. Jahrhundert, in: Werner Fricke (Hrsg.): Jahrbuch für Arbeit und Technik 1999/2000, Bonn 1999, S.91–102,

Marshall McLuhan, Understanding Media (1964), deutsche Neuausgabe: Die magischen Kanäle, Dresden 1994.

Uwe-Jean Heuser, Netze und Inhalte – Mythos Informationsgesellschaft?, in: Franz Lehner (Hrsg.), Wert – Schöpfung – Maßstäbe einer neuen Ökonomie, München 1999, S. 204–209.

Zur Person

Ulrich Klotz, geb. 1948 in Marburg, Studium der Elektrotechnik/ Informatik in
Berlin, Dipl.-Ing., Forschungs- und Entwicklungsarbeiten in Computerindustrie und
Werkzeugmaschinenbau, seit 1987 beim Vorstand der IG Metall (Wirtschaft,
Technologie, Umwelt) mit den Schwerpunkten Forschungspolitik, Informationsgesellschaft und Zukunft der Arbeit; zahlreiche Veröffentlichungen zur Gestaltung
von Arbeit und Informationstechnik, Preis der Karl-Theodor-Vogel Stiftung für
fachpublizistische Leistungen. Zur Zeit Leitner-Stiftungsprofessur an der Hochschule für Gestaltung in Offenbach am Main. ulrich.klotz@t-online.de

18 Abschlußdiskussion
Ubiquitous Computing:
Wieviel gesellschaftlichen Nutzen
bringt technischer Fortschritt?

Moderation:
Prof. Dr. Dr. h.c. Arnold Picot,
Universität München

Prof. Picot:

Ich möchte jetzt Herrn Claus, Herrn Prof. Schrape und Herrn Klotz bitten, auf das Podium zu kommen, damit wir die verbleibende Zeit zu einer Diskussion nutzen können. Ich möchte gleich mit der ersten Wortmeldung beginnen. Bitte sagen Sie stets Ihren Namen und Ihre Assoziierung für das Protokoll.

Herr Hafner:

Guten Tag. Ich bin eines der Opfer, die Sie erwähnen. Ich habe keine formale Ausbildung außer meinem Abitur, bin aber seit drei Jahren Inhaber einer 35-Mann-Firma und beschäftige mich genau mit der Thematik, die Sie angesprochen haben. Wir bauen Grundlagen, Technologie, um Wissen oder Workflows abzubilden. Mein erste Frage ist persönlicher Natur: Meine Tochter ist 5 $^1\!/_2$ Jahre alt. Soll sie jetzt in diesen Industriebetrieb Schule gehen oder nicht? Sie fragt mich das jetzt schon. Die zweite Frage ist anderer Natur. Ich bin im Begriff, aus unserem Unternehmen ein Spin-off für ein Wissensportal zu machen, um personal portals zu bauen. Wir sind gerade auf der Suche nach Kapital. Würden Sie Geld dafür geben? Also, ist die New Economy noch geldbasiert oder ist sie es nicht, d.h. muss man das Geld anderweitig generieren außer durch Transaktionskosten?

Prof. Picot:

Schönen Dank. Ich glaube, die Frage ging an Herrn Klotz, aber ich kann mir auch andere Kommentare zu diesem schönen Fallbeispiel denken. Bitte schön.

Herr Klotz:

Ich mache es ganz kurz. Natürlich soll sie in die Schule gehen. Aber nutzen Sie einen Teil Ihrer Zeit, auch die Schule zu verändern. Das ist dringend nötig. Ich vermute, wir im Raum hier sind uns alle einig, dass da auch Anachronismen zu finden sind. Die andere Frage habe ich eingangs schon beantwortet, als ich gesagt habe: Die klassischen oder eine ganze Reihe der kapitalistischen Regeln gelten nach wie vor, ob alte oder neue Ökonomie, ob Informationsökonomie oder nicht. Auch eine ganze Reihe der alten Regeln gelten noch. Das Geld wird seine Funktion behalten. Ein wichtiger Punkt ist noch der, dass es ein Kennzeichen der Informationsgesellschaft ist, dass Informationen nicht etwa besonders knapp und kostbar oder besonders wertvoll werden, sondern dass wir alle in Informationen ertrinken. Die knappe Ressource ist eine andere, nämlich die Aufmerksamkeit. Denn Information, die nicht aufgenommen wird, hat doch keinen ökonomischen Wert. Deswegen versuchen immer mehr Menschen mit immer größerer Anstrengung die Aufmerksamkeit der Leute zu erlangen. Ich veweise hier auf die Arbeiten des amerikanischen Physikers Michael Goldhaber, unter dem Titel „Die Ökonomie der Aufmerksamkeit". Es gibt noch ein paar verwandte Titel, die sagen, dass die Aufmerksamkeit möglicherweise zum Teil schon die Rolle des Geldes abgelöst hat, ohne dass uns das bewußt geworden ist. Vielen Leuten ist heute Ruhm wichtiger als Reichtum. Insofern ist die Frage nicht ganz unberechtigt.

Prof. Picot:

Danke schön. Herr Claus möchte kurz direkt etwas dazu sagen. Dann kommen die nächsten Fragen.

Herr Claus:

Nur eine Ergänzung dazu. Natürlich gibt es Geld für solche Spin-offs. Dafür gibt es am Markt üblicherweise Venture Capital Companies, die genau in solche Spin-offs investieren. Voraussetzung ist natürlich auch dabei, dass hinter Ihrer Idee ein begründbarer Business Case liegt. Sonst werden Sie auch da kein Geld bekommen. Insofern gilt nach wie vor die Regel der Old Economy: Sie müssen irgendwann einmal nachweisen, dass Sie mit dieser Idee Ihrem Shareholder, Ihrem Geldgeber, Geld zurück verdienen.

Prof. Picot:

Herr Schrape!

Prof. Schrape:

Noch eine kurze Anmerkung dazu. Ich hätte eine gute Idee, wie Sie die Antworten zu Ihren beiden Fragen miteinander kombinieren könnten. Schicken Sie Ihre Tochter auf die Schule Ihrer Wahl, die Sie für die flexibelste halten, engagieren Sie sich im Elternbeirat, damit diese Schule wirklich schnell fit gemacht wird für die Informationsgesellschaft. Machen Sie Druck auf die Lehrer, dass die schneller in der Lage sind, sich selbst zu befähigen, mit diesen neuen Kommunikationsinstrumentarien umzugehen. Engagieren Sie sich jetzt kombiniert, privat und beruflich für ein Bildungsportal. Wenn Sie das entsprechende persönliche Netzwerk aufgebaut haben, haben Sie die Grundlage für den Business Case, von dem gerade die Rede war.

Prof. Picot:

Vielen Dank! Nur als Ergänzung: Ich habe vorletzte Woche einen amerikanischen Psychologieprofessor kennengelernt, der sechs Kinder im Homeschooling hat, also kein Kind in die Schule schickt. Er erzählte mir, dass es über eine Million amerikanische Familien gäbe, die ihre Kinder nicht mehr in die Schule schicken, sondern im Homeschooling haben, wobei das unterschiedliche Gründe hat. Es sind zum Teil religiöse Gründe, aber auch zunehmend – und er gehörte auch zu dieser letzten Gruppe – aus Überlegungen, die Kinder besser für die Zukunft vorbereiten zu können, wenn sie nicht in die Schule gehen. Es gibt auch in Deutschland eine Debatte zu dem Thema. Jetzt aber die nächste Frage.

Herr Oerder:

Mein Name ist Oerder Ich möchte Herrn Klotz für die spannenden Ausführungen danken. Ich habe aber ein Thema vermißt, das aus meiner Sicht erstaunlich selten in diesem Zusammenhang diskutiert wird, nämlich den Faktor „geistiges Eigentum". Dieses Konzept „geistiges Eigentum" wird im Westen ganz selbstverständlich postuliert, in anderen Ländern nicht. Ich glaube, dass die Durchsetzung oder Aufweichung dieses Konzepts entscheidenden Einfluß auf viele der Themen hat, die Sie angesprochen haben.

Herr Klotz:

Ich kann Ihnen da nur zustimmen. Ich denke, das ist eine der spannendsten Fragen überhaupt. Deshalb habe ich das Beispiel Napster erwähnt. Es gibt gerade in den USA eine heftige Debatte darum. Es gibt Leute, die sagen, dass diese ganze Konstruktion des geistigen Eigentums ein Anachronismus, oder gesamtgesellschaftlich betrachtet, schädlich ist und ziehen Parallelen zum Feudalismus. Sie sagen, dass der Kopierschutz und so weiter etwas sei, was die Entwicklung der Gesellschaft ungeheuer aufhält und dass man es eigentlich abschaffen sollte. Ich will das jetzt nicht bewerten, aber ich finde, dass das eine sehr spannende Frage ist, die vielleicht auch einmal ein Thema einer Konferenz hier werden könnte.

Prof. Picot:

In der Tat. Bitte, Herr Prof. Schrape!

Prof. Schrape:

Da sträuben sich mir gerade alle Haare, wenn Sie so locker sagen, der Urheberrechtsschutz sollte abgeschafft werden. Wissen Sie, was das für Konsequenzen hat? Die Konsequenz wäre: Der Marktmechanismus ist ausgehebelt, er kann nicht mehr funktionieren, wenn Sie keine Möglichkeit haben, auch das Ausschlußkriterium zu realisieren. Das ist bei Informationsprodukten nun einmal so. Das geht nur mit Copyright. Sonst haben Sie keine Chance. Das ist der wesentlichste Baustein, damit der Markt als Mechanismus überhaupt noch funktionieren kann.

Prof. Picot

Das ist ohne Zweifel ein sehr wichtiges und interessantes Thema. Ich möchte nur darauf hinweisen und Sie haben es auch in Ihrer Fragestellung erwähnt, dass es viele Länder gibt, die kein Urheberrecht kennen. Dann gibt es wiederum Länder, die das heftigst vertreten. Es gibt auch sehr rigide und weniger rigide Ausprägungen der rechtlichen Verfassung dieses geistigen Eigentums. Hier bietet sich eine vergleichende Untersuchung an: Ist die kulturelle, geistige und wirtschaftliche Entwicklung in Ländern mit schwach oder gar nicht definierten „intellectual property rights" schwächer ausgeprägt?

Herr Klotz:

Noch ein Hinweis für den, den das genauer interessiert. In der c't Heft 4/2001 ist ein interessanter längerer Aufsatz von John Gilmore, dem Gründer der Electronic Frontier Foundation, über das geistige Eigentum und dessen Rolle in der Geschichte der gesellschaftlichen Entwicklung – sehr lesenswert!

Prof. Picot:

Danke schön. Dort drüben.

Dr. Konietzka:

Ich habe ein Frage an Herrn Schrape. Am Anfang Ihres Referats haben Sie die Diskrepanz zwischen dem gesellschaftlichen Wandel, der einigermaßen behäbig ist, und der technischen Evolution und dem technischen Fortschritt, der mutig und schnell voranschreitet, aufgezeigt. Bei dieser Diskrepanz zwischen den beiden Partnern der Neuzeit ist mir folgendes aufgefallen. Der technische Fortschritt wird so diskutiert, als ob er eine legitimierte Größe sei, die berechtigt ist fortzuschreiten, fort und fort. Wer immer Gesellschaft ist, muss hinterher marschieren, ganz logischerweise. Wenn man das aber analysiert, was technischer Fortschritt eigentlich heißt, und den Begriff der Elite einsetzt, zeigt sich folgendes Bild. Hinter diesem schönen Begriff verbergen sich Wissenschaftler, die einfach forschen wollen, das forschen wollen, was ihnen aufgetragen wird oder wozu sie selbst Lust haben, immer weiter und weiter – das ist ihr Existenznachweis. Es verbirgt sich dahinter aber eine weitere Elite, die auch neue Technologien entwickeln. Wir haben ja gestern das ganze Panorama von Haus und Auto und sonstigem Vernetzten gehört; was wir alles brauchen sollten. Hinter dem Begriff technischer Fortschritt verbergen sich natürlich auch noch die Eliten der Handelsriesen, die auch ihre Struktur haben und weiter fortsetzen wollen. Technischer Fortschritt ist also ein Eliteproblem, er ist ein Eliteinteresse. Technische Eliten, wissenschaftliche Eliten, Handelseliten, Commerzeliten sind beteiligt. Wenn man das so definiert, dann ist auch eine Sinnfrage, wohin unsere Informationsgesellschaft geht, wohin der Wandel geht. Wir gehen dorthin, wo die Wissenschaft ihre neuen Forschungsbereiche entwickelt. Wir gehen dahin, wo die Technik neue Entwicklungen anführt und wir gehen dahin, wo der Handel seine großen Strukturen perpetuieren will. Es würde mich interessieren, ob man diesen Begriff des technischen Fortschritts, der jetzt einigermaßen mythisch klingt und auch einigermaßen drohend ist, weil es nicht jedermanns Behagen ist, dass wir einfach immer fortgerissen werden, Neues zu kaufen, Neues entwickeln zu müssen. Wenn man das jetzt in diese Elitefrage übersetzt, ist zu fragen, ob diese Eliten überhaupt legitimiert sind? Sind sie ausgebildet genug, um die ganze Menschheit dorthin zu führen, wo es dann auch hingeht?

Prof. Picot:

Vielen Dank. Herr Schrape!

Prof. Schrape:

Jetzt kongenial auf Ihren kleinen Vortrag zu antworten, würde fast einen zweiten von mir erfordern. Aber dazu nur eine kleine, verzeihen Sie, ironische Randbemerkung. Hinter diesem Elitekonzept steckt m.E. die Gefahr, dass man jetzt die Elite für legitimiert hält oder die Eliten, die gerade in unserer jetzigen Entwicklungssituation die führenden sind. Die Gefahr ist, dass man sie allein für legitimiert hält, die weitere

Entwicklung zu definieren. Das ist wie Grinsen ohne Katze. Wir hatten das Katzenbeispiel heute schon mehrfach. Was machen Sie ohne Gefolge, wenn der Rest der Gesellschaft nicht mitzieht? Dann finden die Technologien keine Anwendung und keine Märkte. Die Eliten sind angemessen gewesen für das hierarchische Arbeitsmodell, ein Organisationsmodell unserer Gesellschaft. Für das künftige Vernetzungs- und Kooperationsmodell der Gesellschaft kommen wir damit nicht mehr allzuviel weiter. Sie hatten vorhin schon einmal Karl Marx zitiert – „die Produktivkräfte entwickeln sich im Schoß der jeweiligen Gesellschaftsform und sprengen sie dann irgendwann einmal". Vor dieser Situation stehen wir im Moment. Es ist zwar eine altertümliche Formulierung, aber der Zusammenhang, der dahinter steckt, ist weitgehend zutreffend. Damit wird auch der gesellschaftliche Überbau, also so etwas wie Elitekonzepte in älterer Form, nicht mehr funktionieren. Es gibt mehrere Zentren der Gesellschaft, die wechselseitig in unterschiedlichen Situationen führen oder von den anderen geführt werden. Systemtheoretisch ist das folgende Situation. Wir gehen von einer strikten, engen Koppelung über zu einer Situation der losen, flexibleren Koppelung zwischen den einzelnen Subsystemen oder Teilbereichen der Gesellschaft.

Prof. Picot:

Ich habe zwischendurch eine Frage an unsere drei Referentinnen, die uns über die Kommunikation in der Internetwelt in der einen oder anderen Form berichtet haben. Herr Schrape hat heute früh gesagt, dass man den Standpunkt vertreten kann, dass immer dann, wenn die Unwahrscheinlichkeit der Verständigung geringer wird, d.h. wenn die Chance zu aussichtsreicher Kommunikation größer wird, sich auch die Gesellschaft weiter entwickelt. Ich wollte Sie jetzt fragen, ob Sie vor dem Hintergrund Ihrer Studien feststellen können, dass diese Formen der Nutzung des Internets und der neuen Infrastrukturen tatsächlich diese Chance für eine aussichtsreiche authentische Verständigung vergrößern und damit letztlich wirklich diesen Wandel anzustoßen vermögen oder ob das doch mehr spielerisch bleibt? Was ist Ihre Einschätzung? Ich weiß nicht, wer von Ihnen sich dazu äußern will? Frau Döring!

Dr. Döring:

Es zeigt sich in der Netzkommunikation das Problem des *Digital Divide* – also der Spaltung in Informationsarme und Informationsreiche. Das betrifft nicht nur den Netzzugang, sondern auch die Nutzungsformen. Man kann im Netz echte Gemeinschaft finden und bereichernde Beziehungen pflegen, sofern man die sozialen Spielregeln beherrscht, etwa weiß, wie mit virtuellen Identitäten umzugehen ist. Es gibt auch sehr effektive fachliche Online-Communities, in denen man wirklich Unterstützung und Information auf hohem Qualitätsniveau bekommt. Doch hier kann nur mitmachen, wer selbst Expertise mitbringt, das betrifft das

Fachwissen, aber auch die Netzkompetenz. Anfangs schien im Netz jegliche Kommunikation freundlich, informativ, effektiv – aber bis Mitte der 90er Jahre war ja auch nur eine akademische Elite online. Heute strömen die Massen ins Netz. Damit nun auf breiter Ebene eine computervermittelte Verständigung stattfindet, die uns für die Freizeitgestaltung, aber auch beim Arbeiten und Lernen nutzt, müssen etwa im Bildungswesen Voraussetzungen geschaffen werden. Das ist kein Selbstläufer. Oft wird die Daten- und Informationsfülle im Netz als unsinnig oder bedrohlich charakterisiert. Aber das ist sie – das zeigen Befragungen – nur für diejenigen, die mit Techniken der Recherche, Selektion und Bewertung von Online-Informationen nicht gut vertraut sind.

Prof. Picot:

Vielen Dank. Möchte noch jemand anders von Ihnen sich dazu äußern? Frau Meyer?

Dr. Meyer:

Für die Altersgruppe „50 Jahre und älter", für die ich hier gesprochen habe, ist das Problem des digital divide natürlich ganz besonders brisant: Die Älteren sind gegenwärtig noch die Gruppe mit der geringsten Internet-Nutzung. Die Steigerungsraten sind zwar ermutigend, aber noch lange nicht hinreichend, um den Anschluss dieser Altersgruppe an die e-society abzusichern.

Meiner Meinung nach können wir es uns den Ausschluss der Älteren aus der e-society gesellschaftlich nicht leisten: die Gruppe der über 50jährigen umfasst bereits heute annähernd ein Drittel der Bevölkerung und wird in denn nächsten Jahren und Jahrzehnten weiter wachsen. Die hier gebündelten beruflichen, sozialen, politischen und lebenspraktischen Erfahrungen sind zu wertvoll, als dass man sie zur Seite schieben kann. Von daher muss es darum gehen, die Gruppe zu unterstützen, die Strukturen des web für ihre Interessen und für ihr gesellschaftliches Engagement zu nutzen – sie fit zu machen für die e-society. Das web kann neue Potenziale für die Erwerbstätigkeit gerade älterer Menschen erschließen, es kann ehrenamtliche und gemeinwesenorientierte Aktivitäten optimieren und nicht zuletzt die Kommunikation zwischen Alt und Jung generationenübergreifend unterstützten. die sind drei Faktoren, die wir in den nächsten Jahren und Jahrzehnten dringend benötigen.

Prof. Picot:

Vielen Dank. Da war noch eine Wortmeldung von Herrn Dr. Kuebler.

Dr. Kuebler:

Vielen Dank. Ich habe eine Frage an Prof. Schrape. Nach McLuhan haben Sie die Kulturentwicklung dargestellt basierend zunächst einmal auf Sprache und Schrift und daraus dann weiter entwickelt. Die Frage ist, welche Funktion, welche Rolle hat die Kunst und insbesondere die darstellende Kunst, aber auch die Musik? Ich möchte diese Frage noch etwas erläutern. Frau Prof. Hartl aus Karlsruhe, aber nicht nur sie, sondern auch andere, definieren die europäische Kulturgeschichte zum wesentlichen Teil als eine Mediengeschichte. Denken Sie nur an die Fresken einer romanischen Kirche mit der entsprechenden Deckenbemalung. Wird das alles Elektronik? Wenn Sie heute die jüngere Generation sehen, was diese aus dem Bildschirm herausnimmt, egal welche Technik dahinter liegt. Sind das die Bilder und ggf. auch die Musik oder der Ton der Zukunft? Heißt das, die Bedeutung von Schrift und Sprache nimmt gegenüber den anderen Medien ab? Das führt mich dazu, das Ergebnis einer Arbeit der Europäischen Kommission zu hinterfragen, ob denn die dort dargelegten Befürchtungen zukünftiger Lebensformen richtig bewertet worden sind. Vielen Dank!

Prof. Schrape:

Ich hatte ja die Frage gestellt: Könnte es sein, dass man vom Menschenbild her genau in diese Richtung gehen muss, der kreativ-künstlerische Mensch, der spielerische – nicht ausschließlich nur der rationale. Die Entwicklung der schriftsprachlichen Epoche hat natürlich sehr stark die reine Rationalität und Abstraktion befördert. Musik und Kunst sind dagegen mehr emotionale kommunikative Ausdrucksformen. Den Begriff Medium kann man da im McLuhan'schen Sinne schon verwenden, ich würde ihn allerdings im normalen kommunikationswissenschaftlichen Verständnis so nicht unbedingt gebrauchen. Wir kriegen in der Zukunft etwas – da bin ich ziemlich sicher, weil alle Indizien darauf hin deuten – was als „Pictural Turn" bezeichnet wird, wobei ich das lieber den audiovisuellen Turn nennen würde. Es geht also nicht nur um Bilder, sondern es geht ganz wesentlich um das Zusammenspiel von Bild und Akustik. Gehen Sie heute ins Kino, wird Ihnen sofort klar, wo der Unterschied ist. Nur Bilder allein können wir nicht mehr rezipieren, sondern es geht nur noch um Bild und Ton gleichzeitig. Das ist Stimmungsmanagement. Radiomusik ist Stimmungsmanagement, sonst gar nichts.

Prof. Picot:

Also, neben dem Medienmanagement ein Stimmungsmanagement. Herr Klotz!

Herr Klotz:

Vielleicht auch noch etwas zu Marshall McLuhan. Es lohnt sich heute sehr, ihn noch einmal zu lesen. Er hat noch ein bisschen mehr gemacht. Er hat gesagt: Wir müssen eigentlich alle technischen Innovationen als Medium betrachten und als Erweiterungen unserer Körpers, unserer Fähigkeiten. Ich vereinfache ganz stark. Er hat gesagt: Das Fernsehen ist beispielsweise eine Verlängerung des Auges oder das Auto ist eine Verlängerung unserer Füße. Die Medien, egal welcher Art, verändern die Art und Weise, wie wir die Welt wahrnehmen, wie wir sie sehen. Ich glaube, man kann heute schon beobachten, dass Bilder als eine sehr effiziente Kommunikationsform durchaus wieder an Bedeutung gewinnen. Aber auch so etwas wie Hypertexte, also nichtlineare Texte. Lineare Texte haben unser Denken stark geprägt. Jetzt kommen nichtlineare Texte immer mehr in den Vordergrund, wenn Sie im Web beliebig assoziativ surfen und jeder eigentlich sein eigenes Buch liest. Wenn Sie sehen, wie sich die Fähigkeiten der Schüler heute mit den alten Kulturtechniken, mit Lesen und Schreiben, umzugehen, verändern. Betrachten wir einmal die Probleme, die junge Leute heute häufig haben, die alten Kulturtechniken zu beherrschen und wie gut sie mit den neuen Kulturtechniken, ich nenne es einmal „computern", umgehen. Wie sich das auseinander entwickelt. Da könnte man schon einige Prognosen wagen, dass wir uns da auch in einem fundamentalen Veränderungsprozess befinden.

Prof. Picot:

Danke schön. Herr Eberspächer!

Prof. Eberspächer:

Das bringt mich zu meiner Frage an Frau Meyer und vielleicht auch an Frau Döring. Es geht um den Digital Divide. Haben Sie in Ihren Seniorengruppen überhaupt die Diskussion über diese digitale Spaltung? Ist das ein Thema? Glauben Sie, und vielleicht auch Frau Döring, dass das Problem dann, wenn die Kids, die ja schon dabei sind, sich einzustellen auf die neue Welt, einmal älter sind, das Problem dann verschwunden ist? Oder ist das ein permanentes Problem? Welche Rolle spielt die Bedienbarkeit der Systeme dabei? Ich empfinde beispielsweise, dass ein Browser schon eine wichtige Invention der 90er Jahre ist und für mich eigentlich *der* Durchbruch in der Bedienbarkeit. Die Frage ist: Welche Bedeutung hat für ältere Leute eine intuitive Bedienbarkeit?

Dr. Meyer:

Der Problemkomplex „digital divide" ist in der Altersgruppe natürlich Thema: Die Seniorenorganisationen der Bundesrepublik haben das Problem erkannt und viele

Vereine und Verbände engagieren sich, Ältere hier zu unterstützen. Aber auch bei den weniger engagierten Senioren ist das digital divide Thema und vor allem alltägliche Praxis: Für viele ist die Anschaffung eines PC zu kostspielig und es werden öffentliche Zugangsmöglichkeiten zu PCs und web gesucht. Für viele ist das web zwar interessant, aber der Mehrwert, sich damit zu beschäftigen, erschließt sich nicht unmittelbar. Hier sind Beratung und Motivierung erforderlich, zwei Faktoren, die in unserer Arbeit einen hohen Stellenwert haben:

Die Notwendigkeit zur Information, Beratung und Weiterbildung im technologischen Bereich ist meiner Meinung nach kein Spezifikum unserer heutigen Situation: wenn unser heutiges digital divide geschlossen sein wird, werden neue Technologien auftauchen und die dann inzwischen älter gewordene Generation wird in einer ähnlichen Situation sein wie die heutigen Senioren: sie werden Beratung, Information und Weiterbildung brauchen, um mit den dann aktuellen technischen Innovationen umgehen zu lernen. Von daher würde ich sagen: Der Aufbau von IT-Bildungs-Einrichtungen für ältere Menschen ist eine Zukunftsinvestition, die sich nicht überleben wird – lediglich die Technologien werden sich wandeln, die Gefahr des digital divide wird immer wieder neu zu diskutieren sein.

Auch die Bedienbarkeit, die User-Interfaces der neuen Technologien, sind ein allgemeines Problem und sind bei jeder neuen Technikgeneration erneut zu untersuchen und zu optimieren: Bezogen auf die PC-basierten Technologien zeigen sich hier durchaus Verbesserungen, jedoch sind diese aus der Sicht der User noch lange nicht hinreichend: Dies gilt natürlich ganz besonders für die älteren User: sie haben besondere Ansprüche an die Gestaltung von Oberflächen, Menüs, Design, etc. Hierzu liegen verschiedene Untersuchungen vor, auch wir sind in diesem Bereich als Forschungsinstitut aktiv, die Ergebnisse dieser Untersuchungen werden jedoch noch zu wenig in den F+E-Abteilungen wahrgenommen und umgesetzt.

Prof. Eberspächer:

Nachgefragt: Werden die Jungen nicht auch einmal alt? Haben wir denn dann nicht das gleiche Problem in 30 Jahren?

Dr. Utz:

Ich denke, dass es vielleicht etwas darauf ankommt, auf welcher Ebene man das betrachtet. Wenn wir nur innerhalb von Deutschland bleiben, jung und alt oder reich und arm. So etwas wird sich abbauen. Vor ein paar Jahren war es noch so, dass nur Leute einen Internetanschluss hatten, die studiert hatten, überwiegend Männer. Wenn man sich jetzt die Nutzungszahlen anschaut, haben auch die Frauen aufgeholt. Es sind jetzt über 40 %. Wir haben Initiativen wie „Schulen ans Netz" und auf der anderen Seite Initiativen für Senioren. Das wird sich in den nächsten Jahren abbauen. Was wohl immer ein Problem bleiben wird, sind die Dritte-Welt-Länder o.ä. Es wird noch sehr viel länger dauern bis die Internetanschlüsse haben und selbst wenn, müßte man schon eine Sprache haben, um überhaupt miteinander kommunizieren zu können. Das wird noch sehr lange dauern, wenn es überhaupt kommt. Aber innerhalb der westlichen Länder, denke ich, werden sich diese Unterschiede allmählich aufheben.

Prof. Picot:

Zunächst Herr Claus und dann noch einmal Frau Meyer.

Herr Claus:

Herr Prof. Eberspächer, Ihre konkrete Frage, ob die Jungen nicht auch alt werden und sie dann die gleichen Probleme hätten, würde ich so beantworten. Die Zeit geht weiter und wenn unsere Kids oder Enkel in das Alter kommen, dass sie zu den „älter als 55-jährigen" in den Gesellschaften zählen, wird sich die Welt wahrscheinlich schon wieder dramatisch in eine neue Richtung weiter entwickelt haben und ganz andere Probleme von Bedeutung sind. Die Jungen haben später keine Probleme, mit Information oder so etwas umzugehen. Das ist ja für sie selbstverständlich. Ich kann Ihnen nur heute noch nicht voraussagen, was die Probleme der Gesellschaft in 50 oder 60 Jahren sein werden. Ob das vielleicht tatsächlich das Ausbleiben von Rohöl sein wird und wir eine massive Energiekrise haben oder so etwas. Ich weiß es nicht. Aber es werden ganz andere Probleme sein, und dann haben wir eine andere Ebene.

Prof. Picot:

Bitte schön. Zunächst einmal Frau Meyer. Und Frau Döring wollte kurz noch einen Kommentar dazu geben

Dr. Meyer:

Meiner Meinung nach wird das digital divide, das wir heute bezogen auf PC und web diskutieren, in den nächsten Jahren nicht vollständig verschwinden, aber sich zumindest nivellieren. Hierfür sind nicht zuletzt die gesellschaftlichen Anstrengungen verantwortlich, die gegenwärtig unternommen werden, Frau Utz hat dies angesprochen. Jedoch werden wir uns der Gefahr eines technological divide nicht entziehen können – allerdings werden andere technologische Innovationen hierfür ausschlaggebend und andere Generationen betroffen sein.

In der Techniksoziologie spricht man von Technikgenerationen: Je später im Lebenslauf man mit technischen Innovationen konfrontiert wird, desto schwieriger ist es, sich diese anzueignen. Den heutigen Senioren fällt es deshalb schwer, sich mit PC und web vertraut zu machen, weil diese grundlegenden Innovationen relativ spät in ihrem Leben Verbreitung fanden. Genauso schwer wird es zukünftigen Senioren fallen, sich mit den Innovationen zu beschäftigen, die für die nächsten Jahre und Jahrzehnte zu erwarten sind und die dann ebenfalls relativ spät in den Lebenslauf dieser zukünftigen Seniorengruppe eintreten werden.

Die entscheidende Frage ist, wie reagieren wir auf dieses allgemeine Problem? Die Antwort muss meiner Meinung nach lauten: Unterstützung des lebenslangen Lernens. Gerade bei der Weiterbildung älterer Menschen sind noch viele Defizite festzustellen: Unser Aus- und Weiterbildungssystem fokussiert ausschließlich auf Personen im erwerbsfähigen Alter, ganz besonders auf die unter 40jährigen. Spezifische Lernkonzepte für ältere Menschen, geeignete Weiterbildungsinstitutionen und natürlich auch web-basierte Kurse müssen etabliert werden, um für die demographischen und technischen Herausforderungen der nächsten Jahrzehnte gerüstet zu sein.

Dr. Döring:

Ansonsten muss man noch sehen, dass auch die jungen Menschen zum Teil nicht so jung sind, wie apostrophiert wird. Nicht alle Kids sind heutzutage Computerkids. Es gibt ganze Gruppen von Schülerinnen und Schülern, wenn man an die Hauptschulen oder Realschulen denkt, die kaum netzaktiv sind. Online zu sein, kann auch sehr vieles heißen. Allein der Zugang genügt nicht, sondern es kommt darauf man, ob man die notwendige Kompetenz hat, um beispielsweise an Wissensgemeinschaften teilzunehmen oder ob man sich nur die Bilder anschaut. Von daher sind Qualifikationsmaßnahmen auch im Schulbereich ganz dringend notwendig. Das kann man nicht abtun mit: „Die Kids haben es schon von selber drauf". Eine Frage, die ich noch einbringen wollte zum Thema Bedeutung von neuen Kulturtechniken oder audiovisuelle Wende: Wie und wo können die Jugendlichen, die in diesen audiovisuellen Techniken gut sind – also Computerspiele beherrschen, Musikvideos verstehen usw. – damit ihren Lebensunterhalt bestreiten? Braucht man nicht, um wirklich an der Führungsspitze der Gesellschaft mitzuwirken, weiterhin Abstraktionsfähigkeit; muss komplex denken, mit den Wissensbeständen umgehen können. Die Sprache bleibt dann doch das zentrale Austauschmedium. Was man vielleicht in virtuellen Umwelten oder Simulationen in Zukunft erfährt, muss ja auch wieder reflektiert und im Diskurs verarbeitet werden. Die Euphorie für die neue Kulturtechnik und die Fähigkeit, die einige Kinder dort haben, sollte nicht im Widerspruch zu, sondern in Verbindung mit klassischen Kulturtechniken gesehen werden. Gerade im Internet sind heute, wo immer es um Content geht, Lesen und Schreiben zentral. Und wie sagt man so schön: „Content is King".

Herr Klotz:

Ich habe noch eine spannende Frage, der es sich lohnt nachzugehen: Was passiert, wenn das, was heute als neu empfunden wird, die Faszination verliert? Nehmen wir mal die Entwicklung des Fernsehens. Ich kann mich noch gut daran erinnern, was das Besonderes war, wenn man in den 50er Jahren zum Nachbarn gehen konnte und Shiloh Ranch oder was es zu der Zeit gab, gucken konnten. Das war wirklich ein Ereignis. Was ist heute Fernsehen im Leben junger Leute? Es wird nicht mehr lange dauern, dann sind sie „always online", Breitband und „Evernet" für jeden, jedenfalls in den hochentwickelten Ländern. Es wird langweilig werden. Sie werden Zugang zu beliebigen Informationen weltweit ohne Ende haben. Sie werden darin ertrinken. Ganz häufig gibt es bei solchen Sachen dann Gegenreaktionen. Dass etwas ganz anderes passiert, als was viele Leute gedacht haben. Möglicherweise wird so etwas wie kleinräumige Strukturen wieder wichtiger werden, eine moderne Form des Dorfes. Die ganz tiefsitzenden Bedürfnisse, die aus der menschlichen Entwicklungsgeschichte herrühren, sind ja nicht weg. Die Leute wollen direkte Interaktion haben und nicht nur online, sondern face-to-face, wollen riechen und fühlen, auch wenn es da demnächst Synthetikgeneratoren gibt. Ich glaube, diese Bedürfnisse haben eine lange Entwicklungsgeschichte und sie werden genau so lange bestehen bleiben wie es gebraucht hat, sie aufzubauen. Von daher passiert möglicherweise etwas ganz anderes als das, was heute diejenigen, die uns die Technik verkaufen wollen, sich erhoffen. Das gibt vielleicht totale Gegenreaktionen. Wer weiß.

Prof. Schrape:

Dagegen spricht eigentlich ziemlich viel. Wenn Sie sich die Entwicklung in den letzten 20 Jahren einmal ansehen – ich habe zufällig die Zahlen gerade einmal wieder aufbereitet und habe sie im Kopf. Die Medienausstattung mit Geräten und Zugängen der deutschen Haushalte ist von 1980 bis 2000 von durchschnittlich 4,5 Medien- oder Zugangsgattungen auf 9,2 gestiegen – eine ganz klare kontinuierliche Entwicklung. Es ist relativ unwahrscheinlich, dass dieser Trend plötzlich einen totalen Bruch erleiden sollte. Ich möchte es anders differenzieren: Die ganze Thematik Digital Divide nur bezogen auf unsere Hemisphäre, auf Deutschland, muss man eigentlich noch viel differenzierter ansehen. Dahinter stehen unterschiedliche Innovations-, Diffusions- oder Adaptationsgeschwindigkeiten verschiedener Bevölkerungsgruppen. Wenn Sie sich die Gliederung der deutschen Bevölkerung nach den sozio-kulturellen Milieus ansehen, ist das viel spannender als nur die Altersschichtung. Das hängt weniger mit Alter und mit Geschlecht, sondern mehr mit Bildung und mit Lebensstil oder Mentalitäten zusammen. Die Ergebnisse habe ich auch im Kopf: Es werden 10 Milieugruppen unterschieden. Wenn Sie die drei obersten nehmen, so haben die ca. 50 % Anteil an der jetzigen Zahl der Online-Nutzer. Sie haben aber nur einen Anteil von $1/4$ an der Bevölkerung. Dann nehmen Sie die mittleren vier Gruppen und stellen fest, dass die etwa einen proportionalen Anteil sowohl an den Internetnutzern als auch an der Bevölkerung haben. Sie machen zusammen etwa 45 % aus. Dann gibt es die unteren drei Gruppen. Die haben einen Anteil von 5 % an den Online-Nutzern, aber einen Anteil von ziemlich genau $1/3$ an der Bevölkerung. Wenn man sich diese Gruppe im Zeitablauf anschaut, so hatte sie Ende 1999 einen Anteil von 1,5 % an den Nutzern. Jetzt haben sie immerhin schon einen Anteil von knapp 5 %. Man sieht, da bewegt sich auch etwas. Aber es bewegt sich so langsam, dass man befürchten muss, dass sich diese Gruppe an den neuen technischen Entwicklungen und den Möglichkeiten, die sich daraus für ihr Leben ergeben könnten oder eben nicht, sich kaum beteiligen werden. Das ist das Risiko und da ist etwas dagegen zu tun. Sonst haben wir wirklich die Drittelung der Gesellschaft.

Prof. Picot:

Jetzt haben wir hier eine lebhafte Diskussion. Herr Klotz, bitte.

Herr Klotz:

Sie haben mich falsch verstanden, Herr Schrape. Ich habe nicht gesagt, dass die Ausbreitung dieser Medien und Technologien zurückgehen wird, sondern wir haben beispielsweise heute alle einen Kühlschrank. Doch ist der Kühlschrank noch ein Thema, über das sich zu reden lohnt? In 15 Jahren wird wahrscheinlich auch kaum noch jemand über Mobiltelefone reden. Die Leute wundern sich heute schon, was wir 1985 über Computer diskutiert haben als die Volkszählung war. Das versteht doch heute kaum noch jemand. Was glauben Sie, was in 15 Jahren ist? Da redet keiner mehr davon. Das ist ganz normal und langweilig und es wird was Neues geben. Die heutigen Entwicklungen werden nicht mehr einen so großen Teil an Aufmerksamkeit oder Faszination beanspruchen. Damit meine ich, dass dann doch vielleicht etwas anderes passiert.

Prof. Picot:

Herr Dr. Klumpp hat sich dort hinten gemeldet und dann Herr Scott.

Dr. Klumpp:

Es ist nicht Aufgabe des Münchner Kreises, über die technische und ökonomische Präzision hinaus auch noch die historische zu machen. Aber um des Protokolls willen wollen wir doch einmal sehen, dass der Analog Divide etwa 350 Jahren nach Gutenberg dazu geführt hat, dass man Schulpflicht eingeführt hat, um die Kompetenz Lesen und Schreiben zu vermitteln und dass wir in Deutschland heute immer noch die Schulpflicht haben, um diese beiden Kulturtechniken und noch ein paar andere beizubringen und zwar unter Androhung des polizeilichen Vorführens.

Wenn wir jetzt also über Computerkompetenz in einer wie immer gearteten Gesellschaft reden, gilt was Prof. Schrape völlig zu Recht sagt, dass die Mehrheit der möglichen Computernutzer sich, vor die Entscheidung gestellt, genau so verhält wie die in den 300 Jahren Gutenberg, nämlich mit Woody Allen sagen: „Ich kann nicht lesen, ich kann nicht schreiben, aber ich kann fernsehen und telefonieren". Dann heißt dies in der Konsequenz, und darüber wollen wir in dem diesjährigen Jahrbuch „Telekommunikation und Gesellschaft" gern noch einmal nachdenken, dass es nicht dazu kommen wird, dass wir hier mit Büttel und Polizei Computerkompetenz verordnen. Da wir andererseits gesellschaftlich ohne diese Computer nicht auskommen, wird es per Dienstleistung gelöst werden. Für die schlichtweg 4 Millionen funktionalen Analphabeten, die es zur Zeit allein in Deutschland gibt – in Italien ist die Summe noch größer- und die anderen nicht Willigen, wird man mit einer Dienstleistung, wenn man beispielsweise „e-government für alle" einführen will, aushelfen. So wie es Dolmetscher gibt und da knüpfen wir durchaus an Frankreich 1750 an. Diese Dienstleister werden das abschreiben, was die Analphabeten bzw. nicht Willigen hinein diktieren. Ob die Dienstleister Menschen oder Maschinen sind lassen wir einmal dahin gestellt. Wir wollen uns hier nicht in die Tasche lügen. So interessant sind die Informationen in dieser Welt nicht, als das nicht die große Mehrheit, 90 % der Menschen, auch ohne diese Sehnsucht und die Erfüllung dieser Sehnsucht auskäme.

Prof. Picot:

Vielen Dank für diese Ergänzung. Historisch muss man in der Tat sagen, dass die Diffusion heute natürlich viel schneller war als jemals zuvor. Insofern ist die Diskussion über Digital Divide auch etwas ahistorisch, denn alles andere hat sich wesentlich langsamer kulturell verbreitet. Aber trotzdem ist es ein Thema, auch international. Prof. Scott!

Prof. Scott:

One last question if I may. I want to point out the paradox in our current day economy, namely it is advertising where is sorted everywhere we go by advertising. Television in the States is just horrible because of the amount of advertising. Pick up any magazine. Wired magazine is a very good example. I say, it is unreadable because it has too much advertising in it. It is much more readable on the net because you can concentrate on the content. That is the problem. Advertising on the net has failed. Many sites were set up whether they would be supported by advertising and the information would be free. And that marble has failed. So I want to ask: Who is going to pay for information on the net? I think we are facing a crisis.

Prof. Picot:

In der Tat ein Schlüsselthema der aktuellen Entwicklung in der Internetwirtschaft. Herr Klotz und auch Herr Schrape können dazu etwas sagen und Herr Claus, alle aus der Wirtschaft kommend. Bitte schön!

Herr Klotz:

Ich muss das noch einmal wiederholen, was ich vorhin sagte: In der Informationsgesellschaft wird die Information nicht knapp und kostbar, sondern Information bekommen Sie in beliebiger Menge und viel mehr als Sie verarbeiten können. Was knapp wird, wird die Aufmerksamkeit, die Sie brauchen, um Information überhaupt aufnehmen zu können. Dafür werden die Anstrengungen immer höher. Die Werbeetats steigen. Die Honorare von Stars steigen. Um ein Beispiel zu nennen: Michael Jordan, dieser amerikanische Basketballstar, bekommt allein für die Werbung für die Sportschuhe von der Firma Nike 20 Millionen US-Dollar pro Jahr. Das ist etwa doppelt so viel wie die paar Tausend asiatischen Näherinnen verdienen, die diese Schuhe herstellen. Das zeigt einfach, wie hoch Aufmerksamkeit heute honoriert wird. Prominenz ist ja nichts anderes als die Fähigkeit, die Aufmerksamkeit vieler auf sich zu ziehen. Wenn Sie heute einmal ansehen, was so alles passiert: eine Praktikantin aus dem Weißen Haus bekommt für ein einziges Interview mehr Geld als ein Facharbeiter in seinem ganzen Berufsleben verdienen kann. Das zeigt doch, was wirklich knapp wird und was bezahlt wird, also wofür die Leute bereit sind, Geld auszugeben. Das ist nicht die Information selber, sondern die Ressource, die Sie brauchen, um Information überhaupt an die Leute zu bringen oder aufnehmen zu können.

Prof. Picot:

Wenn ich die Frage von Prof. Scott richtig verstanden habe, dann wollte er sagen, selbst die Informationen, die so reichhaltig da sind, ja irgendwo produziert werden müssen. Das geht nicht kostenlos. Wo kommt denn letztlich das Geld her, Herr Schrape?

Prof. Schrape:

Wenn ich das wüsste, dann würde ich wahrscheinlich schon längst ein Start-up-Unternehmen gegründet haben. Aber an der Stelle sind zur Zeit alle ziemlich ratlos. Das Geld kommt letztlich – und so wird es auch bleiben – für den überwiegenden Teil der Informationen aus den werblichen Kommunikationsetats. Ob die Marketing oder Werbung heißen oder Verkaufsförderung am POS oder sonst wie. Werbung ist beeinflussende Kommunikation. Sie ist im Grunde wie jede andere Kommunikation. Auch mit der normalen Kommunikation – wenn ich jetzt hier zu Ihnen spreche –

beeinflusse ich. Ich hinterlasse Wirkungen in Ihren Köpfen an irgendeiner Stelle. Das tut die Werbung nur sehr viel professioneller und mit anderen Mitteln. Wir werden in eine Situation hineinkommen, in der die Abgrenzung zwischen Werbung und redaktionellen oder publizistischen Inhalten immer mehr verschwimmt. Sie löst sich praktisch in nichts auf und wir werden sie auch normativ à la longue überhaupt nicht mehr stabilisieren können. Wir werden sie nur über Trust Center und andere Institutionen noch markieren können. Es wird der Hauptmarkt für Information oder Inhalte werden, Mittel zum Zweck der kommunikativen Beeinflussung oder anderer wirtschaftlicher Tätigkeiten zu sein. Zusätzlich gibt es einen Nischenmarkt, einen Premiummarkt, in dem es um die hochwertigen, sehr anspruchsvollen Informationen geht. Die gibt es dann aber nicht, ohne Geld dafür zu bezahlen.

Prof. Picot:

Das wären dann beispielsweise die professionellen Information Services im Business Bereich, Reuters oder Bloomberg. Da muss man dann etwas dafür zahlen, wenn man qualifiziert angeschlossen sein will, Herr Claus!

Herr Claus:

Ich möchte das vielleicht einmal ganz banal ergänzen. Zu dem Thema gibt es jetzt nichts zu ergänzen, aber Sie alle sind hierher gekommen, um Informationen über dieses Thema zu erfahren. Was wir hier als Vortragende machen, ist vielleicht den Münchner Kreis zu vermarkten oder zu verkaufen. Wir machen hier Marketing für den Münchner Kreis und Sie haben alle viel Geld dafür bezahlt. Sie opfern zwei Tage, dass Sie zu dieser Tagung kommen, Sie zahlen die Reisekosten, Sie zahlen die Übernachtung im Hotel. Wenn Sie zusammenrechnen, haben Sie wahrscheinlich 2.000 Mark ausgegeben, nur damit Sie uns hier reden hören und Anregung oder Wissen bekommen. An diesem Beispiel möchte ich eigentlich nur deutlich machen, dass diese Wissensgesellschaft wahrscheinlich nicht nur durch Werbung finanziert werden wird, sondern in der Tat auch verwertbares oder wertvolles Wissen haben wird, das Sie als individueller Konsument gerade brauchen, zu dem Zeitpunkt, zu dem Sie es möchten. Dann werden Sie dafür bezahlen müssen.

Prof. Eberspächer:

Darf ich vielleicht sagen, dass alle kommen, obwohl wir alles Live übertragen. Das spricht dafür, dass es noch andere Kommunikationsformen hier gibt, die man elektronisch noch nicht nachbilden kann.

Prof. Picot:

Die Kaffeepause und die Abendveranstaltung. Herr Klotz!

Herr Klotz:

Mit der Werbung ist das schon interessant. Es zeichnet sich im Moment auch schon eine erste Gegenbewegung ab. Es wird allmählich deutlich, immer mehr Leute haben genug von der herkömmlichen Werbung. Ein erfolgreiches Buch, das jetzt gerade in den USA auf den Markt gekommen ist, trägt den Titel „No logo", von der Kanadierin Naomi Klein. Schon heute sind es manche Schüler – von den Eltern ganz zu schweigen – Leid, für ein Sweatshirt mit XY-Logo das Zehnfache zu bezahlen als es nach dem Materialwert kosten dürfte. Es gibt eine Gegenbewegung. Ich bin gespannt, was da passiert. Wobei ich Ihnen völlig Recht gebe, dass diese Verschmelzung von redaktionellem Inhalt und Werbung, dass heute Firmen ganze Nachrichtenagenturen kaufen, ohne dass das dem breiten Publikum bewusst wird, ein Problem ist.

Prof. Picot:

Auch in Unterhaltungsfilmen kann man immer häufiger beobachten, dass bestimmte Produktplacements unauffällig gemacht werden. Ich muss zum Schluss kommen, meine Damen und Herren. Ich bitte um Verständnis, weil wir pünktlich schließen müssen. Wir haben unseren Gästen gesagt, dass wir pünktlich aufhören. Sind Sie einverstanden?

NN:

Vielleicht doch von allgemeinem Interesse. Sie haben die Informationsgesellschaft sehr plausibel dargestellt. War darin eine Kritik an ver.di enthalten?

Prof. Picot:

Ich habe mir verkniffen, als ich zu Beginn Herrn Klotz einführte, auf ver.di Bezug zu nehmen. Jetzt sind Sie herausgefordert, das in einem halben Satz zu beantworten.

Herr Klotz:

Ich habe mich schon gewundert, wieso diese Frage bisher nicht gekommen ist. Ich will versuchen, es ganz kurz zu machen. Im Vorfeld etwas, was im Moment so breit diskutiert wird, dass gesagt wird, in dieser ganzen New Economy sieht man, dass sich die alten Sachen durchsetzen. Jetzt kommen in der New Economy auch die

Betriebsräte und die Gewerkschaften. Dabei wird noch einmal deutlich, dass es auch da unglaublich viel Verwechslung gibt. Was durch den Spiegel ging, war: amazon.com gründet einen Betriebsrat. Da wurde gesagt, dass in der neuen Ökonomie auch nichts anders ist als in der alten. Dabei wird aber deutlich: die Lagerarbeiter und die Packer bei amazon.com – das ist natürlich alte Ökonomie. Das ist Arbeit mit materiellen Gütern, die nach Stückzahlen oder nach Zeit bezahlt werden kann. Während die Knowledge-Worker bei VW, DaimlerChrysler oder Siemens viel mehr New Economy sind; also die Wissensarbeiter. Insofern muss man sich von dieser Branchenzuordnung lösen. Das macht alles keinen Sinn mehr. Auch die Branchengrenzen verschwimmen. Was ver.di angeht, würde ich sagen, dass man das aus größerem Abstand betrachten sollte. Lassen wir einmal zwei Jahre ins Land gehen. Wenn ich weltweit schaue, wo Gewerkschaften erfolgreich in neuen Bereichen agieren, in dem Bereich der IT-Dienstleister und in den ganzen Wachstumsbereichen, dann sind das weltweit überall solche Gewerkschaften, die relativ klein sind und die sehr zielgruppenspezifisch arbeiten können, wo die Kultur des jeweiligen Bereichs gelebt wird, also der Bereich, den man erschließen will oder für den man zuständig ist, wo die Menschen in der Gewerkschaft auch selbst aus diesem Arbeitsfeld entstammen. Hingegen tun sich Organisationen, die einen sehr großen Spagat über ganz unterschiedliche Kulturen, über ganz unterschiedliche Bereiche der Arbeitswelt abdecken müssen, sehr schwer. Ich sehe das ja bei der IG Metall. Wir organisieren den Malocher aus der Stahlbude und den Softwareentwickler gleichermaßen. Wenn wir für die eine Gruppe etwas machen, was für sie gut und richtig ist, dann sagen die anderen, jetzt sind die aber völlig abgedreht und umgekehrt. Ver.di wird vermutlich dasselbe Problem bekommen.

Prof. Picot:

Vielen Dank. Meine Damen und Herren, ich darf zum Abschluss kommen. Ich möchte auch noch eine kurze inhaltliche Bemerkung machen. Es ist heute mehrfach gesagt worden, dass Informationen im Sinne von bedeutungstragenden Zeichen in Zukunft sehr reichhaltig sein werden. Dass das Knappe einerseits die Aufmerksamkeit, andererseits aber auch die Bildung sein wird – also das Wissen, der Hintergrund, der es erlaubt, mit dieser Informationsvielfalt fertig zu werden und aus dieser Informationsvielfalt sich die Dinge heraus zu sortieren, die den eigenen Nutzen mehren und auch neues Wissen erzeugen und neue Möglichkeiten erschließen. Das heißt: Bildung und Qualifikation werden neben der Aufmerksamkeit sicherlich zum knappen Faktor und vielleicht spielt sich auch gerade da eine Art von Divide ab, wobei hier unser Land noch relativ gut platziert ist, weil wir eine relativ breite Bildung haben. Während in anderen Ländern diese Divide im Education Sector tiefer ist. Deshalb ist auch die Diskussion über Digital Divide z.B. in den Vereinigten Staaten m.E. intensiver als hierzulande, weil eben dort die Bildungsunterschiede zwischen den verschiedenen Schichten noch viel größer sind. Das heißt nicht, dass bei uns alles in Ordnung ist. Ganz im Gegenteil: Das

Bildungssystem steht vor vielen Herausforderungen, über die wir jetzt hier nicht sprechen können. Im Hinblick auf die Wettbewerbsfähigkeit eines Landes oder einer Gemeinschaft wird natürlich die Gemeinschaft die Nase vorn haben, die es schafft, ihre Menschen bestmöglich und flexibel zu qualifizieren und permanent in einem Lernzustand zu halten. Das heißt letztlich, dass die Bildungspolitik eigentlich der Kernbereich der Wirtschaftspolitik sein müsste. Das ist bei uns noch lange nicht der Fall. Aber ich glaube, das gehört als Ergänzung zu unserem Tagungsthema dazu.

Meine Damen und Herren, wir haben in diesen beiden Tagen sehr viele interessante Denkanstöße erhalten. Wir haben unter einem Schlagwort e-Society, über dessen Sinnhaftigkeit und günstige Formulierung man vielleicht streiten kann, gehört, wie stark unsere Gesellschaft in allen Facetten durchdrungen wird durch elektronische Medien und Hilfsmittel und Helfer verschiedenster Art. Wahrscheinlich würden wir, wenn wir in zwei Jahren hier zusammen kommen, gar nicht mehr von e-Society sprechen, sondern einfach von Society. Diese Technologien werden immer selbstverständlicher, immer mehr zum normalen Bestandteil des Alltags. Aber der Übergang dahin verlangt viele Versuchs- und Irrtumsprozesse. Er eröffnet sehr viele Chancen, aber auch erhebliche Herausforderungen und ist sicherlich ein großer Lernprozess. Um diesen besser zu verstehen und auch, soweit wir das können, sinnvoll zu begleiten und zu beeinflussen, haben wir diese Tagung veranstaltet. Ich möchte allen Beteiligten, Referentinnen und Referenten, Diskutantinnen und Diskutanten, aber auch dem Vorbereitungsausschuss unter Leitung von Herrn Hertz von IBM, der diese Tagung angeregt hat, herzlich danken. Der Geschäftsstelle und der Geschäftsführung des Münchner Kreises danke ich für die perfekte organisatorische Durchführung dieser Tagung. Ich glaube, wir können einiges mitnehmen zum Nachdenken und uns dann auf einem vielleicht etwas weiter entwickelten Erkenntnis- und Erfahrungsstand demnächst einmal wieder hier zusammen finden. Herzlichen Dank und auf Wiedersehen!

Anhang

Liste der Autoren /
List of Authors

Joachim Claus

Deutsche Telekom AG
Zentrale - L ZB INM
Friedrich-Ebert-Allee 140
53113 Bonn

Dr. Glorianna Davenport

MIT MediaLabEurope, Ltd.
Molyneux House
67-69 Bride Street
8 Dublin, Ireland

Dr. Nicola Döring

TU Ilmenau
IS für Medien- und
Kommunikationswissenschaft
Postfach 10 05 65
98684 Ilmenau

Prof. Dr.-Ing. Jörg Eberspächer

Technische Universität München
Lehrstuhl für Kommunikationsnetze
Arcisstraße 21
80290 München

Dr. Andreas Goerdeler

Bundesministerium für Wirtschaft
und Technologie
Scharnhorststr. 34-37
10115 Berlin

Dr. Ralf G. Herrtwich

DaimlerChrysler AG
Director Telecommunications
Research & Technology
Alt-Moabit 96 a
10559 Berlin

Stefan Holtel

Vodafone Pilotentwicklung GmbH
Chiemgaustr. 116
81549 München

Peter Kleinschmidt

Siemens AG
Medical Solutions MED GT
Henkestr. 127
91052 Erlangen

Prof. Ulrich Klotz

Hochschule für Gestaltung
FB Produktgestaltung
Schloßstr. 31
63065 Offenbach

Prof. Dr. Friedemann Mattern

ETH Zürich
IS für Informationssysteme
ETH-Zentrum - IFW D 49.2
CH-8092 Zürich

Dr. Sibylle Meyer

Geschäftsführerin
Berliner Institut für Sozialforschung
GmbH
Ansbacher Str. 5
10787 Berlin

Susanne Müller-Zantop

Mobile Family Services GmbH
Boschetsrieder Str. 20
81739 München

Prof. Dr. Klaus Schrape

Prognos AG
Missionsstr. 62
CH-4012 Basel

Dr. Alfred Z. Spector

Vice President
Services&Software
IBM Research
30 Saw Mill River Road
USA - Hawthorne, NY 10532

Dr. Lothar Stoll

Siemens AG
ICN ISA ESA SH
Charles-de-Gaulle-Str. 4-6
81737 München

Dr. Sonja Utz

Free University
Department of Social Psychology
van der Boechorststraat 1
NL-1081 BT Amsterdam

Dr. Christian Wieczerkowski

Museokatu 20-22
FIN-00100 Helsinki
Finnland

Liste der Diskussionsleiter und -teilnehmer /
List of Chairmen and Discussants

Prof. Dr.-Ing. Jörg Eberspächer

Technische Universität München
Lehrstuhl für Kommunikationsnetze
Arcisstraße 21
80290 München

Prof. Dr. Dr. h.c. Arnold Picot

Universität München
Institut für Organisation
Ludwigstr. 28
80539 München

Udo Hertz

Direktor
IBM Deutschland
Entwicklung GmbH
Schönaicher Str. 220
71032 Böblingen

Dr. Hans-Peter Quadt

Deutsche Telekom AG
ZB Innovationsmanagement
Friedrich-Ebert-Allee 140
53113 Bonn

Programmausschuss /
Program Committee

Dipl.-Ing. Dietrich Arbenz

Siemens AG
ICN WN ES SP
Hofmannstr. 51
81359 München

Johann Breidler

Siemens Business Services GmbH
Leitung Systemstrategie
Otto-Hahn-Ring 6
81739 München

Prof. Dr.-Ing. Jörg Eberspächer

Technische Universität München
Lehrstuhl für Kommunikationsnetze
Arcisstraße 21
80290 München

Dr. Ralf G. Herrtwich

DaimlerChrysler AG
Director Telecommunications
Research & Technology
Alt-Moabit 96 a
10559 Berlin

Udo Hertz

Direktor
IBM Deutschland Entwicklung GmbH
Schönaicher Str. 220
71032 Böblingen

Dipl.-Ing. (FH) Rudolf Hoffmann

Württembergische Versicherung
Gutenbergstr. 30
70176 Stuttgart

Stefan Holtel

Vodafone Pilotentwicklung GmbH
Chiemgaustr. 116
81549 München

Dr. Hans-Peter Quadt

Deutsche Telekom AG
Zentralbereich Innovationsmanagement
Friedrich-Ebert-Allee 140
53113 Bonn

Prof. Dr. Dr. h.c. Ralf Reichwald

Technische Universität München
Lehrstuhl für Allgemeine und
Industrielle Betriebswirtschaftslehre
Leopoldstr. 139
80804 München

Prof. Dr. Gert Siegle

Robert Bosch GmbH
Walter-Flex-Str. 2
53113 Bonn

Rainer Spath

Siemens AG
Charles-de-Gaulle-Str. 4-6
81737 München

Dipl.-Math. Axel Stöhr

TÜV IT GmbH
Geschäftsführung
Postfach 13 01 11
45291 Essen

Dr. Erich Zielinski

Alcatel SEL AG
Holderäckerstr. 35
70499 Stuttgart